U0519776

由长春师范大学学术专著出版计划项目资助

大学资助文化的构建与培育

迟海波 等著

图书在版编目(CIP)数据

大学资助文化的构建与培育 / 迟海波等著. — 北京：商务印书馆，2021
ISBN 978-7-100-20531-3

Ⅰ.①大… Ⅱ.①迟… Ⅲ.①高等学校－助学金－教育制度－文化研究－中国 Ⅳ.①G649.20

中国版本图书馆CIP数据核字（2021）第247596号

权利保留，侵权必究。

大学资助文化的构建与培育
迟海波 等著

商 务 印 书 馆 出 版
（北京王府井大街36号 邮政编码 100710）
商 务 印 书 馆 发 行
三河市尚艺印装有限公司印刷
ISBN 978-7-100-20531-3

2021年12月第1版　　　开本 710×1000　1/16
2021年12月第1次印刷　　印张 14　1/4

定价：88.00元

序

迟海波教授的心血之作——《大学资助文化的构建与培育》即将付梓，这是此方向研究的一大幸事。

大学资助文化研究，战略意义重大。文化是大学的灵魂，以文化人、以文育人是高校的重要使命。大学资助工作不仅是物质帮扶，也是文化涵育。大学资助工作中对于资助文化的构建与培育，是全员育人、全过程育人、全方位育人的又一方略，是立德树人的重要环节。新时代高校资助工作，所承载的政治责任、育人使命、文化传承具有更深、更广、更远的意义。随着大学资助工作的不断深入推进，从国家政策制定导向、学术理论研究以及实践推进等多维度探索高校的资助文化，变得更有价值。国家资助政策肩负着育人功能，而资助文化的构建可提升学生的综合素养，保障教育公平的可持续发展。大学资助工作的开展，以资助文化的构建为关键点，切实推动大学资助工作良性发展，切实实现从"资助助人"向"资助育人"的转变。大学资助文化的构建与培育对于探索高校育人体系、培养一流人才、建设和谐社会具有战略意义。

大学资助文化研究，影响深远。"引人以大道，启人以大智"。大学生正处于价值观构建和文化观念形成的关键时期，在这个时期形成的思想道德观念对人的一生至关重要。高校的资助育人工作，不仅关系到他们的价值取向、精神风貌、思想观念和社会责任，更关系到国家与社会的未来。作者以独特的视角，研究了高校的资助工作所发挥的潜移默化的文化功能，强调以知识文化为基础、思想道德文化为龙头、审美文化为追求的资助文化育人格局，同时传承儒家仁爱思想，帮助人、关心人，注重创新形式、聚焦主题、搭建平台，在文化情感的熏陶和感染下，调动学生的积极性，并产生共鸣。在构建物质帮助、道德浸润、能力拓展、精神激励、环境熏染有效融合的育人体系中，将学生从自在自发的文化状态提升到自由自觉的文化状态，达到润物细无声的效果，促进大学生思想政治素质、科学文化素质和身心健康素质协调发展。

大学资助文化研究，基于多元视角。此书以大学资助文化为主线，以文化育人为目标，以文化建设为根本，形成"内涵分析—历史诠释—制度比较—现实困境—现实突破—典型示范引导"的思路，讨论了大学资助文化的培育和建构问题。书中较为全面地对我国资助文化的内涵、历史沿革、制度形成等诸多方面进行阐述，并站在国际视野下对中外高校资助制度进行了比较研究，同时以大学资助文化的四大典型示范剖析了我国大学资助文化的建设成果及未来走向，极大地丰富了大学资助文化构建与培育的内涵。

本书可供关心和服务于大学生资助事务的高等教育管理工作者、高等教育研究人员和相关的社会各界人士阅读和参考，使广大资助工作者、资助政策制定者及资助制度研究者更好地理解大学资助制度及其文化功能，使高校更好地构建大学资助文化及发挥大学资助文化的育人功能；也可成为广大学生特别是来自贫困家庭的学生的阅读书籍，让他们了解大学资助政策的历史、当代措施和文化意义，更好地把握自己接受高等教育的机会及传承大学资助文化的决心。

迄今为止，国内鲜有关于大学资助文化研究的著作成果，多数学者是从大学生资助制度建设和实施的问题出发进行研究，本书则深入挖掘大学生资助制度文化的特质和文化功能，积极思考大学生资助文化的建设体系，可以说是填补了大学资助文化研究的缺口。相信，通过此书我们会进一步认识和思考新时代大学资助文化的价值和功能发挥。

迟海波教授是我的挚友，我们相交多年，彼此熟知。他手不释卷，学养才情，可圈可点。数十载的高校工作，不同部门的长期历练，培养了他对问题的敏锐性与独到性。

"士不可以不弘毅，任重而道远"。构建大学生资助文化体系，提升大学生资助文化工作水平，是一项宏大的社会系统工程，既不会一蹴而就，也不会一劳永逸。相信，随着政府、社会和高校协同联动、携手推进和共同努力，大学资助文化的体系构建会越来越完善，会有更广阔的空间，会发挥更大的作用。

是为序。

2020 年 3 月

目 录

第一章 大学资助文化的内涵与功能 1
  第一节 大学资助工作的特殊属性 1
  第二节 大学资助工作的文化定位 3
  第三节 大学资助文化的主要内容 16
  第四节 大学资助文化的育人功能 35

第二章 我国资助文化传承的历史诠释 42
  第一节 古代资助文化的发展脉络 42
  第二节 民国时期大学资助文化的变迁 53
  第三节 新中国成立后大学资助文化的演变 61
  第四节 我国高校现行资助制度的形成 67

第三章 国外高等教育资助制度比较与启示 73
  第一节 西方高等教育资助制度的特点与启示：以英美为例 73
  第二节 亚洲高等教育资助制度的特点与启示：以日韩为例 82
  第三节 亚洲高等教育资助制度的特点与启示：以印度为例 91
  第四节 俄罗斯高等教育资助制度的特点与启示 98
  第五节 比较研究的基本结论 105

第四章 我国大学资助文化建设的现实困境 108
  第一节 资助文化主体地位不突出 108

第二节　大学教育理念中资助文化内涵未充分彰显 118
　　第三节　大学资助文化育人环境未得到优化 127
　　第四节　大学资助文化建设体系不够完善 136

第五章　我国大学资助文化建设的现实突破 145
　　第一节　加强顶层设计，激发资助文化的内在活力 145
　　第二节　树立大教育理念，强化资助文化育人功能 148
　　第三节　优化资助育人环境，提升资助文化影响力 158
　　第四节　抓好"大合唱"，构筑资助文化合力 164

第六章　我国大学资助文化建设成果及未来走向分析 179
　　第一节　大学资助文化融入大学文化的典型示范 179
　　第二节　大学资助文化实现育人功能的典型示范 188
　　第三节　大学资助文化科学体系的典型示范 199
　　第四节　大学资助文化产生社会影响的典型示范 206

参考文献 212
后　记 219

第一章　大学资助文化的内涵与功能

党的十九大报告指出："要全面贯彻党的教育方针，落实立德树人根本任务，发展素质教育，推进教育公平，培养德智体美全面发展的社会主义建设者和接班人。"对于国家而言，提高国民素质，提高综合国力，最根本的是培养德才兼备的优秀人才，文化育人是立德树人的重要手段和途径，大学资助工作的文化属性不断凸显其文化育人功能，有待我们去培育和彰显。

第一节　大学资助工作的特殊属性

随着我国经济的繁荣和社会的发展，国家对大学生的资助政策也在不断地演变和发展，在其演变的过程中，始终不变的是以实现高等教育的充分发展、实现教育公平、实现大学生成长成才为根本目标。国家对大学生的资助不仅体现为一种常态的持久的制度设计，更上升到国家高等教育发展战略中的内在的不可或缺的基本内容。

一、国家资助政策

国家要富强、民族要复兴，离不开高等教育的振兴。习近平在2018年全国教育大会上指出，教育是民族振兴、社会进步的重要基石，对提高人民综合素质，促进人的全面发展，增强中华民族创新创造活力，实现中华民族伟大复兴具有决定性意义。人才培养不仅是高等教育的核心功能，也是伟大复兴中国梦实现的基本保障。大学生是社会主义的建设者和生力军，促进大学生全面成长、成才是实现科教兴国、人才强国战略的重要举措，是国家教育战略的基本内容。

自古以来，我国就有济贫救困、兴学助学的传统。新中国成立后，我国逐步恢复和发展了高等教育，主要实行公费学习制度，从1952年的人民助学金教育资助制度，到1983年实行的人民助学金与奖学金并行的教育资助制度，再到1987年的奖学金与贷学金并行的教育资助制度，可以看出，为促进教育公平、发展教育事业，我国一直非常重视大学生资助工作。1989年大学收费制建立之后，高等院校改变了过去"统包、统分、免费入学、毕业分配"的招生就业制度，公费教育逐步走向了收费教育，高校扩招以后迎来了学费的大幅度增长。但由于我国区域之间和城乡之间发展的不平衡，部分地区贫富差距较大，为了实现教育公平，为了让更多家庭经济困难学生能够实现其个人理想及家庭寄托，经过几十年的摸索，国家出台了一系列资助大学生完成学业的资助政策，"奖学金、特困补助、勤工助学、贷学金、学杂费减免"并行的现代大学资助制度逐渐建立起来。

自1999年大学扩招后，助学贷款大面积铺开。2007年《国务院关于建立健全普通本科高校、高等职业学校和中等职业学校家庭经济困难学生资助政策体系的意见》及其配套办法颁布实施后，国家在高等教育阶段建立起国家奖学金、国家励志奖学金、国家助学金、师范生免费教育、国家助学贷款、勤工助学、学费减免等多种形式的高校家庭经济困难学生资助政策体系。同时，《国家中长期教育改革和发展规划纲要（2010—2020）》中规定："健全国家资助政策体系。完善中等职业学校、普通本科高校和高等职业学校家庭经济困难学生资助政策体系。完善助学贷款体制机制。推进生源地信用助学贷款。根据经济发展水平和财力状况，建立国家奖助学金标准动态调整机制。"至此，我国大学生资助体系已趋于完善。

二、大学资助工作的特点

学生资助工作是一项重要的保民生、暖民心工程，事关社会公平。2016

年9月9日，习近平总书记在北京市八一学校考察时提到，要优化教育资源配置，逐步缩小区域、城乡、校际差距，特别是要加大对革命老区、民族地区、边远地区、贫困地区基础教育的投入力度，保障贫困地区办学经费，健全家庭困难学生资助体系。要推进教育精准脱贫，重点帮助贫困人口子女接受教育，阻断贫困代际传递，让每一个孩子都对自己有信心、对未来有希望。

高等教育不仅要传授专业知识，更重要的是要塑造学生高尚的灵魂，培养学生正确的人生观、世界观和价值观。高校的贫困生不仅包括家庭经济困难的学生，也包括能力贫困和心理贫困的学生。大学资助工作不仅包括经济上的帮助，也包括精神上的支持和鼓励。这项以资助学生完成学业为主的管理工作，本身蕴含着人文关怀的精神，蕴含着社会公平的价值，蕴含着以民为本的理念；体现了习近平总书记的教育思想和精准扶贫思想，体现了构建和谐社会的理念。大学资助工作不仅是一项高校管理工作，它的鲜明特点体现了高等教育的德育功能。通过大学资助工作，培养学生的诚信守信品质、自立自强精神、知恩感恩情怀，引导学生正确认识个人与社会的关系，从而自觉担负起服务社会、回馈社会的责任。因此，大学生资助工作不仅包括静态的资助管理制度，包括国家奖学金、贫困补助、国家助学金、勤工助学、校内奖学金等管理办法，还包括动态的影响学生内心世界的教育渗透过程，这种教育管理工作的隐形育人功能有待我们去发掘和发挥，其中的文化特质有待我们去思考和凝练。

第二节　大学资助工作的文化定位

大学资助工作对象的特定性、文化心理的典型性、价值取向的稳定性、资助工作的持久性、广泛的社会影响性等特点，无不昭示着大学资助工作的文化特质，其形成的大学资助文化是对传统文化的传承，是对大学文化的创新和发展，是中国特色社会主义先进文化的具体体现。

一、大学资助工作的文化功能

（一）教育的本质是文化传承

教育的本质是文化传承，高等教育也不例外。文化教育家爱德华·斯普朗格曾提出"教育是文化的过程"[①]，也就是说，一个人接受教育的过程，就是接受文化的过程，文化的传播和传承是教育的根本之意，教育的意义在于"向文而化"，是受教育者将文化传递和价值精神内化为主体精神的过程，因此，教育就是文化启蒙、文化传承、文化自觉、文化创新的过程。

大学不仅是知识的殿堂，也是文化的聚集地，不仅是学习知识和技术的地方，更是培养高尚人格的地方。古今中外的高等学府，均将人文精神的培育作为其教育的重要目标，正如《大学》一书曾开宗明义地提出："大学之道，在明明德，在亲民，在止于至善。"虽然历史在变迁、社会在发展、科技在进步，但大学明晰道德力量，推崇人文精神，传承文化的大学使命没有变。大学文化是学校最有价值的无形资产，一所大学一旦形成自己特有的文化精神，学校的每一位师生都会因获得大学特有文化的滋养而发展成长，当一代代师生从大学走出去的时候，收获的不仅仅是个人的智慧，同时也经历了大学的精神和文化的洗礼，带有学校特有的文化烙印。因此，大学的力量来源于文化的力量。大学本身是文化的形式，又是文化的内容；是文化的载体，又是文化的现实表现。大学就是文化的存在，大学文化是大学的灵魂，是一所大学赖以生存发展的基础和血脉，文化传承是大学的本质和使命。

（二）大学文化涵育大学生成长、成才

文化是人类为了获得较理想的生存环境而独创的，这里的生存环境不仅指人类所面临的自然环境，还包括人与人构成的社会环境。因此，人类比其他动物的高明之处，"就是他们在创造物质财富的同时，又创造出一系列的处理人与人之间关系的准则，并将他们规范化为社会经济制度、婚姻制度、家族制

[①] 石长地、郭玲：《大学文化的育人功能及提升途径刍议》，《学校党建与思想教育》2012年第8期。

度、政治法律制度，家族、民族、国家、经济、政治、宗教社团，教育、科技、艺术组织等等"①。文化就是通过这种强制性及非强制性约束的形式，规范、塑造着人类的行为。个体行为总是深受超个体性的文化模式的制约，人类个体一出生就被笼罩在一张无形的社会文化网中，他必须经过漫长的超个体性的社会文化的塑造才能由一个自然人蜕变成一个社会人。在社会化过程中，个体所在社会的生活方式、语言风俗习惯、社会伦理道德及深层价值观等超个体性的社会文化将潜移默化地渗入个体心灵。因此，任何社会成员，无论其个体意识多么强烈，其价值观念、行为方式等也必然受周围文化环境的影响和制约。

大学时期是青年人个性品格成长的关键时期，是大学生世界观、人生观、价值观形成的重要时期。大学生的文化需求广泛，各类文化不仅潜移默化地影响着大学生的身心发展，也影响着大学生的理想信念和人生追求。高等教育不仅仅是对专业知识和技能的传递，更是通过大学人（包括教师、学生、教学行政人员、教辅工作人员等）的反思，将自在的文化提升到自觉文化的状态，通过文化的教化和文化的启蒙，不断提升人的精神境界、素质、能力。因此，大学是大学生文化成长的重要场所，大学从一开始就被赋予了人文教育和文化熏陶的重要职责。大学文化的一点一滴都涵养孕育着大学生的成长、成才。

（三）大学资助工作凸显其制度文化功能

原教育部部长袁贵仁曾说过："在一定意义上可以说，大学即文化。所谓教书育人、管理育人、服务育人、环境育人，说到底都是文化育人。"②大学资助工作是大学的一项学生教育管理工作，无论是教学工作还是管理工作都应体现教育的本质和基本职能，都应体现文化的传承和创新功能。大学资助工作，根据国家的资助政策和本校的学生资助制度，管理、发放奖助学金，为学生提供勤工俭学岗位等，旨在帮助大学生完成学业、获得心灵成长、尽快成长成才。这项学生管理工作作为大学学校教育管理的一部分，应体现高等教育的本

---

① 张岱年、方克立主编：《中国文化概论》（修订版），北京师范大学出版社 2004 年版，第 4 页。
② 袁贵仁：《加强大学文化研究推进大学文化建设》，《中国大学教学》2009 年第 10 期。

质和功能，尤其是高等教育的文化创造功能和文化传承功能。通过大学资助工作凸显大学文化育人功能，尤其是制度文化功能和精神文化功能，是大学应有的使命和担当。通过大学资助文化的凝练和传承，把个体从自在自发的文化状态提升到自由自觉的文化状态，同时以内在自觉的文化、价值、理念、思维推动社会的文化进步，是大学资助工作理应追求的社会价值目标。

二、大学资助工作的文化特质

（一）再谈文化的内涵

文化是人类在长期生活实践中的沉淀，它是一个民族的灵魂和支柱。尽管对文化的内涵解释十分丰富，并且也是一个常谈的话题，这里也有必要再次回到这个本源性的问题上。"文化"最早记载于《周易》，《周易》有言："观乎人文，以化成天下。"[①] 即"文以化人"，用文化来化人，用文化来教育人。广义的文化不仅包括物质文化、精神文化，还包括思想、价值、制度、风俗习惯等，它是人类历史发展中所创造的精神财富和物质财富的总和。狭义的文化是人类精神意识活动的创造成果，可分为历史文化、宗教文化、教育文化、民族文化等。文化是人在向上、善良、美好、高贵的愿望下创造的精神、器物、符号、制度、机构。对于文化概念，无论学者从哪一个角度去理解，其具有人本属性的基本定位是不能改变的，人是文化的创造主体，文化又是人的一切活动传承和创造的记忆，文化是智慧群族的一切群族社会现象与群族内在精神的既有传承、创造、发展的总和。

我们是文化的创造者，又生活在文化之中，无时无刻不在感受着文化的潜在熏陶，从社会运转的角度，也可以这样说：人类政治经济社会的运转，表现为人与人之间形成特定的"社会关系"——生产关系、经济关系、家庭关系等。正如国内学者刘守华认为，所谓文化，就是人类为求生存发展，结成一定社会关系、进行种种有社会意义的创造活动，是这些活动方式、活动过程及其成果

[①] 张鹏飞：《大学文化育人的必要性研究》，《法制与社会》2010年12月。

的整合。[①]而保证这些"社会关系"运行的则是隐藏在其后的"文化"——制度、规则、习惯、习俗等。

(二)文化的功能

首先,是聚合和凝结功能。特定的文化对特定的人群具有聚合、凝结作用。文化的凝聚功能来自文化的内部共享性所形成的文化认同感。在文化的凝聚功能中,一些具体的生活方式和生活习俗的影响相对而言是表层的、多变的,而思维模式、价值观念、思想观点的影响是深层的,其凝聚功能也是最深最强的,具有稳固性和持久性的特点。其次,是熏陶和感染功能。在我们的成长过程中,个性的塑造、人格的完善、思想的形成都离不开文化的影响。文化有超个体性,文化的超个体性指文化的存在方式,个体的文化行为总是受社会群体文化行为的制约。文化将意识观念和思想方法融入我们的行为方式中,融入社会的各个层面,自发自觉地引导我们的实践活动,形成自发的文化模式或自觉的文化精神。文化产生一种巨大的张力,影响着人个性的养成、人格的完善。再次,是促进人的精神发展的功能。人有着区别于其他动物的特殊需要,那就是人的本质的实现,虽然学者们对于人的这种特殊需要的理解不尽相同,但有一些基本的理解是共性的,比如对人的尊严、人的价值、人的自由、人的理想的追求,而对这些需求的满足表现为对人的精神文化的需求。文化是经过人的实践活动化育的精神成果,这种精神成果从一开始就关注人的精神修养,强调信念、价值、思想、习惯的传承,人们对文化传递的精神和价值的追求不仅仅是简单的思想方法和意识观念,它像血液流淌于血脉中一样,流淌于人的内在规定性中,自发自觉地引导着人的各种实践活动。

(三)文化的特征

1.历史传承性。文化,是天地万物的信息融汇渗透的过程,是人们在长期创造的过程中形成的产物,是社会历史的积淀物。文化的核心信息来自历史

[①] 刘守华主编:《文化学通论》,高等教育出版社1992年版,第6页。

传统，是文化元素或文化特质的积聚和增长，它往往表现为文化内容从某一个体、某一民族、某一时代向另一个体、另一民族和另一时代的延续发展和积累叠加的过程。文化的传承性是人类文化发展的基本形式，文化一经产生就要被他人模仿、效法、利用，包括纵向传递（代代相传）和横向传递（地域、民族之间）两方面。

2. 群体共有性。人的本质属性是社会性，文化是人类精神的凝结和传承。在一定的时空和地域范围内，文化是群体共有的文化，是共有的价值理念，人们可以在特定的环境下预测对方的行为。因此从文化的角度，如果给社会下一个定义，则可把社会定义为：占有一些特定地域的人类居群的综合体，在这些地域中的人互相依存，并共有一种文化。

3. 价值观的一致性。文化是在一定时期、一定范围内的许多人共同的精神活动、精神行为或它们的物化产品。一个民族、一个组织或一个群体中，文化有着相对一致的内容，即共同的精神活动、精神性行为和共同的精神物化产品。相同文化下的人群往往具有相似的体质特征、相同的语言和风俗习惯以及相同的思维模式、价值观和社会心理等共享性，这种共有性和统一性使人们能够根据文化传统做出他人和集体可以接受的行为，这种统一行为方式的传承使下一代同样体现了价值观一致的特点。因此，文化的传承促进了族群的价值观一致。

4. 现实存在性。文化是现代人的生存活动，也是前人生存活动的结果。文化一方面是正在进行、不可停顿的生存活动；另一方面是寓于这种当下的生存活动中并规范、调节、控制、影响着这些生存活动的知识、价值和意义。正如美国著名文化人类学家克罗伯和克拉克洪提出，文化体系一方面可以看作是活动的产物；另一方面则是进一步活动的决定因素。[①]

5. 持续创新性。文化本身属于人类的创造。从本质上说，人类因为创造了文化而与动物分道扬镳，所以，人类是文化的动物，换句话说，所有的文化都为人类创造，打上了人类的烙印。人类所具有的特殊潜能和文化的积累性，使

---

① 转引自傅铿：《文化：人类的镜子——西方文化理论导引》，上海人民出版社1990年版，第12页。

人类的文化可以不断地积累,在发展中不断进步,从而促使我们的社会由低级形态向高级形态、由初级阶段向高级阶段不断地向前迈进。

(四)大学资助工作体现的文化特征

克罗伯和克拉克洪在《文化:概念的批评考察》一书中提到,文化"由外显的和内隐的行为模式构成,这种行为通过象征符号互相传递"。大学资助工作既有外显的工作制度及工作内容,还有内隐的价值取向和精神内涵,它的自运转模式包括物质给予、制度设计、价值追求,以及个人行为的培育和培养。这不仅使其自身具有了完整的文化要素,而且还体现出了文化的基本表象,是传统资助文化的传承,是当代大学文化的创新,符合文化的基本特质和生成要素。

1. 资助工作的传承性和持久性。自古以来,我国就有资学助学的优良传统,在儒家"仁爱"思想的影响下,我国古代形成了以官府资助为主,民间资助、宗族资助为辅的资助体系,发展出"广文馆""义庄""宾兴会""同善会"等资助组织,形成了助学兴邦、助学兴族、兼爱达济的资助文化。即使在民国战乱时期,国民政府仍然坚持办学,颁布相关政策和法令减免学生学费,发展民国教育,培养人才。新中国成立后,人民助学金等相关资助制度保障了贫弱的新中国教育的发展和人才的培养,满足了百废待兴的新中国建设和发展的人才需求。今天,我国的资助体系越来越完善,资助行为的延续正是资学助学传统文化的延续过程和文化传承的结果,国家资助政策和资学助学工作将一直恒久地持续和发展。这种资学助学行为和理念的传承和延续,正体现了文化的传承性和延续性,它有别于一般的学生活动,如某项学生活动完成了,活动就结束了,而大学资助工作从诞生那天起一直延续至今,并且在今后的一定时期内继续存在。从这种延续性、整体性、普遍性的角度看,其文化特质和文化功能是非常明显的,资助育人工作应当定位为一种文化,是大学文化的重要组成部分。

2. 资助工作的制度化和体系化。在国家资助政策的指导下,各高校根据自身特点及贫困学生状况均成立了学生资助工作相关机构或部门,按照"奖助结合、育人为本、助学与育人并重"的原则，制定了科学、规范、运转顺畅的学生资助工作制度，旨在帮助贫困学生顺利完成大学教育，依据国家资助政策，通过大学资助管理工作和教育工作，在经济上帮助他们渡过难关，完成学业。学生资助相关机构或部门的工作内容包括：利用广播、网络、报刊、墙报等多种形式广泛宣传党和政府的资助政策和法律法规，及时进行情况通报、信息发布、经验交流和政策宣传；对资助工作人员、辅导员、班主任进行培训和交流；家庭经济困难学生档案建立及困难认定；国家奖助学金评审和发放；新学期生源地助学贷款办理和开辟"绿色通道"；根据需要，为家庭经济困难学生提供勤工助学岗位；学校资助网站的建设和完善；受资助学生的心理辅导、诚信教育、感恩教育及责任教育等。以上资助工作及育人工作在相关资助政策的指导下均有效开展起来，并形成自上而下、从中央到地方、从教育行政部门到各省高校的资助工作系统，使相关资助工作有机地运转起来，并在运转过程中，秉承精准扶贫及公平公正的原则，使资助工作不断完善和发展，越来越制度化和体系化。资助工作不是一闪而过的一般性活动，而是体现出鲜明的制度化的文化特点。

3. 资助工作对象的特定性和群体性。大学资助工作主要是对家庭经济困难的学生展开的一系列帮助、资助、教育行为，其工作的对象是家庭贫困难以完成学业的大学生。在大学，一些贫困生勤奋好学、奋发图强、积极生活；另一些贫困生则不仅生活困难、学习困难、就业困难，甚至自暴自弃，因此，这一群体的特殊性不仅体现在他们生活上的用度节约，而且体现在心理上的自卑和精神状态的萎靡和胆怯。大学资助工作正是围绕上述问题针对贫困生展开的帮助行为。其工作对象有特定性和群体性的特点，其产生的师生互动行为及生生互动行为、开展的校园活动、传播的助人理念和感恩情怀、营造的资助文化氛围同样体现了群体性，体现了大学师生的精神传递和文化熏染。大学资助工作的对象是特殊的学生群体，我们需要采取特殊的文化教育手段，这也决定了这种资助文化现象具有区别于其他文化现象的特殊性，资助文化的特质体现出它是一种特殊的大学文化。

4. 价值取向的稳定性。任何一种文化，如果没有价值追求就不能称其为完整的文化，所有的文化现象和文化内涵都应该有非常明确的价值取向，这是文化本身的功能所决定的。资助文化也是如此，缺少价值追求要素的牵引，其文化育人的作用就必然会缺失。大学资助工作在深层次上一定具有大学精神理念、人文追求和文化发展方向的基本表现，这就决定了资助工作不仅是行政工作，更有其文化功能，也就是说它有价值追求、精神定位和教育内涵。大学资助行为本身体现着资助工作的价值取向，无论是物质帮助还是精神支持，无论是显性给予还是隐性引导，资助行为本身都蕴含着公平、正义、仁爱、诚信等价值追求。资助制度本身首先体现了教育公平和社会正义的互助共享的理念；同时，资助工作在经济上、生活上、心理上、情感上给予学生支持和温暖，培养学生的仁爱品质和人文关怀精神；通过发放奖助学金等教育宣传行为及还贷的诚信教育，培养学生的诚信品质。而且从资助制度的设立到资助工作的开展和实施，这样的价值追求贯穿于资助工作的整个过程，正是在师生对公平、正义、仁爱、诚信等价值追求充分认同的前提下，资助工作得以顺利开展，资助文化的典型心理得以形成，资助文化的价值取向趋于稳定，资助文化的教育功能得以实现。资助行为所体现的价值取向的稳定性正是文化构成的基本要素，正是这一价值取向的认同及稳定性决定了资助文化的传承性，资助文化体现的价值、精神、理念正是资助文化的基本内核，是这一文化区别于其他文化的重要标志。

5. 资助工作的传播性和影响性。大学资助工作所蕴含的价值理念、文化传统、精神力量本能地具有传播性，并具有广泛而深远的影响力。大学是文化和思想传承的摇篮，大学资助工作体现出教育公平的教育价值、立德树人的教育理念、人文关怀的精神体现、人的全面发展思想像春雨一样滋润着大学师生员工的身心，甚至改变着大学师生员工的精神面貌，它所宣扬的诚信、感恩、责任、仁爱思想"涵化"着大学里的其他文化。在大学文化理念的涵化下，资助文化作为大学文化的有机组成部分，一定会成为师生心中稳定的价值观，体现在学校传统、办学目标、校园环境、办学理念、大学精神、校训等要素里，构成大学人的价值观和行为模式中的特有文化，反映出大学校园的文化氛围，蕴含在大学人科学研究、教学及管理的态度和行为准则中。它将影响和引导一代又一代大学人的思想和行为,将诚信、感恩、仁爱、责任思想作为自己活动思维指导,在学习和生活中互相传递着这种稳定的价值观念,形成"资助—自助—助人"的文化效应。它透视出一种无形的凝聚力量,潜移默化地影响着大学人的成长,影响着大学的发展和人才培养的质量,影响着大学物质财富的积累、制度体系的构建和精神气质的培育,也影响着高等教育的发展路径和终极追求。当大学人走向社会,他们身上特有的大学文化和大学精神必将涵育社会多元文化,这种充满正能量的诚信、仁爱等思想正是当代和谐社会建设所需要的基本元素,不断涌现的这些思想潜移默化地影响着人们的思想观念和精神状态,大学已经不仅仅是在回应社会的变化,而是在有意无意之间引领社会的文化和思潮。因此,资助工作的开展所形成的资助文化必定会映射出其传播性和影响力,它将作为大学文化的内在要素辐射社会、引领社会、推动社会。

三、大学资助文化的定位

(一)大学资助文化是传统文化的传承

中国传统文化包罗万象,其中儒家文化是传统文化的代表。以孔、孟为代表的儒家文化博大精深,其中,"仁、义、礼、智、信",即"五常"思想,具有深厚的历史文化渊源,它规范着人们的行为,发挥了核心道德和核心价值观的作用。"仁"即"仁者爱人"、关爱生命,较早地出现于《尚书》,提出了人与人应该相互关爱的普世性意义。孔子最早以"爱人"解释"仁",首先是"爱亲","君子笃于亲,则民兴于仁",爱自己的亲人,然后推己及物,爱其他的人和物。孟子认为,所有的仁义之行、慈善之举都是人的本能。"义"是孔子、孟子等人继承和发扬了前人公平、正义、无私等思想提出来的,后来发展成道义的力量。"礼"要求人们自觉遵守道德规范,在人际关系中形成固定化的"礼"行为模式,促进良好的社会秩序及道德关系的形成。"智"不仅指智慧,它还有道德认识和观念的含义,其最重要的功能在于能够使人明辨善恶是非,凭借自己的智慧和道德做出正确的"智"的选择。"信"是指诚实守信,它是中华民族传统道德中的最基本的伦理道德规范,是立国立身之本,孔子认为"信则人任焉"(《论语·阳货》),即要有信用、讲诚信,才能赢得他人的信任,孔子认为诚信是做人的根本准则。人类是文化的动物,每一个人都生活在不同地区、不同民族的传统文化的巨大光环之下,文化或传统文化就像血液一样流淌于每一个文化个体的"血管"中,文化传统直接影响着每一个人的行为规范、价值观念和道德伦理。

大学资助文化的助人思想正与"五常"传统文化思想的核心价值相契合,体现为当今国家、社会和学校对学生的关爱,是儒家"泛爱众"思想的当代表达。大学资助文化蕴含的教育公平思想,维护社会公平正义的理念,关注弱势群体的责任,正是"义"字的直接表达。这种文化的传播让学生在象牙塔里吸收正义的养分,感恩社会,传递正义,传递正能量,引导学生向上向善发展,促进未来良好的道德关系与社会秩序的形成。通过大学资助文化的育人功能,让学生有能力有智慧做出"仁""义""礼""信"的行为表达,育人的过程就是"智"人的过程。大学资助制度同时要求对国家的信用贷款诚实守信,对他人诚信、对国家诚信,形成良好的资助秩序和社会秩序,这种资助文化是"信"和"礼"的传统文化思想的当代表达。

我国的传统书院和传统教育一直强调文化的熏陶和传承,我国古代大学虽然强调"格物致知",但"大学"传道、授业、解惑的重点不仅仅限于传授人文科学知识和自然科学知识。"大学之道,在明明德,在亲民,在止于至善",强调"正心、诚意、修身、齐家、治国、平天下",而"明明德""亲民""正心""诚意""修身"正是大学资助工作应体现的文化内涵。现当代高等学府与传统书院的教学理念一脉相承,都将文化启蒙和文化教化置于十分重要的位置,是中国传统文化思想对当前大学文化建设影响的基本体现。

(二)大学资助文化是大学文化的创新和发展

文化土壤的形成需要长期的积淀,没有积淀就没有文化,但是,任何文化都不是被动形成的,文化一直都是人类创造性和能动性的生动体现。人类为了自身有序生存和持续发展创造了文化,大学文化必然随着社会的进步及教育的需要而有所创新和发展。我们还认识到，人类文化首先是稳定的，同时它也是有弹性的，即文化的稳定是相对的，变化发展是绝对的。大学人通过教育实践实现大学文化的认同、筛选、复制、传递和创新，我们会发现，不同的大学文化既有共性也有个性，大学文化既可以是长期办学过程中形成和凝练出来的，也可以是大学创造出来的。例如北京大学的校训是"兼容并包，思想自由"，这样的大学精神和凝练的大学文化是蔡元培先生提出来的，并按照这样的办学思想办学，使北京大学成为世界知名大学。因此，高校不仅是传统文化和大学文化的重要载体，也是文化创新的重要载体，我们创造性地发展大学文化，推动大学文化的创新和发展，增强大学人的文化内涵和精神力量，是大学内涵式发展的必然，它始终在知识传承和服务社会的文化创新中发挥着不可或缺的独特作用。大学文化不仅是优秀文化传承的重要载体，也是思想文化创新的重要渊源，在培养人才和构建环境方面发挥巨大作用。

清华大学顾秉林教授在"大学文化研究与发展高层论坛"上将大学文化定义为：从广义上讲，大学文化包括大学精神、大学环境、大学制度等方方面面的整个大学教育；从狭义上讲，大学文化主要指大学精神，强调大学师生的人文素养和科学精神，表现为一种共同的行为准则。大学资助文化既是一种制度文化，也是一种精神文化，它所体现的价值和精神的凝练就是大学制度文化和精神文化的凝练，是刚性的管理制度体现的柔性文化，是将大学的隐性文化"显性"的过程，其诚信、感恩、责任观念等资助文化理念的形成正是社会发展和公民教育的需要。大学资助文化的创新，不仅表现在大学资助文化所体现的立德树人、人文关怀、教育公平等价值和精神的创新，还表现为资助文化思想体系的建立，以及资助文化本身的育人功能的发挥。在大学文化的传承和创新中，传承是前提，创新是动力，是对古代资助文化的传承，也是对当代大学文化的创新，只有在传承中创新，在创新中提高，才能更好地推进现代化大学文化的建设。

（三）大学资助文化是中国特色社会主义文化的体现

中国特色社会主义文化在价值追求和思想道德上反映社会主义制度的本

质,即要求解放生产力,发展生产力,实现共同富裕,并保障人民当家做主,促进人的全面发展和社会的全面进步。这从根本上要求社会主义文化具有全面性、共享性、民族性、人民性。大学资助文化所倡导的公平、共享、均衡、和谐理念正是体现了社会主义文化的上述特征,资助大学生完成学业正是促进民生,也是实现大学生全面发展和社会和谐发展的手段之一,最终目标是减少社会的贫富差距,实现人民的共同富裕。因此,大学资助文化是立足于中国国情的特色文化,它体现了社会主义的本质,体现了为人民服务、为学生服务的社会主义大学的特点,符合党中央提出的"精准扶贫"原则,是社会主义先进文化的重要组成部分。正如原教育部部长陈至立所说:"建立健全家庭经济困难学生资助政策体系,切实减轻经济困难家庭的教育负担,充分体现了党和政府对民生问题的高度关注和对生活困难群众的关心,体现了发展为了人民、发展依靠人民、发展成果由人民共享,体现了社会主义制度的优越性。"①

十九大报告中指出:"发展中国特色社会主义文化,就是以马克思主义为指导,坚守中华文化立场,立足当代中国现实,结合当今时代条件,发展面向现代化、面向世界、面向未来的,民族的科学的大众的社会主义文化,推动社会主义精神文明和物质文明协调发展。要坚持为人民服务、为社会主义服务,坚持百花齐放、百家争鸣,坚持创造性转化、创新性发展,不断铸就中华文化新辉煌。""加快一流大学和一流学科建设,实现高等教育内涵式发展。健全学生资助制度,使绝大多数城乡新增劳动力接受高中阶段教育、更多接受高等教育。"大学资助文化正是为了满足大学人的精神文化需求和社会文化发展的需求而提出的,它体现了马克思主义以人为本、促进人的全面发展的思想,体现了文化发展、经济发展与社会发展相适应的理论,是马克思主义文化思想在大学的创新演绎。

结合时代发展需要,2015年10月,党的第十八届中央委员会第五次会议指出,实现"十三五"时期的发展目标,必须要牢固树立并切实贯彻创新、协调、绿色、开放、共享的"五大发展理念"。"五大发展理念"正是中国特色

---

① 陈至立:《2007年全国家庭经济困难学生资助工作会议上的讲话》,《人民日报》,2007年5月28日。

社会主义先进文化的直接体现，同时在大学资助文化中也有所体现。首先，大学资助文化体现了"创新"发展的理念。2016年3月5日，习近平总书记在参加全国人大上海代表团审议时强调，创新发展理念在"五大发展理念"中是方向、是钥匙，是引领发展的第一动力。创新包括理论创新、制度创新、科技创新、文化创新等各方面创新，大学资助文化正是大学文化的创新和发展的体现，正是在这种创新文化的带动下，大学文化得以丰富和发展，大学得以向内涵式发展的道路迈进。其次，大学资助文化体现了"协调"发展的理念。大学的资助行为和教育工作，使贫困大学生尤其是农村的贫困大学生有改变命运的机会，实现教育的均衡发展，能够促进城乡区域协调发展，促进经济社会协调发展，推动物质文明和精神文明协调发展。再次，大学资助文化体现了"绿色"发展的理念。通过学生资助制度，发挥学生资助政策的引导作用，增强高等教育的吸引力，提高高等教育质量，促使学生选择农、林、牧等专业，促进农、林、地、矿、油等艰苦行业专业的发展，进而优化教育结构。最后，大学资助文化体现了"开放"和"共享"的发展理念。大学资助制度的最终目的在于帮助家庭经济困难学生成长成才，体现了大学的包容、开放和公平，使学生共同享有人生出彩的机会，共同享有梦想成真的机会，共同享有同祖国和时代一起成长和进步的机会。因此，大学资助文化理念是"五大发展理念"指引下的理念，大学资助文化是中国特色社会主义文化的内在元素。

第三节　大学资助文化的主要内容

正如前文所指出的那样，大学资助文化作为社会亚文化，是大学文化的创新和发展，其内容十分丰富，体现为教育公平的教育价值，立德树人的教育理念，人文关怀的精神体现，人的全面发展思想。深入挖掘和凝练大学资助文化的内容，不仅体现了大学文化内容的创新，而且有利于大学文化的传播和发展。

一、价值追求：教育公平

（一）教育公平的内涵及内容

教育公平从古至今一直是人们追求的教育理想，是世界近现代教育民主化进程中的普遍价值追求。教育家孔子就曾提出过"有教无类"的思想，隋唐开始的科举制度的推行，孙中山先生"凡社会人，不分贫富，教育要求公平"的呐喊，教育家陶行知提出的"使没有受教育机会的人可以得到他们所需要的教育"，等等，都是教育公平思想的具体体现。

1. 教育公平的内涵。公平，有"公正、平等、正义"之意，所以教育公平也体现了"公正、平等、正义"的价值，它是社会公平正义价值在教育领域的延伸和体现。当然，教育公平的内涵是广泛的，我们这里谈的问题不可能面面俱到，是相对集中的。比如，当一些学生在大学校园里开着名车、吃着海鲜、穿着名牌时，还有一些学生吃着馒头就咸菜、衣着褴褛，你就会想到教育到底要体现什么样的公平。这个公平的重点是最大限度地推动社会和学校挖掘每个人的潜能，让每个人都能得到与其智力水平相应的开发，缩小不同阶层之间的社会差距，让经济的、文化社会方面的差异通过公平教育制度的实施得以缩小，改变不利阶层的教育状况，包括教育起点公平、教育过程公平和教育结果公平。我们主张的公平不仅包括政策制定，还包括受教育者的觉醒。这个觉醒自然是需要一种文化的唤醒。

2. 教育公平的基本内容。古往今来，人们对于公平有着不同理解。从古埃及的公平神灵沃塞利斯，到古希腊哲学家的"秩序""善""和谐""均衡"，再到中世纪阿奎那的充斥着神性光芒的"有德行的生活"，从文艺复兴时期的启蒙思想家的政治民主与社会契约到康德那超乎经验之外的"善良意志"，无数先智圣哲们都对公平寄予了不同的理想。教育公平的理想及价值追求的内容包括平等、正义、"善"等核心词汇。

首先，平等。平等是一种权利，是人类追求的基本人权，是法律赋予每个人生存和发展机会的权利。按照天赋人权的说法，平等权是一种自然权利，自然权利是天赋的、不可剥夺、不可转让的，是人所共有的、任何个体都可对相应对象或社会提出要求的重要利益。文艺复兴以来,"自然权利"及"平等权"一直是西方政治和法律思想的一个重要论题。英国哲学家洛克在《政府论》中对"自然权利"作了解释:"人们……生来就享有自然的一切同样的有利条件,能够运用相同的身心能力,就应该人人平等,不存在从属或受制的关系。……人们既然都是平等和独立的,任何人就不得侵害他人的生命、健康、自由或财产。"① 因此,他强调人人生而平等,每个人都拥有生命权、平等权、自由权、幸福权、财产所有权及发展权。但是,高等教育的公平不等于统一无差异,公平不等于均等,公平应该是把资源或资本向社会弱势群体倾斜的"不平等",这一倾斜就是为了"平等",即实现高等教育的公平。

其次,正义。正义即公正的道理,有公道、公平、正当、正直之意。对正义含义的诠释比较有代表性的是美国学者罗尔斯的正义观,罗尔斯指出,每个人对自由体制范围内都有与他人一样的平等权利,正义是一种"作为公平的正义","所有社会价值——自由和机会、收入和财富、自尊和基础——都要平等地分配,除非对其中一种价值或所有价值的一种不平等分配合乎每一个人的利益"。② 在他看来,社会中的一切机会、人格、自由等都是正义平等的,只有这样,才能体现出整个社会的正义和公正,正义不仅仅代表分配的正义,正义更要保障每个社会主体充分地享有独立、平等、自由的权利,并在相互承认的交往关系中实现自己的价值,具体表现为机会公正原则、自由平等原则和差别原则。

最后,"善"。人是有精神生命的存在者,对"真、善、美"的追求是人与动物的重要区别,"真、善、美"是人类永恒追求的价值观。人需要有尊严,需要真诚,需要善,需要德,需要审美,这些东西加在一起就是人文精神的体现。所有的价值观追求都是让我们趋于"真、善、美"。所以,一切符合善的东西才是人类公认的有价值的。如果一种东西不符合善的标准,它也是一种价值,那么这种价值就不是人类共同认同的主流价值,无论历史和现实,只要人

---

① 〔英〕洛克:《政府论》下篇,商务印书馆 1997 年版,第 5—6 页。
② 〔美〕约翰·罗尔斯:《正义论》,何怀宏、何包钢、廖申白译,中国社会科学出版社 1988 年版,第 62 页。

类是理性的,"善"的价值就是永恒的有价值。

教育公平作为一种价值观,具有"善"的品质。让能力相同的青少年不论性别、种族、地区或社会阶层,皆有相等的机会接受教育,资助贫困家庭的孩子完成学业,并进行心理辅导和建设,是对人的生存和发展的仁爱关怀,是"善"的第一个层面。通过资助和教育贫困大学生,可以培养学生的感恩之心、诚信之责、爱人之道,通过"德行"的培养和教育,将"德行"传播出去,影响更多的人,帮助更多的人,这是"善"的第二个层面。通过国家资助行为实现教育公平,进一步实现社会的公平公正,促进全社会的和谐进步,这是"善"的第三个层面。

(二)教育公平与高等教育的价值追求

首先,教育公平是高等教育的基本价值追求。1948年的《世界人权宣言》第26条规定:"人人都有受教育的权利,高等教育应根据成绩对一切人平等开放。"1998年8月,联合国教科文组织在巴黎召开的首次高等教育大会上通过的《21世纪的高等教育:展望与行动》和《高等教育改革与发展的优先行动框架》提出:"高等教育应是根据个人成绩对一切人平等开放,使更多的人接受高等教育。"[①] 教育公平是社会公平价值在教育领域的延伸,教育的不公平是最大的社会不公平,教育是否公平涉及千家万户的利益,因为每个家庭都将子女成才、子女幸福、家庭理想寄托在子女的教育上,教育的公平性是一个国家协调社会秩序、分配社会资源、制定教育政策的重要价值取向。

高等教育的理想应该是让所有有意愿接受高等教育的人都能接受到高等教育。哈佛大学阿玛蒂亚·森教授提出:"发展是一种自由,自由是一种能力。"实际上,公民权利的平等并不等于社会弱势群体能够获得公平发展的能力,后者从根本上说只能依靠教育。[②] 通过接受教育,发展自己的能力,实现社会阶层的合理流动,实现社会资源的合理流动,保障贫困大学生有公平接受教育的

---

① 汪立琼:《高等教育公平研究评述》,《江苏高教》2006年第2期。
② 解涛:《近年来我国教育公平研究评述》,《现代大学教育》2009年第2期。

机会，过一种有尊严的生活。

其次，教育公平是社会主义大学的本质要求。十九大报告指出，中国特色社会主义进入新时代，我国社会主要矛盾已经转化为人民日益增长的美好生活需要和不平衡不充分的发展之间的矛盾。建立社会主义大学是为了社会主义高等教育的发展，其教育的开展和实施也是为了解决中国特色社会主义进入新时代之后的中国社会矛盾，是为了满足人民群众日益增长的高等教育需要与地区之间、城乡之间、家庭之间发展不平衡之间的矛盾，是为了实现马克思所说的"消灭差别、消灭剥削、消灭阶级，实现个人的自由发展和社会平等"的理想，这是中国特色社会主义高等教育的理想，是我们追求的价值目标。

邓小平同志曾经说过："社会主义的本质，是解放生产力，发展生产力，消灭剥削，消除两极分化，最终达到共同富裕。"这体现了社会主义社会维护和促进公平正义的价值观。社会主义大学也应体现社会主义的本质，体现公平正义的价值观。使高等教育大众化，让愿意接受高等教育的人不会因为家庭贫困失去接受高等教育的机会，不会因为失去接受高等教育的机会而失去成长成才的机会，就是实现所有公民机会平等、权利平等、资源分配平等，这是社会主义大学的本质体现和价值追求。所以，促进教育公平将永远是我国社会主义高等教育事业发展的重要任务。

最后，高等教育遵从的公平理念符合社会主义核心价值观的根本要求。社会主义核心价值观就是走中国特色社会主义道路的精神引领，是社会主义大学内涵式发展的精神引领，其主要内容是"富强、民主、文明、和谐、自由、平等、公正、法治、爱国、敬业、诚信、友善"。在社会主义核心价值观引领下的高等教育必然体现其追求的价值目标，教育公平正是体现了社会主义核心价值观的"和谐、自由、平等、公正、法治"等价值追求。

高等教育遵从教育公平的理念，给所有符合法定年龄、有教育需求的学生接受高等教育的机会，并在国家、社会和学校的资助下完成学业，不因贫困而失学，这正是社会"平等""公正"价值观的体现。《宪法》第四十六条规定，中华人民共和国公民有受教育的权利和义务。消除家庭的差异，让每个孩子平等地享有接受教育的权利是教育公平原则"法治"价值观的体现。让每个公民能够平等地享有教育的机会,提高全体公民的能力和素养,是让每个中国人都过上有尊严的生活的前提,是让每个公民享有选择生活的权利的自由,是实现人自由全面发展的前提和条件,是教育公平原则"自由"价值观的体现。实现教育公平,让贫困家庭的孩子也能接受高等教育,给每个孩子一个公平竞争的机会,给贫困家庭一个改变命运、追求幸福的希望,是消除城乡差别、消除贫富差别、解决社会不平衡发展问题的重要手段,是建设和谐社会的重要方面,是教育公平原则的"和谐"价值观的体现。

(三)大学资助文化体现了教育公平的价值追求

根据罗尔斯的公平三原则理论,教育公平原则体现为三个方面:第一,受教育权利的公平;第二,受教育机会的公平;第三,教育是"补偿利益"的一种方式,即社会通过"补偿利益"来保证人们的受教育权。大学资助工作是高等教育教育公平价值的直接体现,国家、社会、高校通过采取"奖、助、贷、勤、免、补"等方式资助贫困学生,让每个愿意接受教育的人得到高等教育的权利和机会,获得获取知识和智慧的平台,大学资助制度体系体现了高等教育中的起点公平、过程公平和结果公平。

首先,建立大学资助制度的目的是为了教育公平。改革开放之后,我国进入了二元经济结构的转型期,经济发展出现了不平衡状态,市场经济的效率优先、优胜劣汰使一些人先富了起来,人们的生活水平拉开了差距,社会阶层出现分化。自从推行大学收费制度后,国家和社会并没有赋予每个家庭购买教育的基本能力,这造成很多农民和下岗职工的孩子上不起学,由此产生了教育权利和教育机会的不平等。即"教育不公平不可能脱离社会的公平状况而独立存在,它是社会和经济不公平的反映"[1]。为了解决这一教育不公平问题,国家自2007年开始不断完善大学生资助制度,让弱势家庭逐渐摆脱无力为子女购买教育服务的困境,为贫困家庭的孩子提供公平的高等教育机会。

其次,大学资助文化的本质是实现教育公平。大学资助工作的实施包括资

---

[1] 高璐:《论教育公平与社会分层》,《当代教育论坛》2006年第4期。

助政策宣讲、贫困生认定、贫困生评定、贫困生资助公示、发放资助金等几个程序，公平、公正的价值理念一直贯穿其中。尤其是在贫困生的认定和评定过程中，很多高校的大学生资助工作程序严谨，资助工作人员以公平、公正为工作原则，根据学生的家庭条件和学校表现评定和发放资助金，避免因为工作失误和方法不当造成资助过程中出现二次不公正的现象。多数大学生都能按照国家政策和学校的要求诚信上报家庭经济情况，避免了因谎报贫困状况造成资助机会的不平等。因此，大学资助工作的过程也体现了公平的价值和原则。

最后，大学资助文化保障教育公平的实现。大学资助工作是对弱势群体享受高等教育机会的公平保障，弥补了因社会不公平造成的教育机会不公平的缺陷，是对社会差异家庭的教育补偿手段，是对特殊群体的特殊关照，是对受教育权的平等保障，同时也促进了社会阶层流动和人才流动，符合个体、群体、社会的公平需求，对于促进真正的教育公平和构建和谐社会有重要作用。

二、使命承载：立德树人

（一）立德树人的内涵

从古至今，"立德树人"一直是教育者遵循的教育理念。"立德"出自《左传·襄公二十四年》："太上有立德，其次有立功，其次有立言，虽久不废，此之谓不朽。"①《辞源》将"立德"的"立"解释为"树立"，将"立德"解释为"树立圣人之德"。②"树人"出自《管子·权修》："一年之计，莫如树谷；十年之计，莫如树木；终身之计，莫如树人。"③在《辞源》中，对"树人"的"树"解释为"种植"，将"树人"解释为"培植人才"。④所以，"立德"即树立德业，"树人"即培养人才。

从狭义的角度讲，"立德树人"是培养有道德之人，而从广义的角度讲，

---

① 戴瑞、曹红玲：《"立德树人"的理论内涵与实践方略》，《思想教育研究》2017年第6期。
② 商务印书馆编辑部：《辞源》，商务印书馆2009年修订本，第2550—2552页。
③ 戴瑞、曹红玲：《"立德树人"的理论内涵与实践方略》，《思想教育研究》2017年第6期。
④ 商务印书馆编辑部：《辞源》，商务印书馆2009年修订本，第1781页。

"立德树人"之"德","不仅仅是指道德品质和道德能力,还包括理想信念、人生价值追求和法律素养等,它是一个人的思想政治素质的综合体现,是一个人世界观、人生观、价值观、道德观、法治观的集中反映"[1]。"立德树人"之立,不仅包括立学生之德,还包括立教师之德,即"立学德"与"立师德"。[2] 而"树人"不仅要求在思想道德方面树人,还要求所树之人有良好的心理素质和理想的完整人格,有能力和智慧追求自己的幸福生活。只有从广义的角度理解"立德树人"才符合"立德树人"思想提出的初衷,才能真正实现"立德树人"的目标。

(二)立德树人是高等教育的根本任务

2016 年 12 月 7 日,习近平在全国高校思想政治工作会议上对"立德树人"提出了更高的实践要求,赋予了新的理论内涵,即"高校立身之本在于立德树人,要坚持把立德树人作为中心环节"。这将"立德树人"的教育理念提高到了一个新的高度,成为高校开展各项教育活动的基本遵循。"立德"是为了"树人",而"树人",在当代中国,就是培养德智体美等全面发展的人才,将"德"单独提出来,意味着"立德"在"树人"(育人)过程中有特别重要的作用,它指导着教育的全过程,是"树人"的首要价值选择,是教育实施的指导原则,是高等教育的育人之本。

首先,高校树立"立德树人"教育理念是人内在性价值构建的需要。崇德重教一直是中华文化的传统美德,古人云,德行是一个人处世立身的根本、思想行为的指南,就像水之源、树之根,虽不可见,但不可离,且"德之不修,行之不远",即指如果没有良好的道德修养,那么人的发展也会受到限制。"德"成为以人为中心的世界的中介,是正确认识人与社会关系、人与人关系的中介,是人拥有良好的人际关系和有能力追求幸福的前提。因此,人对"德"的感悟及"德"对人的完善成为教育的重要任务。"人德共生"是高

---

[1] 吴潜涛:《社会主义核心价值观教育:立德树人的必由之路》,《北京日报》,2014 年 1 月 13 日。
[2] 张澍军、苏醒:《论"立德树人"根本任务与思想政治教育学科建设使命》,《思想教育研究》2013 年第 7 期。

校树立"立德树人"教育理念的人性需要。其次，高校树立"立德树人"教育理念是培养师生之德的需要。"德"乃立人之本，"立德"乃育人之基，高校树立"立德树人"教育理念，使之贯穿于任课教师的整个教学实施过程，贯穿于教学、科研管理和服务人员的教育、管理和服务的全过程，使整个大学形成了"德行为先"的氛围，为育人提供了良好的教育环境，"为人师表、师德为先"成为教师们学习、生活、工作的习惯，为学生树立了率先垂范的榜样，让学生耳濡目染并践行"德行"行为，对于学生"德行"的培养和道德素养的形成有重要意义。最后，高校树立"立德树人"教育理念是引领社会道德的需要。大学不仅是一个教育机构的存在，也是精神的存在，各个时期的大学往往以其特有的大学文化、大学精神引领着社会的前进，而高校"立德树人"教育理念引导着校风、学风、教风，潜移默化地影响着师生崇德向善的品格，使大学保持一种清醒的"善"的示范力量。大学毕业生将这种向善的正能量传播给他人和社会，让社会形成良好的社会风尚。因此，高校树立"立德树人"教育理念对于构建道德社会和和谐社会有重要作用。

（三）大学资助文化承载立德树人的使命

1. 大学资助文化之"立德"。大学资助文化的意义不是取决于外在的道德说教，而是取决于行为者内在的综合生命体验。大学资助文化通过制度设计和管理实施过程所体现的德育功能可以实现人的道德体验，培养人的独立能力，体验人的存在意义，使人自主、自由、自觉地发展，这是大学资助文化"立人"的过程，更是"立德"的过程。

首先，立学生之德。大学资助文化一方面是给予学生直接的物质帮助，另一方面是将资助行为文化的精神、理念、价值传递给学生，通过开展资助工作对学生产生精神激励作用，超越课堂教育的师生距离，直击学生的内心深处，内化为学生坚定不移的道德信念，使学生不知不觉感受、体验、践行着这样的精神和理念，让他们有勇气面对生活的困难、心理的困苦，进而树立一种坚定的生活信念和生命信仰，激发自身自强不息、勇于进取地追求未来美好生活。这是大学生在当今社会面对文化观念激烈冲突与价值观念多元化影响自发形成的一种积极的、正向的意识选择,是在物欲横流的现代社会中坚守道德原则的力量源泉。这也正是高校大学生实现立德成才的重要途径之一。

其次,立教师之德。大学资助文化是资助工作管理人员、辅导员等高校教师,根据国家制定的资助政策对学生实施物质资助和心理帮助的过程。对教育工作者来讲,教育的过程意味着为人师表,意味着自身以德立世并垂范他人,教师的言传身教对于学生行为养成和思想导向有直接影响。正如习近平同志在全国高校思想政治工作会议上所强调的:"要加强师德师风建设,坚持教书和育人相统一,坚持言传和身教相统一,坚持潜心问道和关注社会相统一,坚持学术自由和学术规范相统一,引导广大教师以德立身、以德立学、以德施教。"大学资助工作人员在深刻理解资助文化的意义和特点的前提下,充分认识到师德师风的价值,在资助工作中以身作则,做到公开、公平、公正,用自己的爱心关照学生的内心世界,积极开展诚信教育、感恩教育、爱国主义教育等,这正是大学资助文化"立德"功能的直接体现。

再次,立社会之德。大学的发展是社会进步和发展的火车头,大学文化的发展是社会文化发展的推动力量之一。在高等教育普及化的今天,大学人的精神品格就是未来社会建设力量的精神品格。在大学里,大学人责任共同体、精神共同体、品格共同体所形成的大学文化,通过隐形的教育方式,通过"个别"学生走向"普遍"社会,向更多的人展示自己因获得资助完成学业进而顺利走入社会、参与国家建设与发展的真实体验,在未来的工作和生活中展现自己的优秀品质,产生良好的社会效应。这种良性校园道德文化必将随着学生毕业走向社会形成正向社会文化,大学资助文化必将成为社会道德乃至人类至善发展的永久德行力量。

2. 大学资助文化之"树人"。"树人"即"育人",培养人。高等教育最主要的职能,就是通过"立德"而"树人",通过"树人"而"立德"。捷克教育学家夸美纽斯认为,教育的目的是要培养人的博学、德行和虔信的品质。高校的所有教育活动和管理活动都应体现育人功能,不仅要培养学生的科学文化知识,还要培养学生的品德和价值观。大学资助工作作为高校的教育管理工作之一,通过"立德"而"树人",通过发挥德育功能,实现学生成长成才。

古人云："才者，德之资也；德者，才之帅也。"包括高等教育在内的教育活动的最终理想，就是使人从一般意义上的"生存"状态中超拔出来，向"有德行的存在"状态前进。大学资助文化通过资助工作者的言传身教，通过给予学生物质帮助和精神支持，通过仁爱思想和诚信思维的教育，激发学生的爱校之情和报国之心，培养学生的正义感、奉献精神、责任心，进而提升学生的道德情操，使学生在抵制未来市场经济社会带来的精神物化和消费主义侵蚀的过程中，坚守"人之为人"的德行，使人性回归德行，用德行塑造人性。从而体现人的应然状态即"有德行的存在状态"，即通过"立德"而"树人"，这是大学资助文化的重要任务。

三、精神体现：人文关怀

（一）人文关怀的内涵

人文关怀的思想来源极其丰富，中西方文化都是我们今天理解人文关怀精神的依据。在中国传统文化中，人被认为是世间最尊贵的存在者，是社会发展和天地造物的最高成就。教育家孔子就曾提出过"天地之性人为贵"的思想，这充分体现了对人的地位的尊重，也是以人为本思想的渊源。"仁爱"思想一直被誉为儒家思想的精髓，它提倡爱他人、爱学生、爱弱者，主张修己安人、推己及人，其"泛爱众"的普众关怀和"四穷民"的弱者关怀思想都是"仁爱"思想的延伸，都体现了对人的生存、尊严、人格、发展的关怀。马克思认为，需要是人的本性，人的需要分为物质需要和精神需要，这些需要的满足是人生存和发展的基础，只有关注人的需要、满足人的需要，对人进行关心、关爱和关怀，才能促进人与社会的进步，这也进一步论证了马斯洛的人的需求层次理论。正如毛泽东同志所说："关怀广大人民群众的利益与疾苦，坚持群众路线，关心群众的痛痒，真心实意地为群众谋利益，解决群众生产和生活的问题。"[①]这是对人的最基本需求的满足，是"泛爱众"思想的发展，是人文精神

---

① 《毛泽东选集》第1卷，人民出版社1991年版，第138页。

的体现，是人文关怀精神的思想来源。

"人文"一词最早出自《易经·贲卦》，"文明以止，人文也，观乎天文以察时变；观乎人文以化成天下"①，即以"文"化人，使人获得"文明"，使人成为人，以化成天下。正如古罗马思想家西塞罗最早用"humannus"来表达自己的教育理想：通过教育或教化而使人获得完整圆满的人性。"关怀"即关心、关注、在意之意。美国关怀道德教育学派代表诺丁斯认为，"关怀意味着对某事或某人负责，保护其利益，促进其发展"②。体现了人不仅要爱自己、对自己负责，还要爱他人、对他人负责。"人文"的内涵涉及人的存在、人的思想、人的精神、人的价值、人的发展等很多方面，人文关怀也是从这几个维度对人进行"关怀"。笔者认为，人文关怀就是从现实的具体的人和社会状况出发，尊重人的价值和主体地位，关心人的生存和发展，满足人的物质保障和精神需求等个体需要，健全人的性格品格，促进人的身心健康，实现人的全面发展。

（二）关注现实需要

高等教育的功能是培养人、教育人，其教育主体是人，教育对象也是人。对人的关注，对人的物质需求和精神需求的关注，应当成为高等教育实现教育功能的应然选择。这些关注理应契合教育对象的需求和服务社会发展的需要。

1. 满足大学生生存发展的需要。首先，家庭困难学生获取教育机会是改变阶层、改变命运、提高能力、全面发展的最主要途径，高校关注和关怀这一群体是高等教育人文关怀精神的体现。通过"减、免、贷、勤工助学"等资助形式帮助大学生完成学业，满足大学生教育发展需求，是满足大学生生存发展需求的前提。其次，人的全面发展指的是人德、智、体、美、劳的全方位发展，是人潜能和素养的全面提升，在人的智力发展即智商提高的同时，人还有精神发展、身体发展、对美德追求的需要。作为大学生，尤其是贫困生，其精神需

---

① 阮元：《周易正义》，《十三经注疏》，中华书局1980年版，第37页。
② N. Noddings, *Caring: A Feminine Approaehto Ethics&oral Education*, California: University of California Press, 1986, pp. 23-24.

求和心理发展需求较物质需求更为强烈，这些学生往往心理敏感、焦虑、自卑，遇到困难挫折时抱怨社会、抱怨家庭、抱怨命运。这样的弱势群体往往承受着学习、生活、精神上的多重压力，常常出现经济拮据和精神窘迫的双重问题，他们更需要被尊重、被关心、被理解、被支持。因此，欲实现高等教育培养人才的目标，实现青年身心的健康发展，要关注、关怀大学里的贫困群体，发扬高等教育的人文关怀精神。

2. 构建和谐校园的需要。构建和谐社会需坚持以人为本，构建和谐校园需坚持以学生为本，具体体现在高校对学生的人文关怀中，贫困学生是最需要关怀的群体之一。在大学中，贫困学生作为弱势群体往往存在生存、发展、心理等方面的问题，也往往成为校园中的问题学生，很可能成为大学校园的不稳定因素。也就是说，贫困学生若不能很好地缓解自身的经济压力和精神压力，得不到来自学校、老师和同学的关心和帮助，在学习生活中得不到个人发展的机会和空间，轻者造成寝室内不和谐、班级内不和谐、校园内不和谐，重者将引发各类校园事件，甚至走向犯罪的道路，发生校园惨案，这样的事件已经不是个例。对学生的资助及对学生的人文关怀就像冬日里的一道暖阳温暖着学生、感动着学生、激励着学生，在这股暖流中，问题和矛盾得以缓解和解决，灰暗的人生被再一次点亮，苦楚的人生不断充满了希望，学生变得更加勇敢和自信，成为促进校园和谐的因素。

3. 构建和谐社会的需要。对于一些求知欲强、积极向上、报效祖国的发展需求比较强烈的贫困学生，若失去教育机会必然造成国家的人才流失，流入社会还易造成社会的不稳定。而获得教育机会的贫困大学生如果没有获得学校的关注关爱，没能养成良好的思想道德素养和诚信责任意识，冷漠地进入社会，也会成为和谐社会的不和谐符号。因此，高等教育应以人文关怀为出发点，坚持以人为本，以学生为本，关爱学生，尊重学生，引导学生，宽容学生，设身处地了解他们的境遇、环境、经历、心理和行为特点，帮助学生解决心理问题和生活问题，培养他们高尚的道德品德和完善的理想人格，促进身心和谐。这不仅能为建设和谐校园创造条件，也是为构建和谐社会创造条件。

（三）大学资助文化饱含人文关怀

大学资助工作开展的初衷和终极追求是人文关怀。大学资助工作本身就体现了"仁爱"、爱人的思想，是对人的生存状态与权利的重视与尊重，是对人的价值、社会地位、未来发展的关怀，是高等教育以学生为本思想的直接表达。

1. 对学生的物质关怀。人文关怀是多层次的，既包括精神关怀，也包括物质关怀。大学资助工作的物质关怀是对贫困大学生的显性关怀。高校贫困生的思想和心理或多或少、或直接或间接地受到经济贫困的影响，关注贫困大学生的生存状况，通过物质帮助解决他们的生存问题，帮助其完成学业，是满足贫困大学生全面发展的基本途径之一。正如马克思、恩格斯所说："人们为了能够'创造历史'必须能够生活，但是为了生活，首先就需要吃喝住穿以及其他的一些东西。因此，第一历史活动就是生产满足这些需要的资料，即生产物质生活本身。"[①] 因此，物质关怀和帮助是大学生生存和发展的第一需要，大学资助工作通过国家、社会、高校、个人的经济援助，缓解贫困大学生的经济压力，使其不因贫困而辍学，不因贫困影响学习和生活，就是对大学生最重要的人文关怀。

2. 对学生的精神关怀。高校贫困大学生既有物质需求，也有精神需求。一些贫困大学生出现的精神贫瘠和思想困惑比生活贫困更可怕，而物质关怀只能解一时之困，能够帮助大学生转变思维模式、解决精神困惑、促进其精神成长才是终极的人文关怀。大学资助工作正是为满足学生的精神需要和物质需要而开展的，以物质帮助为契机，深入了解大学生的生活状况和心理发展状况，帮助他们正确地认识贫困，了解社会，懂得人存在和发展的意义，帮助他们树立人生目标和人生理想，树立战胜困难的勇气和信心，树立自信、乐观、进取的人生态度，符合哲学上"人不仅是实体的存在，更是精神的存在"的说法。因此，大学资助工作从使人成为人的角度出发，本质上是关怀人性的教育活动，其价值目标始终与人的尊严、幸福、自由、发展等价值相联系，尊重人的价值、培育和谐心理、培养德性伦理、唤醒主体意识是大学资助工作的应有之

[①] 《马克思恩格斯选集》第一卷，人民出版社 1995 年版，第 32 页。

意。所以有学者提出,大学资助工作"应以尊重、关心人的需要,特别是精神需要为根本特点,以不断提升人的精神品位、丰富人的心灵世界为价值取向,以唤醒人的主体意识和塑造独立人格为本质特征,以培养人的伦理情操、提升人的道德境界为核心内容,以建构精神家园、引导人的终极关怀、促进人的全面发展为最终目标"[①]。

3. 对学生的心理关怀。贫困大学生多数来自经济欠发达地区,由于社会环境、家庭环境、素质教育水平不同,在校园里失去了很多公平竞争的机会。他们经常感到悲观失望、无奈无助,怀疑自己、怀疑人生、自卑自弃,甚至一蹶不振,仇视社会,缺乏安全感,不愿与人交往。这些心理不利于大学生的身心健康发展,因此,他们需要学校、老师、同学的帮助、理解和关怀。而大学资助工作从广义上包括贫困大学生的心理"资助",这是一种超越课堂灌输式的隐形教育方式。通过大学资助工作者和辅导员的情感支持,与贫困大学生进行平等的沟通和交流,让他们切身地感受到资助工作者的亲切友善,帮助他们树立生活的信心,提高人际交往能力和抗挫能力,发挥其主动性和能动性去逐渐适应校园生活,适应社会生存。这种"助智"之后的"助心"活动,对大学生的成长成才有重要意义。

人文关怀体现着对人的尊严的肯定,表现出对人的实际层面即符合人性的生活条件的关注与确认,凸显出对人的解放与自由的追求。[②]大学资助文化正是体现了这样的价值追求,大学资助文化的人文关怀不仅体现在物质关怀、精神关怀和心理关怀层面,还体现在思想道德素质关怀、学业关怀、能力发展关怀、就业关怀等多个方面。可以看出,大学资助工作坚持"以人为本"的理念,关注人的生存状态,肯定人的人格尊严,尊重人的价值观差异,能满足大学生多方面的需求,能够引导学生积极思考人生,超越自我,构建自己的精神家园。

---

① 王东莉:《德育人文关怀论》,中国社会科学出版社2005年版,第275页。
② 王东莉:《德育人文关怀论》,中国社会科学出版社2005年版,第62—63页。

四、目标指向：人的全面发展

（一）人的全面发展思想内涵

人的全面发展思想是马克思主义的重要思想，其内涵十分丰富。马克思主义认为，人的最高的价值目标是实现个人的自由并使自身得到全面的发展。[①]"全面"有"完整""自由""平等""和谐"的含义，全面发展是指由自然和社会长期发展而促使每个人潜能的最全面、最自由、最充分的调动，是健康体魄、健康人格、健康思维、健康情感的全面发展。从哲学上讲，全面发展的人是占有自己全面本质的人，一个总体的人、一个技术与精神平衡的全面的人。正如《德意志意识形态》中提到的，"在共产主义者看来，'自由活动'是'完整的主体'从全部才能的自由发展中产生出来的创造性的表现"[②]。因此，人的全面发展不仅包括单个人的全面发展，而且包括所有人的全面发展。

马克思主义认为，需要是人对物质生活资料和精神生活条件依赖关系的反映，人们的需要即"他们的本性"[③]，人的需要是人从事各种实践活动的内因和动力。人是世界上的一种特殊的生命形式，这种生命形式是自然性与文化性的双重统一，不仅需要实现生命的自然性存在，更需要文化性生命的不断丰富。可见，人的存在产生了各种需要，只有实现了多重需要才能使人获得全面发展。人的需要是多方面的，包括物质需要、生理需要、精神需要、社会需要等，人的需要也是多层次的，包括生存、发展、享受、创造、超越等。根据马斯洛需求层次理论，从生存需要到人的自我超越需要的所有需要的满足才能促成人的全面发展，满足人的需要就是满足人的全面发展的需要。

（二）高等教育的终极旨归

"从根本上讲，凡教育都是人的教育，因为人类的教育活动和教育事业总是以人为目的、以人为对象、以人为主体、以人为主题的"，即"教育：人是

[①] 马彦周、高艳丽、江广长：《大学生发展型资助体系构建研究》，《学校党建与思想教育》2013年第6期。
[②] 《马克思恩格斯全集》第3卷，人民出版社1979年版，第123页。
[③] 《马克思恩格斯全集》第3卷，人民出版社1979年版，第514页。

目的；教育：人之生成；教育：人对人的活动"。①教育就应该关注人的目的、人的需要、人的发展，这是教育"以人为本"思想的体现，是"以学生为本"教育理念的表达，是满足学生全面发展需要的理论前提。当我们确立了以学生为本、实现学生全面发展的目标时，正如马克思所揭示的，"人不是在某一规定性上再生产自己，而是生产出他的全面性；不是力求停留在某种已经变成的东西上，而是处在变易的绝对运动中"②。教育就是生产人的全面性，是促进人的全面发展、提高人的水平和能力的重要方式，高等教育也不例外。高等教育是在持续的教育过程中引导和激发学生的潜能，不断地完善和丰富自己，提高自己的能力，实现自己的全面发展。"如果说，人的本质力量是人的自觉自为，那么教育则凸现出对这个自觉自为生命体的不断生成与和谐完整地发展的动力特性，这一特性要求我们的教育必须从传统的知识性教育向发展性教育转变，以人的全面发展作为根本目的和理想追求"③。高等教育以"人的全面发展"作为教育指导思想，使学生由"自在状态"发展到"自为状态"，使"每一个成员都能完全自由地发展和发挥他们的全部才能和能力"④。这是高等教育的目标和必然选择。

（三）大学资助文化与人的全面发展

人的需要是多方面的，人的全面发展的内容也是多方面的，大学资助文化工作目标的设立和工作的实施都体现了"以学生为本"的教育理念，都是为了满足学生的需要和促进学生的全面发展，具体包括促进学生的平等发展、和谐发展和完全发展。

1. 促进实现大学生的平等发展。人生来应该是平等的，每个人发展的机会也应该是平等的，但人类社会的发展还不能给每个人提供完全平等的条件，需要我们通过创造条件、制定规则、照顾弱者，给每个人提供平等发展的机会。

---

① 蔡中宏：《教育与社会发展研究——基于文化和人的视角》，中国社会科学出版社2013年版，第172—174页。
② 《马克思恩格斯全集》第30卷，人民出版社1995年版，第480页。
③ 蔡中宏：《教育与社会发展研究——基于文化和人的视角》，中国社会科学出版社2013年版，第238页。
④ 《马克思恩格斯全集》第42卷，人民出版社1971年版，第373页。

虽然我们的性别、年龄、出身都无法自控，但是我们可以通过接受高等教育改变自己的命运，获得与他人公平竞争的机会。首先，大学资助文化实现了学生入学机会的平等。大学资助文化通过国家、社会、高校、个人的多层面资助，使不同家庭背景、不同地区的学生获取公平的入学机会，接受良好的教育，改变父母一辈贫穷落后的生活面貌和生活条件，改变他们弱势群体的地位，这对实现教育公平，实现学生平等发展有重要意义。其次，大学资助文化实现了学生发展机会的平等。获得了入学机会的贫困生，还将继续得到社会的关注。这将帮助他们解决现实生活问题和心理问题，鼓励他们重拾信心，不断提升他们的专业技能、心理素质和发展能力，积极参与各类竞争，争取就业机会，使贫困生获得校园里和社会上平等发展的能力和资本。

2. 促进实现大学生的和谐发展。人的全面发展不仅意指"全面"，而且包含着"自由、充分、和谐"的意思。"个人的全面性不是想象的或设想的全面性，而是它的现实关系和观念关系的全面性"[1]。人的和谐关系包括个人自身内部的和谐、个人与集体的和谐、个人与他人的和谐、个人与自然的和谐、个人与社会的和谐等几个方面，而人与周围事物的和谐在某种程度上决定着人的发展程度，当人的伦理关系、文化关系、社会关系形成并和谐发展，当个人产生了与他人的物质和精神的交换，人就会从贫乏变得丰富、由片面变得全面、由封闭变得开放，实现个人的发展。培养学生的和谐人格、和谐人际、和谐社会关系，是高校人才培养的重要任务。首先，大学资助工作人员及辅导员教育引导学生正确地认识自己，客观看待家庭的贫困，纠正自己的不正确思维方式，引导他们正确处理遇到的心理问题，帮助学生树立正确的世界观、人生观、价值观，并实现个人身心健康的发展。这是培养和谐人格、和谐人际、和谐社会关系的前提。其次，大学资助工作人员及辅导员老师要善于引导学生客观看待自己的优缺点，认识自己的潜能，克服自卑心理，积极寻找适合自己的学生组织及志同道合的朋友，让学生感受到来自老师和同学的关怀，提高自己的自信心，形成个人与他人的良性沟通，促进学生形成良好的人际关系。学生的人际

---

[1] 《马克思恩格斯全集》第 46 卷下，人民出版社 1980 年版，第 36 页。

关系和谐是学生进入社会后形成和谐社会的前提。再次，大学资助工作人员及辅导员老师要善于引导学生大量阅读人文社科书籍，积极参与社会活动，关注社会热点，让学生从更高远的视角、以宽阔的胸襟看待历史的发展和今天的社会现实，以更客观的视角看待自己、看待家庭、看待家乡、看待社会，放下自己的偏见和短视，实现自己与自己的和解，以更热情的姿态拥抱当下的生活、拥抱未来的人生。只有这样，待贫困大学生毕业后，才会爱生活、爱集体、爱社会上的每一个人，最终促进社会主义和谐社会的形成。

3. 促进实现大学生的完全发展。大学生的完全发展是全方位的发展，包括大学生能力的完全发展、素质的完全发展、个性自由的完全发展等几个方面，大学资助工作的组织和实施，对学生实施物质帮助和精神帮助，有助于实现学生的完全发展。

第一，大学生能力的完全发展。人的本质要求人不仅要有物质生产能力，还要有精神生产能力，既要发展体力也要发展智力，既要认识先天能力也要发展后天能力，既要认识潜在能力也要发展现实能力。由于文化、心理素质、社会环境因素的影响，很多潜在能力高的人，现实能力不一定高，需要通过教育和引导，为其提供展示能力的平台和机会，有意识地培养学生各方面的能力。教育是实现人的能力提升的重要途径，通过高校的资助行为，让贫困学生拥有接受高等教育的机会，就是给学生提供了提高自己能力的机会。大学资助工作不仅"授之以鱼"，而且"授之以渔"，通过大学资助工作人员的教育和鼓励，更多的贫困学生能够实现智力和体力的发展，认识到自己的潜能，学习到解决问题的方法，实现大学生能力的全面提升。

第二，大学生素质的完全发展。素质是在遗传因素与环境教育的结合中发展起来的内在的、相对稳定的身心组织结构，包括人的心理素质、生理素质、科学文化素质和思想道德素质等方面。它一旦形成就具有内在的稳定性，能对人的各种行为起到长期的、持续的影响甚至决定作用。所有高等教育活动对个人良好素质的形成都有重要作用。大学资助工作的实施，给学生提供接受科学文化教育的机会，帮助其克服自卑心理，培养抗挫能力，培养学生的诚信意识，激发学生拼搏进取的精神，使学生成为有爱心、责任心、感恩之心的较高道德素养的人，这是人的精神发展和人的素质的全面发展的必然需求。

第三，大学生个性自由的完全发展。在马克思看来，人的个性自由的完全发展是人类追求的最高目标，是人类实现自我价值的核心，是满足最高层次自我超越的需求状态，是在满足了基本的生活需要之后才能追求的人类发展样态。人的全面发展不等于人的统一发展，马克思所说的"人的全面发展"中的人，不是孤立抽象的人，而是指具体现实的人。个人的个性自由的完全发展，表现为主体性水平的全面提高及个人独特性的增加和丰富。大学资助工作通过让学生拥有一个接受教育的平台，使学生的能力充分发展，社会实践活动和人际交往活动不断丰富，个性差异得到凸显和张扬，有资本和能力去自觉能动地发展自己的人际关系和社会关系，在衣食无忧的状态下发挥自己的创造性和潜能，实现和发展独特的自己。当学生走进社会，必然以充满生机和活力的社会一员促进整个社会的和谐和发展。

第四节 大学资助文化的育人功能

教育部 2009 年全国家庭经济困难学生资助工作会议曾指出："开展资助工作，不能满足于把钱发到学生手上，要充分发挥资助工作的育人功能，做到既在经济上帮助学生，又在精神上培育学生，在能力上锻炼学生，实现资助与育人的双重功能。"2018 年 3 月 1 日《人民日报》发表文章指出，学生资助必须坚持育人导向，将育人作为资助工作的出发点和落脚点，构建物质帮助、道德浸润、能力拓展、精神激励有效融合的长效机制，形成"解困—育人—成才—回馈"的良性循环。文化内在的本能具有教育功能，因此，挖掘并发扬大学资助文化的育人功能是大学资助工作的一项重要内容。

一、大学资助文化育人功能的内涵

教育部全国学生资助管理中心前主任崔邦焱就曾指出："中央领导同志多

次强调，加强和改进未成年思想道德建设和大学生思想政治教育，必须与解决学生的实际困难相结合。高校开展资助工作必须紧紧抓住教育的根本，把'育人'这条主线贯穿到资助的全过程。"因此，育人是高校资助工作的重要功能，高校资助工作是始终围绕"育人"目标来进行的。

首先，大学资助制度文化有育人功能。"观乎人文，以化成天下"，中国先贤的文化概念生来就带有教育色彩。大学资助制度文化作为大学文化的一种，其育人功能不言而喻，育人功能是大学资助文化的应有之义。大学资助制度文化既是精神文化又是制度文化，"制度"本身蕴含丰富的教育意义，"制度"上升到"文化"层面，其教育功能将更加明显。大学资助制度文化通过精神、情感与心理中介的涵育和陶冶，调动学生认知与实践的主观能动性与创造性，促进制度文化向学生道德心理品质的内化，从而塑造健康和谐的人格，达到育人的效果。

其次，大学资助文化的育人功能体现了高校思想政治教育的功能。传统观点认为，大学生思想政治教育工作是辅导员及思想政治理论课教师的事情。这种认识是有局限的，必然导致"重资助，轻育人"的后果。实际上大学中的教学活动、文化活动、制度行为都能起到思想政治教育的作用，其中大学资助制度体现的精神文化和制度文化本能地发挥着制度文化育人的作用。《关于进一步加强和改进大学生思想政治教育的意见》中指出，资助贫困生是新形势下学生思想政治教育的有效途径。资助工作以资助为载体，对大学生在自由全面发展方面所产生的积极影响或作用，主要体现为人生观、价值观、社会责任、知识技能的引领和导向作用。因此，大学资助工作不仅要能够从物质层面帮助家庭经济困难学生完成高等教育、缓解经济上的压力，更要在具体的资助工作中发挥育人功效。

最后，大学资助文化有育人优势。第一，大学资助文化的"隐性"育人功能有利于其育人功能的发挥。有学者提出，大学资助文化形成了价值观、思维、态度、思想等抽象形式，植入每个大学人的内心，让资助文化的精神、意识和理念等价值形态被学生无意识地内化和主体化，成为大学人的潜意识，"润物无声"地影响着每个大学人。可以看出，这种精神文化的育人功能的

"隐性"特点远比课堂上的灌输和说教等"显性"教育更有实效性。第二，大学资助文化的"软性"育人功能有利于育人功能的发挥。对于学生来说，将大学资助文化这种外在文化内化为自己的价值观、理念和思想是一个非常复杂的心理过程，需要辅导员老师和贫困学生充分地互动配合才能实现文化的传承。大学资助工作是一种帮助活动，无论是物质帮助还是精神帮助都体现了人文关怀的精神，体现"仁者爱人"的思想。以"仁爱"思想为指导，通过不断深入地了解学生和关怀学生，摆脱传统教育的"刚性"和"灌输感"，以更加熨帖学生个性和学生心理的方法帮助、支持学生，对学生进行心理辅导，必将受到学生的欢迎，起到真正育人的作用。

二、实现大学资助文化育人功能的基本维度

首先，满足大学生精神发展的需求。贫困生是大学生中的特殊群体，大学阶段也是其发展成才的关键时期，但由于家庭经济困难，受教育环境和认知能力的限制，当他们在各种竞争中失败或者人际关系处理不当时，容易怀疑自己、怀疑人生，逃避一切，一蹶不振，对未来的人生感到迷茫、悲观，迫切需要学校及老师对他们进行思想引导。而大学资助文化所体现的人文关怀精神正是对贫困大学生的精神滋养，通过大学资助工作者和辅导员老师的关怀、鼓励、帮助，可以使贫困生重拾信心，振作精神，努力拼搏，重新燃起青春的激情，实现自己的理想和目标。

其次，保障大学生身心健康的需要。部分高校贫困生在学习生活过程中，生活上的压力往往导致其心理存在不同程度的问题，例如冷漠、孤僻、偏激，甚至出现人际交往障碍，尤其是当遇到生活中的困难和问题时，这些心理问题会更加凸显，严重地影响他们的学习和生活。资助工作的内容之一就是对生命的呵护、对生命的激发，通过大学资助工作者和辅导员老师的心理辅导和积极引导，帮助学生勇于面对现实、接纳贫困、悦纳自己，找到自尊自信的立足点和解决人际关系问题的方法，实现身心健康发展。

再次，提升高校思想政治教育实效性的具体体现。从宏观上看，大学资助工作有效地保障了贫困学生的生活和学习，以实现"不让一名学生因家庭经济困难而失学"的目标。但是从微观上看，资助工作的育人功能发挥得并不是很好，尤其是只重视物质资助而忽视了育人功能的发挥，很多贫困学生在生活无忧的同时，还存在心理上、精神上、道德观上、价值观上的问题，如缺乏感恩之心，认为受到国家和学校的资助是理所当然的事情，或缺乏诚信意识，没有按时偿还国家助学贷款，这些都是高校思想政治教育工作需要解决的问题。大学资助文化育人功能的发挥，有利于高校的思想政治教育功能的实现。

三、实现大学资助文化育人功能的着力点

原教育部部长周济说过："各学校要从解决学生的实际困难出发，结合国家实施新资助政策的契机，结合学校的思想政治教育工作，做到物质上帮助学生，精神上培育学生，能力上锻炼学生，发挥资助与育人的双重功效。"[①] 大学资助工作的育人功能主要表现在思想引导、情感激发、心理疏导、品格塑造等几个方面。

（一）思想引导

1. 价值导向。大学文化的重要功能之一就是在人才培养的过程中实现其价值引领作用，资助文化作为大学文化样态之一，同样具有价值引领功能。通过国家及高校的资助行为，引导大学生将个人目标的实现与国家发展结合起来，把个人利益同集体利益结合起来，将个人梦与国家梦结合起来，在自立自强、艰苦奋斗、刻苦学习的过程中，克服拜金主义等思想，树立正确的世界观、人生观、价值观，实现自己的人生理想及心灵的提升。

2. 精神指引。大学阶段是大学生生命成长的重要时期，一名大学生的精神成长是生命成长的关键。大学资助工作的教育功能不仅在于实现价值观的引

---

① 丁胜利、姚炳明：《和谐视野下的高校贫困生资助工作研究》，《高校管理》2011 年第 10 期。

导,同时通过资助行为,能够培养大学生自强不息的奋斗精神、报效祖国的爱国思想、诚实守信的诚信理念,并在这种精神和信念的激励下,树立信心,努力学好专业知识,提高自己的各项能力,燃起改变自己、改变现状、改变社会的努力奋斗精神,为创造美好未来打下坚实的基础。

(二)情感激发

1.感恩之情。中国传统文化倡导"滴水之恩,当涌泉相报",大学资助工作通过对大学生的资助,帮助大学生完成学业,必然会使大学生产生感恩之情,感恩国家、感恩学校、感恩老师,感恩在学习生活中帮助过他们的每个人。感恩不仅是感谢与收获,更是一种奉献和付出。资助工作带来的最大的社会效益就是培养学生以感恩的心态拥抱生活,树立生活的信心,努力奋斗,为将来有朝一日有能力回报老师、回报母校、回报社会,成为爱心的使者积蓄力量。就像"感动中国"人物大学生徐本禹说的那样,"我愿做一滴水,当阳光照到我身上的时候,我愿毫不保留地将它反射出去"。所以,大学资助工作不仅是一种帮助行为,也是一种感恩教育。

2.爱国之情。爱国主义是中华民族的优良传统,是国家繁荣昌盛的精神动力。培养大学生的爱国主义精神是高校思想政治工作的重要任务,大学资助工作正是通过国家和学校对贫困大学生的资助行为,让学生感受到来自国家的关爱和关怀,感受党的"全心全意为人民服务"宗旨的深刻含义。培养学生的爱党爱国之情,同时也培养了大学生的责任意识,引导学生做一个有责任感的人,不仅对自己负责,而且要对社会负责、对国家负责。

(三)心理疏导

1.心理调适。很多家庭经济困难的大学生进入大学后会不自觉地产生一种自卑感,在日后的学习生活中也经常会产生挫败感,大学资助工作的内容之一就是大学资助工作人员、辅导员老师、心理老师对经济困难学生的心理调适、心理建设。通过心理咨询、谈心谈话等方式,提高他们对家庭和社会的自我认知能力,让他们能够正确地看待自己的优缺点,客观看待家庭困难问题,树立自信自强的意识，坚定自己的理想信念，增强自我适应能力。

2. 心理疏通。每个人在生活中都会遇到各种问题和困难，但是对于经济困难的学生来说，自卑心理可能会让他们不能客观、理性地分析眼前的困难，使他们产生严重的挫败感，致使他们更加自卑。大学资助工作不仅"帮学"而且"帮心"，通过细致的思想政治教育工作，引导学生正确地认识自己，正确地认识困难和挫折，帮助他们正确地分析产生问题的原因，找到解决问题的办法，进而齐心协力、攻坚克难，让他们感觉有所依靠，解开心结，提高心理抗挫折能力和解决问题的能力。

（四）品格塑造

1. 诚实守信的品格。诚信，作为一种道德品质，维系着人与人、人与社会之间的良性互动。诚实守信是大学生的基本素质，是大学资助工作尤其是国家助学贷款工作的生命线。高校一方面需要在贫困生认定过程中开展大学生诚信教育，另一方面需要在办理助学贷款的过程中培养学生诚实守信的品格。贫困生认定工作关系到资助工作能否公正顺利地展开，虚假的贫困生材料只会破坏整个国家的资助体系。助学贷款则是建立在诚实和信用基础上的，银行与借款人之间是一种信用契约关系，属于无抵押借款。通过在办理助学贷款的过程中进行诚信教育，可以增强大学生的契约精神、诚信意识和社会责任感。

2. 自立自强的品格。家庭经济困难的学生要想在未来的学习生活中克服各种困难和阻碍，在充满竞争的社会中拥有立足之地并有所发展，自立自强、坚韧不拔、越挫越勇的品格是必不可少的，正所谓"自助者天助"。大学资助工作通过对学生的心理辅导和心理调适，通过给学生精神上的激励和鼓励，使他们能够加强自我认识，增强战胜各种困难的勇气和能力，培养顽强的精神和坚强的意志，坚定理想信念，最终实现梦想。

从哲学上讲，人从"自在"状态走向"自为"状态，是通过"文以化人"的过程不断超越动物，最终形成文化自觉，并形成一定群体的文化环境，进而"文以化人"的循环过程，即"人—文化—文化自觉—文化环境—文以化人—进步的人"的过程。在这一过程中，如果没有人的文化的自觉就没有人类的文化的传承，也就没有文化的进步和社会的进步，人的文化自觉是人类文明传承的重要条件。凝聚大学文化就是为了文化育人，通过文化的传承、文化环境的建设和文化精神的传播建设人、改变人、完善人，通过这一育人功能的实现，使学生的思想、价值、审美等观念和行为方式体现大学精神和大学文化，形成思想上的自觉意识，最终形成文化自觉。

学生仿佛就是一颗种子，文化就是土壤、空气和水，通过大学资助文化的自我反省、自我觉醒和自我创建，大学生的身心受到洗礼，思想得到启迪，能力得到提高。大学资助文化将内化为他们自己的思维模式和价值观，让每个大学生在思想上形成资助文化的自觉的意识，在行为上形成资助文化的自觉模式。这颗平凡的种子必将在大学里开出美丽的花朵，结出丰硕的果实，让整个校园弥漫着香气和正能量，最后辐射到社会上，成为和谐社会的一分子。

第二章 我国资助文化传承的历史诠释

漫谈古今，五千年传承，中国的历史文化积淀十分厚重，在众多文化结晶中，资助文化作为一种独特的文化形态也随着历史潮流延续至今。中国资助文化的演变，不仅彰显了千百年来师生之间、官民上下、贫富人家间的互帮互助，更表现出统治阶级乃至全民百姓对教育事业的重视。从"大学"诞生的那天起，资助活动就开始了，在儒家思想和慈善文化的影响下，无论是官府的资助、宗族的资助，还是来自民间的资助，都体现了资助文化独特的魅力。我国的资助制度在各朝各代蓬勃发展，日益创新，但无论资助制度如何变化和发展，资助文化的最基本定位没有改变，其宗旨一直是为学子提供更好的学习环境和教育设施，培养人才，发展教育，形成良好的社会氛围。无论是宋代的慈善事业还是民国的免费公有制，都与现代资助制度遥相呼应。历史的每一个阶段都对资助文化整个体系的构建发挥了引导作用，现代大学资助制度不仅仅是一套完整的教育发展制度，更是对古代慈善文化的传承。时代赋予历史新的面貌，却又保存着它独有的内涵，资助文化便是如此。我们站在了巨人的肩膀上，建立了一套完整的资助制度体系，确立了资助文化建设的价值准则，使得高校资助制度更加符合社会主义核心价值观。

第一节 古代资助文化的发展脉络

我国慈善文化源远流长，以赈灾救民为主的慈善救助活动被大量地记录下来，形成了官方、宗教、民间、宗族等多条慈善救助路径，其中就包括对学子求学及考试的资助活动。尤其在儒家文化"兼爱达济"思想的影响下,我国古代形成了以官府资助为主,民间资助、宗族资助为辅的资助体系,形成了"广文馆""义庄""宾兴会""同善会"等资助组织,形成了助学兴邦、助学兴族、兼爱达济等资助文化现象。随着各朝资助活动和资助文化的发展,到明清时期助学活动达到了高峰。

一、隋唐及以前的助学活动

隋唐及以前的官民助学活动记载并不多见,原因是隋唐之前官学学子多为官宦子弟,只有民间学馆及族学有相关助学活动的记载。隋唐开启了科举考试的先河,平民子弟才有机会通过科举考试取得功名,获得官爵。此时,学子人数大量增加,助学慈善活动也不断丰富。

(一)两汉时期

1.师生互助。先秦儒家倡导尊师爱生,孔子就是尊师爱生的典范。汉武帝时期,"罢黜百家,独尊儒术",官府内开始兴儒学,民间也开始兴儒道。儒家思想及孔子的以身示范事迹广泛传播开来,师生关系成为当时较为广泛的人际关系,师生之间互相帮助、互相救助的事迹时有发生。例如,千乘人儿宽"以郡国选诣博士,受业孔安国。贫无资用,尝为弟子都养"。师古注曰:"都,凡众也。养,主给烹炊者也。贫无资用,故供诸弟子烹炊也。"[1] "是时羌蛮寇难,岁俭民饥",扶风平陵人窦武,"得两宫赏赐,悉散与太学诸生,及载肴粮于路,丐施贫民"。[2] 蜀郡成都人赵典"每得赏赐,辄分与诸生之贫者"[3]。

2.宗族资助。中国传统文化讲传统、重家族。宗族是以血缘为基础发展起来的,宗亲是重要的人际关系,体现了汉代宗亲的血缘认同观念。宗亲文化代代相传,深刻影响着个人的成长和发展,甚至如果亲属有犯罪行为,"亲亲

---

[1] 班固:《汉书》卷58,《公孙弘卜式儿宽传》第28,中华书局1962年版,第2628页。
[2] 范晔:《后汉书》卷69,《窦何列传》第59,中华书局1965年版,第2239页。
[3] 范晔:《后汉书》卷27,《宣张二王杜郭吴承郑赵列传》第17,中华书局1965年版,第948页。

得相首匿"是被允许的。宗族子弟的教育，关系到整个宗族的发展，因此，宗族助学在两汉时期屡见不鲜，有学者称为"血缘型宗族教育助学活动"。亲友对于考生的资助，更是常有之事。因此，在中国古代社会，一个读书士子出人头地的背后，往往体现了整个家庭、整个家族乃至整个乡里的心血和资助的凝聚。历史有载：光武的族兄顺阳怀侯刘嘉"少孤，性仁厚，南顿君养视如子，后与伯升俱学长安，习尚书、春秋"①。孔奋"笃于骨肉，弟奇在洛阳为诸生，分禄奉以供给其粮用，四时送衣，下至脂烛，每有所食甘美，辄分减以遗奇"②。这样的救助活动促进了本族子弟的成长和发展，使宗族不断发展壮大。

（二）魏晋南北朝时期

魏晋南北朝时期慈善活动十分活跃，它上承先秦两汉，下启隋唐，对后世影响深远，是中国慈善事业史上一个非常重要的阶段。此时的慈善活动既有佛教寺院的救助，也有官府主办，还有个人的慈善行为。救助者既有王公贵族，也有富裕的平民，救助活动也十分丰富，包括济贫、赈灾、养老、慈幼、育婴、恤嫠、施医、舍药、施棺、代葬、助瘫、助学等，其中就包括官吏们的"私禄助学"。如东晋范宁任豫章太守，重视地方官学教育，《晋书·范汪传附子宁传》曰："宁在郡又大设庠序，遣人往交州采磬石，以供学用，改革旧制，不拘常宪。远近至者千余人，资给众费，一出私禄。并取郡四姓子弟，皆充学生，课读五经。又起学台，功用弥广。"③

（三）隋唐时期

隋文帝创立的"科举制度"是教育公平的伟大创举，它使得平民百姓的子弟有阶层流动的可能性，让更多的学子认识到，通过读书参加科举考试，可以改变自己的命运，甚至整个家庭的命运。这激起了更多平民子弟读书的热忱，对贫困学子的资助活动也丰富起来。首先，官学实行公费制。入官学者在校学

---

① 范晔：《后汉书》卷14，《宗室四王三侯列传》第4，中华书局1965年版，第567页。
② 刘珍等撰，吴树平校注：《东观汉记校注》卷14，中华书局2008年版，第585页。
③ 《晋书》卷75，《范汪传附子宁传》，中华书局1988年版，第1988页。

习和生活费用均由官府支付,并根据考试成绩不同奖罚不同,对于成绩优异并言行合乎礼貌规范的学子,则有开小灶的优待;而对于言行不规范或者考试成绩不合格的学子,有"停公膳"的处罚。其次,为省试或制举落第者解决回家的路费问题。在唐高祖武德五年十二月曾下敕令:"吏部省试其下第人各赐绢五匹,充归粮,各勤修业"①,即为落第举子每人发放五匹绢布作为回家的路费。另外,在唐玄宗时期,朝廷会给中榜者发放各种奖励,如可享受坐公车回家的待遇,对于因病不能参加考试的,医疗费用由朝廷承担,这些资助行为均体现了官府对生徒及考生的资助和照顾。

二、以"义庄"为代表的宋元时期的资助活动

我国宋朝时期延续了唐代经济发展社会繁荣的盛况,不仅国力强盛、国库充盈,而且文化水平也居于世界领先地位,这与宋朝重视人才的培养及重视教育有很大关系。为了培养更多的官府所用之才,官府和民间都加大了对教育的投入,也加大了对贫困学子的资助,表现在中央及地方官府和民间人士的帮助和资助上。

(一)中央及地方官府的助学活动

为了帮助更多有成才愿望的学子得到公平的教育,宋朝中央及地方官府多渠道筹措经费,帮助困难学子完成学业,以求功成名就造福一方、效力朝廷。

1. 减免学费。宋朝沿用唐朝的制度,凡就读于各级官学的学子均有公费支持,学费、杂费、食宿费、书籍费均由朝廷承担。如宋仁宗时初建太学,朝廷拨给田土和房廊,以充作办学的费用,太学生都由官府给食。元丰二年(1079),朝廷颁学令,太学置八斋,学生总数达2400人,为了保障太学生的生活,诏令"岁赐钱二万五千,又取郡县田租、屋课、息钱之类为学费"。史书中有记载:"崇宁间初兴学校,州郡建学,聚学粮,日不暇给。士人入辟雍,

---

① 周颖昳:《古代的扶智扶贫:资助学生讲"体面"》,《新城乡》2018年第10期。

皆给券，一日不可缓，缓则谓之害学政，议罚不少贷。"① 宋仁宗嘉祐年间，教育家胡瑗和孙复在太学执教，要求朝廷允许学生在学留宿，获得批准后，"远方孤寒之士"不用长期羁留旅邸，可以在太学寄宿。在特殊节假日还有特别恩赐，这些政策给进京学习和考试的各地学子提供了很多方便。

同时，还有以钱、粮形式由中央和地方政府直接拨给学校的"助学钱"，以支付学校的开支，如宋神宗熙宁时，"置律学，赐钱万五千缗，以养生徒"。此外，官府为了让考生专心学习和准备科举考试，均免除了生员（秀才）以上者的徭役负担。除了发放助学钱，政府还利用多种渠道筹措养士之费，包括"常平钱"及"头子钱"等。官府"常平钱"本为赈灾救困所用，但在无灾和粮食充足的年份，政府也会将"常平钱"划拨以充养士之费。"头子钱"是宋代政府按照一定比例法定租赋外加收的或在官府出纳时抽取的税钱，这笔费用有时也用作帮助贫困学子上学的经费。

2. 建立学田制度。为满足中央及地方官办学校的经费支出，官府一般为官学划拨田产房屋，这成为宋代官学办学经费最主要的来源。学校将官府所拨学田出租，将租金作为学校的运作经费。学田不仅包括土地，还包括山地、滩涂、湖泊、房屋等。如仁宗时乾兴元年（1022）"赐兖州学田"10顷，"诸州给学田始此"。以后，"诸旁郡多原立学者，诏悉可之，稍增赐之田如兖州"，这可能是最早的赐学田。② 再如景祐二年（1035），苏州立学，给田5顷以养。熙宁十年（1077），政府把光州固始县绝户田赐予国子监作为赡学经费。到大观三年（1109），各地学田总数多达105990顷。③

3. 资考助学。宋代科举考试分为殿试、省试、州试三级。其中，殿试和省试需要到都城和省府参加考试，而州试需要到各地州府参加考试。对于偏远贫瘠地区的考生，赶考路费是相当大的一笔开支，赶考之路也是非常的艰辛，甚至有些考生因家贫无力赴外地赶考，如金华游玢外祖陈某，"方三舍法行时，郡

---

① 陆游:《老学庵笔记》卷2，中华书局1979年版，第27页。
② 参见马端临:《文献通考》卷46，《学校考七》，中华书局1986年版。
③ 参见葛胜仲:《丹阳集》卷1，《乞将学书上御府辟雍札子》，文渊阁四库全书本。

以外祖充赋，贫不能上道，竟老于布衣"①。针对上述情况，太祖开宝二年下令，凡偏远地区寒士赴考的往返路费均由公家承担，后由于种种原因此政策废止。

自南宋中期以来，地方官府还为补助士人赴考旅费设置了"贡士庄"，也有的地方称为"青云庄""进士庄"，多为当地的官员和士人为赴考贫困学生的实际需要提供费用所设，所捐之物有土地、钱财和粮食等。"贡士庄"皆在偏远地区，经费来源多为半公半私，根据何炳棣先生的研究，到13世纪上半期，"贡士庄"在长江沿线省份已经很普遍了。各州县有些官员除了设置"贡士庄"资助考生，还直接捐资资助考生考试费用，有的官员还对经过本州县的应考老乡、朋友等给予资助。

同时，朝廷在京都还建立了临时学校"广文馆"，目的是为来京师考试的考生提供临时住所，方便考生安心学习和考试，并派官差巡视，体现了朝廷对"广文馆"的管理和重视。

（二）民间助学活动

在科举制度以及政府和官员的广泛助学活动下，宋代教育规模不断扩大，学校林立，学子众多，只是依靠朝廷及地方政府的教育支出远远不能满足教育发展需要。因此，来自民间达官、显贵、宗族，甚至普通百姓对学子的资助和帮助也在不断增多。

1.兴办义庄、义田。义庄是传统宗法社会中在血缘和地缘关系基础上，由宗族中的士绅、商人或力田起家的庶民地主捐置田产和房屋，以达敬宗、收族、保族之目的，得到国家认可和支持的一种宗族赈恤组织。②其资助的对象主要是本族的部分或全部子弟，以鼓励和奖掖本族的子孙奋发向上，科考中举，光宗耀祖。

其典范为"范氏义庄"。范仲淹在家乡置义田、建义宅、办义学，他"未显贵也，尝有志于是矣，而力未之逮"，入仕后"始有禄赐之入而终其志"，

---

① 陆友仁：《吴中事》，文渊阁四库全书本。
② 参见李学如：《20世纪以来的宗族义庄研究》，《合肥师范学院学报》2015年第1期。

于皇祐二年在苏州府吴县和长洲两处买田千亩，号称"义庄"，以济养群族。在范仲淹的带动和示范下，很多达官显贵也效仿范氏义庄，后来义庄资助的范围不断扩大，不仅包括本族的子弟，还包括其他寒门弟子。义庄由三部分组成，义田、义学、义宅，义田的田租是义庄的经济来源，为义庄的运行和发展提供经济保障，义庄不得典买族人田土，只能从族外人手中典买，且田产不许出卖。范氏义学是最早出现的义学，它由范氏后人创建，义学为族人提供免费的教育并鼓励义学中学而优者参加科举考试，为宗族的长远发展提供教育保障。在熙宁六年范氏义庄《续定规矩》中就有对获得参加科举考试资格的族人学子进行奖励的规定。范仲淹开义庄之滥觞，后在明清时期大规模发展起来。

2. 兴办书院。宋代书院教育十分兴盛，较为著名的书院有茅山书院、白鹿洞书院、岳麓书院、桦林书院、榆山书院、石峡书院等，但除了湖南岳麓书院有官家资助外，其他书院的经费来源多为民间筹集。其中，桦林书院由胡中尧创办，"构学舍于桦林山别墅，聚书万卷，大设厨廪，以延四方游学之士"；茅山书院在今江苏金坛市三茅山后，宋仁宗时处士侯遗所建，收徒教书，供与读书与饮食。此外，在民间还有纯慈善性质的书院——青云峰书院，这是由邹姓士绅自建的书院，"买田其中，收其岁入，专以给游学之书费"。①

3. 资助科考。"学而优则仕"是宋代社会的共识，州县、家族、学院也以学子考中进士为荣。每年有近万名考生参加省试，这些考生来自全国各地，往返路费高昂，对于非贫寒家庭也是很大的开支，而且有些考生屡考不中，经年奔波于复考的路上，花费更是难以负担。为了帮助考生通过科举考试，实现家族梦想，达官显贵及民间善人都曾给这些寒士以不同方式的资助。

4. 资助学费生活费。除上述对学子的资助方式外，民间善人、私学塾师、官办学校教师、社会上层人士也都曾对寒门士子给予直接资助。如：开封城私塾老师冯贯道虽然自己也很清贫，但出于惜才爱才，也会适时地减免学费，甚至供给学生吃食。很多民间的百姓和善人也经常向私塾、书院、考生资助学费、衣物、布匹、书籍、学习用具等，向寒士学子施以救援，帮他们渡过难

---

① 参见欧阳守道：《巽斋文集》卷16，《青云峰书院记》，文渊阁四库全书本。

关。如建康府明道书院长期收到程氏家族的捐赠："祖母曾氏送五百贯十七界为衣被之用，掌祠程幼学送五百贯十七界置衣服，生父程子材送一千贯、土绢四匹。"①"南城吴定夫来言，其季父颖叔，衣食之余，不自丰殖，结屋所居之旁，名曰'义堂'，朝餐暮粥，与四方之士来者共之"②。甚至有的助学者还会在贫困学生遇到婚丧嫁娶等重大事项时给予资助。

朝代的更替一般会带来制度和政策的变化，但元代义田助学制度仍有所延续。据学者申万里统计，元代的义庄多集中在江浙发达地区，共17处，占所统计总数的72.2%，创建者有前宋高级官员、元朝在职或离任的地方官和学官以及江南有经济实力的好义之家。③这表明，元朝义庄在宋代基础上仍在维持，但由于传统儒家文化遭到破坏，元代的各类学校教育也受到影响，同时，元代的赋役制度也不利于义庄的发展，助学活动有所停滞和减少。

三、以"宾兴会"为代表的明清时期助学活动

随着儒家思想的复兴及儒家"仁者爱人"思想的传播，明清时期成为我国古代慈善事业和助学活动的繁荣时期，它继承了宋代以来的多种助学方式，又兴起了以"宾兴会"为代表的官民助学组织。

（一）宾兴组织的兴起

在我国古代教育发展史上，除了有官学、义庄、书院等助学组织外，还有明清时期兴起的宾兴组织。宾兴组织是明清时期民间捐资、乡绅倡建的民间助学组织，称为"宾兴会"，也称为"宾兴局""宾兴公局""宾兴会馆""宾兴馆"，明清所称的采芹会、南宫会、登瀛会、乐英庄、兴贤堂、广华堂、同善会都统称为宾兴会。"宾兴"一词取义《周礼·地官·大司徒》中"大司徒以乡三物教万民而宾兴之"，是为解决士子的入学费用，并奖励攻读，资助资斧

---

① （宋）周应合：《景定建康志》卷29，《儒学志二·置书院·再为明道先生灵后》，文渊阁四库全书本。
② （宋）刘宰：《漫塘集》卷22，《吴氏义堂记》，文渊阁四库全书本。
③ 参见申万里：《元代江南民间义庄考述》，《中央民族大学学报》2009年第2期。

（路费）而设立。宾兴组织按地域大小分为县、乡、都、家族、祠堂多种类型，各宾兴组织均置有田产，称为"宾兴田"，其租金用于宾兴会维持之用。

当时宾兴组织众多，据《同治丰城县志》记载，江西南昌府丰城县的宾兴会有店业二十余所，分布在县城六处，为童试、乡试、会试以及升贡提供资助。又如在北京有会馆三处，一曰东馆，一曰南馆，一曰新馆。宾兴组织按资助的范围来分，有专门资助一项内容的，也有笼统资助多项内容的。例如采芹会，又叫乡会，专门资助童生考秀才时所需路费、食宿费、报名费、担保费等；还有宾兴会，是专门资助秀才到省里参加乡试；再如登瀛会或南宫会，主要资助举人参加会试、殿试。但也有的宾兴组织资助的范围较广，兼具采芹会、宾兴会、南宫会三者的功能。

不少宾兴组织还要求本籍士子考中后饮水思源、反哺后人，一般按照官阶的大小回报本籍资助过他的宾兴组织，从而使宾兴组织得以继续维持和发展。可见，宾兴组织在人才培养、奖励就读、资助应试等方面都发挥了重要作用。

（二）官学、书院的繁盛

明清时期，官学及书院繁盛，学生众多，但随着朝代的时废时兴，官学及书院也时废时兴。官府官银不足以满足官学的经费所需，而书院多为民间的私立学院，更需要地方官员及民间慈善人士的捐助和支持。

1. 官民对官学的捐助。明朝建国初期，明太祖朱元璋非常重视教育的发展，他认为："今天下初定，所急者衣食，所重者教化。……足衣食者在于劝农，明教化者在于兴学校。"[①] 从而确立了"治国以教化为先，教化以学校为本"的国策。在这一国策下，地方官学出现了繁盛的景象。但明代中期，政府官员愈加腐败，财政危机不断加剧，官学的发展也受到了影响，有的地方官学机构甚至逐渐变成了祭祀和考试机构。"自明代中期以后，教官之黜陟，生员之充发，均废格不行，即使卧碑所列各种禁例，亦只是一纸具文。地方儒学更是有堂不升，有斋不讲，凡饮、射、读法、膳会礼仪并一些规条课业，更是久已废

---

① 胡广等：《明太祖实录》卷26，台湾"中央研究院"历史语言研究所1962年版。

置不行。"① 又由于明代末期战火纷飞，清朝初年百废待兴、财政匮乏，很多官学及书院呈破败景象，明代中期以后官学的修建及维持主要依赖于地方官员的提倡及地方官民的捐资。

官民捐资主要用于以下几个方面：首先，在官民的资助下，兴建和修缮了很多学堂。以明清时期莆田地区为例，莆田县学：成化二十二年（1486），知府丁镛捐俸为倡，重建大成殿等；崇祯二年（1629），知县吴彦芳捐俸重修；清康熙二年（1663），倭寇毁县学，墙垣柱石"悉为守陴者窃运去"，教谕黄裘重修；乾隆三十六年（1771），县学舍毁于火灾，知县白凤、绅士林兆鲲等募捐重修。② 像这样官民捐资修学之事，在明末清初十分普遍。其次，官民捐田维持学校日常经营，他们有的直接捐出田产，有的则捐银购置田产，日常开支主要包括考试经费、生员膏火、祭祀经费等。再次，捐助寒士们日常生活资费及捐田资助寒士们赴考。如兴化府学田：康熙二十年（1681），城守王有志捐置田六亩三分，"充科举年三学诸生起送之资"；乾隆元年（1736），知县程大僎捐田十亩，"充宾兴起送之资"。③

上述官民体恤学子的助学活动，使教育更加平民化和普及化，为封建王朝培养和输送了各层次人才，扩大和巩固了王朝的统治基础，形成了良好的助学风气，很多学子功成名就回乡反哺家乡和学校，促进了当地教育的进一步发展。

2. 官民对书院的捐助。随着清王朝的建立，儒家文化恢复了应有的地位，儒学教育也得到了重视，书院运作及发展进入相对成熟的时期，具有代表性的主要有北京房山云峰书院、山西平遥超山书院、江苏高邮珠湖书院、湖北宣城紫峰书院、海南蔚文书院等。书院主要功能是为科举考试广泛培养民间考生，当时书院发展繁盛的重要原因，就是其普遍实施的助学制度在支持学子刻苦学习考取功名过程中发挥了重要作用。

清代书院普遍制定了相对完备的管理章程，在经费使用、书院事务、助学

---

① 陈宝良：《明代儒学生员与地方社会》，中国社会科学出版社2005年版，第110页。
② 参见张琴、石有纪：《莆田县志》卷11，上海书店2000年版。
③ 参见张琴、石有纪：《莆田县志》卷11，上海书店2000年版。

办法等方面都有细致规定。在对学子的资助方面经费监管严格,助学经费一般根据一定标准按时向士子以膏火费的形式发放。到清中晚期,书院普遍实行对学生的考录、考课制度,考录、考课成绩作为膏火发放的主要依据。同时,除了膏火费外,考课奖励也是书院助学的方式之一,无论官课、师课,清代书院绝大多数都给予考课前列生童一定的奖赏。另外还包括在科考年份资助生徒一定的科举应试的卷金、川资、花红等。这些资助措施虽因时因地略有不同,但在保障生徒学习及考试方面有重要的作用。

(三)"族学"的发展

清代宗族的"族学"是宗族建设的重要内容,"族学"也称作"家塾""义学""义塾""祠塾",是宋代以来"义庄"的延续和发展。在清代"四民士为首"思想的影响下,虽然考取功名道路艰难,但是"士"途是通往上层社会的唯一通道,为很多家族子弟所向往。因此,宗族一般通过办学、助学造就人才,希望造就致君泽民的官宦及功名人士。

其中,"学田"是宗族兴学助学的物质保障,与宋代"义田"性质相同。宗族利用公产助学有多种方式,如帮助族人求学,给予学费、膳费;会课法,物质奖励优胜者;资助与试者;奖励进学者。如果子弟住地距本庄庄塾较远,无法就读,有的宗族也给予相应的资金,助其择师附学,对于这类子弟,宗族定有查课制度,依其成绩给予奖惩。倘若本族尚未建有庄塾,则一般均会给其子弟一定的贴学钱,助其就读。此外,为鼓励族人进学出仕,祠堂活动中特殊优遇有功名者。这些助学活动,培养了宗族的学子和人才,功成名就后会继续兴旺族学,促进宗族事业不断发展和壮大。

官民助学活动是一种社会慈善活动。慈善活动的每一次发展和飞跃,背后都有巨大的文化动因。儒家思想的兴衰与发展带动着我国文化及教育的兴衰与发展。我国古代助学制度和助学活动的发展,是传统儒家"善""仁"文化传承的结果。儒学以"仁学"而著称,而所谓"仁"的核心是宣扬种种关爱生命的思想与主张,这种对生命的关切、对家族的关切、对国家的关切是我国古代助学制度的内在价值追求。中华民族有着深厚的扶危助困、救助危难的慈善传统,"仁者爱人"的恻隐之心,已化入我们民族的血液,成为我们民族文化的基因,义庄、宾兴、书院等兴学助学组织及历朝历代官民们对寒士学业的帮助正是这一"仁爱"思想的现实表达。

第二节 民国时期大学资助文化的变迁

1898年正值洋务运动时期,中国兴办了第一所综合性新式大学——京师同文馆,承袭了中国传统公立学校所实行的以膏火制为代表的公费津贴制。另外,为广泛吸纳生源,大多数的书院、学堂对学生不仅免收学费、住宿费等费用,还提供"伙食、衣履、书籍"等优厚待遇。这在当时的教育界引发了强烈的争论,普遍担忧过于优厚的膏火,恐将成为学子就学的主要目的。公费津贴制在官立新式学堂开始动摇源于朝廷重臣张之洞,在其《劝学篇》中明确提出:"学堂并非专养寒士之所,膏火为书院之积弊。"加之当时的中国正处于内忧外患之际,清政府国库日渐空虚,教育经费短缺,庞大的经费支出成了影响学校办学的根本障碍,以收取学费来兴办教育渐渐得到朝野上下的共识,成为大势所趋。

1904年,清政府在颁布的《奏定学堂章程》中规定:"中学堂应令学生贴补学费,听各省斟酌本省筹款难易,并核计该学堂常年经费随时酌定。""各分科大学,应令贴补学费,由本学堂核计常年经费,临时酌定。"[1]章程的公布标志着我国近代教育收费制度正式形成。1912年,教育部颁布了《学校征收学费规程令》,对各级各类学校征收学费做了明确规定:"学生入学后逾两个月不缴者,均应由该校长令其退学。"[2]这一政令的发布,对于许多贫寒学子来说,无异于剥夺他们接受教育的权利。从教育收费的整体来看,民国时期比科举时代要沉重得多。当时的社会学家李景汉于1929年做过一项调查,以年生活费计

---

[1] 易卓霖:《民国时期学生资助制度研究(1912—1949)》,陕西师范大学硕士学位论文,2015年。
[2] 易卓霖:《民国时期学生资助制度研究(1912—1949)》,陕西师范大学硕士学位论文,2015年。

算，收入在 250 元的家庭只能解决基本生活需要，无法满足医疗和教育支出，只有收入在 350 元的家庭才能勉强提供教育投资。但在 1933 年，家庭收入在 300 元以上的家庭仅占 49% 左右，也就是说，在那个军阀混战的年代，社会环境恶劣，经济发展不景气，教育经费紧张，教育收费标准又日渐增高，寒门弟子难登学堂，有超过 50% 的家庭是没有办法供儿女读书的。

辛亥革命以后，人们的思想从封闭逐渐走向开放，民主观念深入人心，现代意识不断觉醒。来自有识之士、社会团体、学校以及政府的各种形式的学生奖助活动开始出现，为贫寒学子打开求学大门之事屡见不鲜。自此，民国时期学生资助制度开始萌芽，并在社会经济、政治、文化等多种因素相互作用下不断调整，日益发展和完善。

一、国民政府成立后的教育资助制度

我国公立学校收费制度确立之后，苏联十月革命爆发，将马克思主义、国家主义、乡村教育思想传入中国，对国内教育界产生了重大影响，平民就学问题越来越受到社会各界的普遍关注。在这样的社会背景下，学校公费、免费等奖助制度逐渐发展起来。"初等教育和师范教育应实行免费""学费标准应在学生家庭经济能力允许范围内"等主张日益增多。其实在当时的各级各类教育机构中，贫寒学生的公费、免费资助已普遍存在，但就政策来看，中高等教育多以奖为主，基础教育偏重于公费、免费，并向义务教育发展。

（一）免费制和公费制

免费制教育最早可以追溯到民国，初期免费制主要适用于义务教育。当时关于免费制在宪法条文中的规定经历了反复修订，1904 年，清政府明文规定官立小学校原则上是不收取学费的，但各地可以根据具体情况酌情办理。1923 年，《宪法》做出进一步规定，学生在义务教育范围内免缴学费，所用教材及各种用品均由学校免费提供。1930 年的宪法则又规定，"基本教育不收学费，依于财政及人民经济状况，当渐使受基本教育之男女儿童，其书籍费及衣食费由学校供给之"[①]。1931 年，邰爽秋、程其保、王书林等人针对约法草案中有关国民教育的相关问题，发起了签名活动。他们在议案中明确提出"教育机会一律平等、全国公私立学校设免费学额、全国各级学校应一律免收学费"等教育主张。这一签名活动促使国民政府通过了《新约法》，其中第五十六条规定"全国公私学校，应设置免费及奖学金额，以奖助品学俱优，无力升学之学生"[②]。1935 年，教育部规定，初等教育阶段的学校不得以收费、免费为编制学级的标准；征收学费的公私立小学，应设置全校儿童 40% 以上的免费学额。1936 年，政府公布各级学校设置免费公费学额规程，规定公私立的小学、中学、专科以上学校必须分别设置 40%、15%、10% 免费学额。[③] 至此，民国免费教育制度发展到顶点。

公费是指免收学费，并给予学生最低限度的膳宿、制服、书籍等费用。民国初期只有师范类学生享受公费待遇，民国后期公费对象范围向国家发展需要的特殊专业扩大。民国时期的公费制具有其两重性，积极的一面表现为对学生完成学业的支持并促进了教育事业的发展，但其弊端也很大，最为明显的就是公费制使广大青年学生产生了强烈的依赖，把政府给予的公费视为自己应有的权利，产生不劳而获的心理。另外，在公费生资格审核的过程中也存在着诸多有失公平的现象，导致公费的发放失去应有的原则。

民国时期的学生免费、公费制度是在社会政治经济发展日益恶化、教育收费日益增长、人人享有教育平等权等思想日渐深入人心的时代背景下逐步形成发展起来的，是各级政府、社会组织或学校对贫寒学生进行的一种无偿资助。但其数额及金额毕竟有限，所能够达到的资助目标和资助效果也十分有限，而且其制度本身也存在一定的不足，因此，不能过高估计当时的公费、免费制度。

（二）奖学金制

这一时期的奖学金制度由中国古代传统学校的奖赏膏火发展而来，发放对

---

① 魏民：《抗战时期四川省学生救助探析》，四川师范大学硕士学位论文，2011 年。
② 凌兴珍：《民国时期的学生免费公费制》，《四川师范大学学报》（社会科学版）2004 年第 6 期。
③ 凌兴珍：《民国时期的学生免费公费制》，《四川师范大学学报》（社会科学版）2004 年第 6 期。

象主要以品学兼优的学生为主，学生的家庭情况则只作为奖学金发放的参考。

民国时期承袭清朝末年传统，建立了奖学金委员会，专门负责学生奖学金办理事宜。自教育部《关于中等以上学校设置奖学金案》颁布实施以后，福建省教育厅于 1932 年在全国率先颁布了《清寒大学生奖学金委员会章程》，规定任命教育厅厅长为奖学金委员会委员长，并由厅长指定聘任四到六位委员，负责全省学生奖学金相关工作。随后，各省纷纷建立奖学金委员会，并公布实施章程。

政府奖学金委员会的设置，具有很高的权威性，在学生资助制度实施上发挥了主导作用，使其对教育的控制和管理大大增强。同时，这一设置也使教育厅厅长在委员会中被赋予了很大的权力，包括每年度放选科别、各科选取名额、审核考试成绩等在内的全委事务都由其主持。委员们则在委员长的领导下，负责报名登记、资格审查、出题阅卷及名额分配等工作。各省委员会在举行考试时，都会聘请专家拟定考试题目及参与试卷评阅，这在一定程度上保证了奖学金分配的公正性。

（三）贷学金制

这一时期贷学金发放的对象是凡留学国外的大学或高等专科学校及国内的国立省立大学及著名的私立大学，学习农、工、医和教育者。民国时期的贷学金于 1919 年至 1921 年兴起，1922 年至 1939 年在四川最早出现了地方政府助学贷款政策。

清末民初政府准备实行教育收费政策，然而军阀混战、政治动荡、经济萧条等因素，使多数学生学费没有了着落，教育收费难以推行。为满足四川教育文化事业的发展，解决本县人留学在外或学费不足无法学习的困难，巴县、南川等县政名流发起了国内外留学贷款以及留法勤工俭学运动，并于 1917 年与华法教育会共同组织了赴法学习活动。1920—1921 年，法国爆发经济危机，受此影响，在四川留学贷费逐渐流行起来，直至 1922 年 5 月，四川省长公署第 894 号训令颁布了《川省各县自费留学生贷费规程》。

可以说，贷学金对五四运动后的留学高潮有着极大的促进作用，也对人才的培养、社会的进步和助学贷款政策的制定发挥了积极作用。这也促使中国学子更加主动地向西方学习先进的技术和知识，增长见识，并且将所学知识运用到革命中来。而后来的贷款也出现了一定的问题，主要表现在以下几个方面：一是贷费对象由宽泛规定向严格限定发展；二是"寒"学生的认定标准根据实际情况几度调整；三是贷费筹集途径扩大，贷金筹集普遍困难；四是贷费定额变化不大，实发贷费不足定额；五是贷费管理不良，有借不还现象普遍；六是贷款只是完成了对部分中等家庭子女的资助，并非大多数，这种局限导致贷学金制度在初等教育阶段无法普及。

二、抗战时期的教育资助制度

在抗战全面爆发后，对于教育在战争中扮演什么样的角色，大后方展开了激烈的讨论。有学者认为应配合战时需要更改教育制度，也有学者认为应该维持原有的正常教育制度。1938年4月，中国国民党临时全国代表大会通过《战时各级教育实施方案纲要》，明确指出："教育为立国之本，整个国力之构成，有赖于教育，在平时然，在战时亦然……非战时教育之大有异于平时也。"[①]1939年，蒋介石在第三次全国教育会议上发表讲话："我们切不可忘记战时应作平时看，切勿为应急之故，而丢却了基本。"[②]至此，"战时应作平时看"的教育方针在国民政府得以确立，这对我国教育事业的接续发展是极其重要的。

受战争影响，"七七"事变以后，国民政府西迁重庆，许多学校也不得不随之向大后方迁移。青年学子生计问题日趋严重，为完善助学制度，在借鉴前朝的"助学"政策基础上，南京国民政府先后出台了贷金制度、免费公费制度、奖学金制度三个不同的较为全面的制度形态。

---

① 张文禄：《民国以来皖北教育滞后原因的概述——以亳州为主要考察对象》，《合肥学院学报》（社会科学版）2013年第1期。

② 倪蛟：《国民政府战时大学生救助制度及其绩效研究——以重庆时期中央大学为个案》，《民国研究》2015年第2期。

（一）贷金制度

战时贷学金主要以贫寒学子为资助对象，但对学生做了一定的要求，只有各科成绩都及格且平均成绩在 70 分、操行成绩在甲等以上，才能申请或继续享受。贷金办法颁布之初，学生并不看重，因为在有贷金制之前学生也可以申请公费，而公费并不用偿还。并且刚刚推行时，贷金发放范围很小，截止到 1938 年 6 月，经教育部核准，仅有 19 所专科以上的学校有学生申请贷金。1938 年 10 月底，教育部颁发《公立专科以上学校战区学生贷金补充办法》，放宽了贷金政策，规定各校除战区学生可办理贷金之外，本校学生和借读学生也可办理。随着各个学校着力执行后，受益人数也日益增多，对于青年来说，不仅激发了其爱国热情，更增强了学习的信心。在前线的学生纷纷到后方继续学业，并受政府贷金供养。国民政府推行贷金制度的目的，一方面为了救济战区学生；另一方面也为了争夺青年，为国民党储备后备力量。

贷金制度施行以后，贷金学生管理成为首要问题。既为贷金，便需要偿还。贷金如何收回、如何偿还也成了很大的难题。由于后来货币贬值，偿还时其价值已十分低微，使政府及学校都无法收益。另外，偿还手续也十分复杂，大多数学生毕业后便故意拖延甚至不还款。贷金制度面临窘境，这更使得政府开始考虑其他资助制度。直至 1944 年，贷金制度废止，一律改为公费制。

（二）战时临时公费制度

抗战时期的公费制，历经几番调整，但总体呈现资助力度不断上升趋势。受古代传统助学制度影响，这一时期享受公费待遇的学生，除上学免收学费以外，每月还享有膳食补助以及零用钱、灯油费等，每年还可以领取校服费和书籍费。申请的人员除以往的家境贫寒学习优秀的学子外，抗战功勋、公教人员、侨生等也享有优先申请权利。民国初期，只有师范生享有公费待遇，但在抗战时期，南京国民政府为扩大生源，让更多的清贫学生享受教育，规定每所学校都要设置一定数量的公费名额。

1936 年 5 月 6 日，在教育部出台的《各级学校设置免费及公费学额章程》中规定："公立普通小学及普通短期小学，应设置全校学童数百分之四公费学额，以后逐年增设；中等学校应设置全校学生数百分之三公费学额，以后并应逐年增设，中等师范学校之公费待遇依师范学校规程之规定办理；专科以上学校应设置全校学生数百分之二公费学额，以后并应逐年酌量增设；各级私立学校经费比较充足者或有政府补助者，应酌量增设公费学额。"① 对公费的名额和金额都做了相应规定。

即使采取这样的资助办法，由于战事不断，仍然有大批青年学生面临失学。于是，1943 年 8 月，行政院颁布了《非常时期国立中等以上学校及省私立专科以上学校公费生办法》。其中规定，1943 年度招收的所有新生，全部实行公费制度，并将学生公费分为两种，甲种为全公费，乙种为半公费。由于抗战时期需要的人才略有不同，政府规定的各科比例也略有不同："国立专科以上学校师范、医、药、工各院科系新学生全为甲种公费生，理科院系学生以 80%为乙种公费生，农学院科系学生以 60% 为乙种公费生，文、法、商及其他各院科系学生以 40% 为乙种公费生。省立专科以上学校亦适用前项规定；私立专科以上学校新生则依照医、药、工各院科系学生以 70% 为乙种公费生；理、农各院科系学生以 50% 为乙种公费生。"②

1944 年，豫、湘、桂、黔等省战事扩大，大多数学生向内迁移，原来的公费制度已无法满足客观需要，要求政府加大救济力度。1945 年 8 月，《战区国立中等以上学校及省立专科以上学校学生给予公费办法》颁发，打破科别限制，所有国立中等以上及省立专科以上学生全部给予公费。由此用于学生公费支出的数额进一步加大，正如时任教育部部长朱家骅所言，"虽然教育经费数目甚为巨大，1945 年度经费预算已达 66 亿元之多，但其中 75% 系各校员生膳食与代金，而真正用于教育本身者仅有 16 亿，只占总预算的 25% 弱。"③

新公费制度出台后，贷金制度随即废止，使学生领取补助金而无须偿还，导致学生产生不良心态，许多学校也只是走走形式，致使一些真正需要公费的学生无法获得。按照教育部部署，战时临时公费制度截止到抗战结束。

---

① 位红涛、朱华：《浅论南京国民政府时期的助学制度》，《大庆师范学院学报》2011 年第 2 期。
② 贺金林：《南京国民政府公费制度之沿革》，《湘潭大学学报》（哲学社会科学版）2010 年第 4 期。
③ 贺金林：《南京国民政府公费制度之沿革》，《湘潭大学学报》（哲学社会科学版）2010 年第 4 期。

（三）奖学金制度

抗战时期奖学金制度是在部分省份或学校率先开始实施的，如江西省于1928年制定了《江西省立中等以上学校奖学金条例》，其目的是为奖励和救助省立中等学校家境贫寒但成绩优良的优秀学子。国民政府奖学金相关制度是在《关于中等以上学校设置奖学金案》中确立的，对全国各省市中学及中等职业学校以及专科以上学校的奖学金金额及力度都有明确规定。该文件1931年出台，自1932年开始实施，标志着民国时期学生奖学金制度正式确立。随后，各地方政府或学校也根据地方实际需要，陆续制定相应的奖学金制度。

三、抗战后期的教育资助制度

抗战后期的教育资助制度为公费制度与奖学金制度并存。抗战结束后，国共两党内战即将打响，国内局势依旧动荡不安。城市内涌入大量求学青年，另外，国立中等学校陆续停办，使大后方的很多失学青年为寻求就学机会，也纷纷前往收复区。1946年3月，教育部迁校会议决定把各地结束新课并开始回迁的时间定在5月，而在新校址上课则定在9月。1946年11月，教育部规定可申请公费的三种情况："1.青年军核准退役学生，按优待青年从军办法规定，原有公费一律继续发给，且原未核给公费者，亦有同样要求，兹为顾念青年从军学生就业。凡核准退役、经该部分发之青年从军复学学生，一律给予全公费（免缴学宿膳费，其他费用不在此限），非经该部分发者，不在此限。2.从解放区逃出之忠贞青年或学生，家陷共区，经济来源断绝，确切查明属实，并取具足资证明之可靠证件，核给公费。3.临大补习班，均限7月份一律结束，原有甲乙两种救济费，自应一律取消。"[①] 凡这类学生，与各校新招收的学生享受同等公费待遇，只是费用由教育部发放。

虽然战时公费制度只是一项临时的教育资助制度，但按照当时国民政府的相关规定，凡享受公费资助的学生，其资格应适用到学业修满为止。于是，战

---

① 贺金林：《南京国民政府公费制度之沿革》，《湘潭大学学报》（哲学社会科学版）2010年第4期。

后学生公费发放人数不仅没有减少，甚至持续增加。

1947年1月1日，国民党政府公布实施《中华民国宪法》，其中第161条规定："各级政府应广设奖学金名额以扶助学行俱优无力升学之清寒学生。"[①] 至此，我国奖学金制度列入国家宪法。7月12日，国民教育部正式公布《国立中等学校以上暨省立专科以上学校学生奖学金办法》，做出了老人老办法、新人新政策的规定，凡是1946年度以前享受公费或半公费并记录在案的学生，仍将维持相应待遇，直至毕业；但1947年以后，各个学校所招收的新生，必须按照相关制度提出申请方能获得奖学金。这里的新生不包括师范生、保育生、青年军复学学生、边疆生、革命及抗战功勋子女、就学荣誉军人学生等，他们按照原有办法享受公费待遇。另外，《办法》还按照新生录取的成绩，规定了申请奖学金的资格，即只有总成绩进入前40%且家境贫寒者，才有资格。同时还规定，一所学校奖学金名额不能超过录取新生的20%。

抗战胜利以后，国内局势依旧日益动荡，国统区经济萧条，通货膨胀严重，物价猛涨。学生纷纷要求政府实行全面公费制度，而即便是获得公费的学生也难以满足生活基本需求，且原有公费金额已不足，导致南京国民政府教育经费倒挂。

民国时期公费、免费、贷学金、奖学金制度是当代高校资助制度的雏形，对当代教育资助活动的发展具有借鉴意义，对后来资助制度的完善给予了极大的帮助。

第三节 新中国成立后大学资助文化的演变

自新中国成立之日起至今，在不断改进教育资助政策、尝试构建高等教育助学体系等方面，我国政府积极探索，做了大量工作。纵观历史的发展，我国高等教育助学体系经历了由"免费加人民助学金""人民助学金加人民奖学

[①] 王旭：《战后国共两党在天津的学生导控与教育救助研究（1945—1949）》，南开大学硕士学位论文，2018年。

金""免学费、奖学金、助学贷款"以及"奖、贷、补、助、减"等四个阶段，资助制度逐步趋于完善。

一、免费与人民助学金并行阶段

新中国成立后，高等教育的资助政策一直沿用民国后期的公费制度，直至被人民助学金取代。人民助学金制度在1952年至1982年的三十年间，从确立到发展共经历了三次重大调整。

1952年7月8日，国家颁布《关于调整全国高等学校及中等学校学生人民助学金的通知》，做出在全国高等院校和中等学校统一实行人民助学金制度的决定。关于制度如何调整、使用和评定的详细办法和原则，则在之后由教育部出台的《关于调整全国各级各类学校教职工工资及人民助学金标准的通知》中又做出了具体规定。两个《通知》的先后发布，推动了我国高等教育公费制度的废止，一律执行新的人民助学金制度，这也标志着我国高等教育在全国范围内的人民助学金资助制度的确立。

1955年8月，高等教育部颁发《全国高等学校一般学生人民助学金实施办法》，专门针对人民助学金的发放工作作了相应的调整。具体体现在以下两个方面：一是在发放对象上的调整，办法规定只有高师院校的学生可以继续享有人民助学金待遇，其他学校的人民助学金发放范围要相应缩减，即由全体学生缩减到大部分学生；二是在发放标准上的调整，这一调整的主要依据是学生的家庭经济状况，凡家庭经济条件富裕能承担费用的，政府不再发给助学金，家庭经济条件尚可，能承担部分费用的，政府补齐不足部分，对于完全没有能力承担费用的，则由政府发给全部费用。

我国高等学校人民助学金发放对象还有一个特殊群体，那就是自1953年开始在工农大众中招收的调干生。招收之初，调干生全部享有人民助学金待遇，到1954年年底，高等教育部面向广大调干生出台了专项的人民助学金发放通知，对调干生的助学金发放标准进行了调整，即按照相应的等级划分发放，不再实行一刀切制。调干生的人民助学金待遇一直持续到1957年，伴随着《国务院关于调干助学金给高等教育部的补充批复》发往各地而逐渐取消。

关于人民助学金的最后一次调整是在 1964 年。在中共中央批复的《关于提高高等学校学生伙食标准和相应提高助学金补助比例的请示报告》中建议，从 1964 年上半年起，高等学校学生的伙食费每人每月增加 3 元，自 5 月起，非师范类的普通高校学生人民助学金的资助比例由 70% 提高到 75% 左右。此次调整较大幅度地增加了我国高等学校学生人民助学金受助比例，使全国普通高校大学生的受助总比接近 80%。至此，我国高等学校人民助学金的框架基本形成。

经过三次调整和变革后，人民助学金制度在高校学生资助的各个领域已基本实现全覆盖，内容涉及资助标准、对象、范围、方法等各方面，这一制度雏形为我国高等学校学生资助制度的构建在理论和实践上提供了指导和借鉴。"文化大革命"期间，高等教育事业中断，人民助学金制度也深受影响，基本中断。直至 1977 年，高等院校高考制度得以恢复，大学招生工作重新步入正轨。教育部、财政部于 12 月公布了"文化大革命"后的第一个高校资助办法，做出了具体的助学金发放规定，即录取考生已经上班且工龄已满 5 年的，由原单位继续发放工资，就读所需一切费用考生自理；录取的其他一般学生则恢复实行人民助学金制度。该办法一直实施到 1982 年，其间几乎没有什么较大变动。

二、人民助学金与奖学金并存阶段

20 世纪 80 年代，我国进入政治、经济、文化平稳发展且日益繁荣的历史新时期，高等教育在这样的社会背景下，得到了长足的发展。与此同时，我国的大学生资助模式也发生了很大的变化，突出体现在 1983 年至 1986 年，新中国成立初期所实行的"免学费加人民助学金"政策逐渐被"人民助学金加奖学金"的政策所取代。

(一)人民助学金式微

改革开放初期,全国各地高校的资助制度仍然延续使用 1952 年颁布的"免费加人民助学金"制度模式。1983 年 7 月,教育部和财政部联合发出《普通高等学校本、专科学生人民助学金暂行办法》与《普通高等学校本、专科学生人民奖学金试行办法》,对高等教育的资助帮扶政策重新进行了重大调整,开始尝试实行人民助学金和人民奖学金两者并行的制度,打破了之前的全资助模式,开辟了奖助结合的新路径。1985 年又下发了《中共中央关于教育体制改革的决定》,明确指出,要对人民助学金制度进一步改革,国家计划招生、委托招生以及国家计划外少数自费生等招生行为被全国各高校广泛允许。此时,出现了所谓的资助收费双轨制。

虽然人民助学金制度在高校中得到广泛施行,但凡事都具两面性,助学金的弊端随着社会经济的发展也渐渐显露出来。首先,人民助学金的发放存在平均主义思想与做法,致使助学金"归属不当",不利于鼓励同学们努力学习、积极进取。其次,人民助学金的评定主要以学生家庭经济状况作为参考,缺少对其政治素质、道德素养和思想表现等方面的考量,不利于学生身心健康成长。最后,评定办法缺乏科学性,管理层面混乱。这些都极大地阻碍了资助制度及教育事业的发展,基于此,人民助学金制度开始走向式微。为了解决上述问题,1986 年 7 月,国家教委联合财政部又出台了《关于改革现行普通高等学校人民助学金制度的报告》,报告中明确规定,取消人民助学金制度,同时在全国 85 所高校中尝试进行奖、贷学金试点建设。

(二)奖学金制度产生

1978 年,党的十一届三中全会的召开,开启了我国改革开放和社会主义现代化建设的历史新时期,中国社会各层面都发生了前所未有的变化,特别是国家经济领域改革的不断深入,影响和带动了社会其他各领域的深刻变革。与此同时,教育文化领域也开始了自身的改革与突破,其中高等教育资助制度的改革与完善成为我国教育体制更新的一项重要内容。

新中国成立以来,国家从未停止过对贫困生经济上的资助。1955 年 8 月教育部颁发有关人民奖学金制度问题的相关文件，规定："准备在第二个五年计划期间逐步改行奖学金制度"，但后来由于种种因素，这一文件没能如期实施。直到 1983 年 7 月 11 日，教育部和财政部联合发出《普通高等学校本、专科学生人民助学金暂行办法》与《普通高等学校本、专科学生人民奖学金试行办法》两个文件，下大力对人民助学金制度进行了改革：其一是逐步缩小助学金审核和发放范畴，将非师范类大学生享受的助学金比例从 75% 调整到 60%；其二，开始增设人民奖学金，对学生的资助由助学金逐步改为以奖学金为主，实施奖励机制以提升资助工作的准确性和高效性。

奖学金制度的产生打破了国家一刀切的资助惯例，使新中国成立后大学生的资助制度由单一的助学金转变成人民助学金和奖学金并存的新模式。虽然此时人民奖学金占比较小，但这改变了原本停留在人们脑海中的制度观念，促进了我国教育体制的更新和创新，不仅使家庭经济贫困大学生的入学问题得到了保障和解决，而且使我国高等教育公平性和普及率大大提高，迈出了我国大学生资助制度改革的重要一步。

三、奖学金与贷学金并存阶段

1986 年 7 月，我国在高校取消了人民助学金制度。为了帮助经济困难学生顺利完成学业，国务院出台《关于改革现行普通高校人民助学金和学生贷款制度》，开始试点实行奖学金和学生贷款并行的资助制度。随后，各高校也广泛开始设立学校奖学金并建立贷款基金。至此，"奖贷结合"的资助模式就正式取代了原来的"免费加人民助学金"模式，可以说在一定程度上逐步与国际的主流大学资助制度接轨。

1987 年 7 月，国家教委、财政部发布的《普通高等学校本、专科学生实行奖学金的办法》和《普通高等学校本、专科学生实行贷款制度的办法》决定"奖学金制度和学生贷款制度，在 1987 年入学的本科普通高等院校的新生中全面实行"，并要求各高校要建立奖学金和学生贷款基金（简称"奖贷基金"），设立奖贷基金账户，其经费来源则是从主管部门核给该校的经费中，按原助学金总额的 80%—85% 转入。至此，我国高校构建了"免学费＋奖学金＋学生贷款"式资助模式。

这一模式的建立，对中国高等教育事业具有积极的推动作用。一是可以很好地鼓励成绩优良的学生，进一步积极引导学生选择专业，从而保证了全国部分行业和领域的用人需求，体现了鲜明的激励功能和人才流向引导功能。《普通高等学校本、专科学生实行奖学金的办法》规定，国家和有关部门在奖学金的设立上，应分为优秀奖学金、专业奖学金和定向奖学金。其中，优秀奖学金是全口径的，用于奖励德、智、体、美等全面发展的优秀大学生，鼓励他们刻苦学习、积极进取、全面发展；专业奖学金专门用于考入师范、农林、体育、民族、航海等专业的学生，以培养专门人才；定向奖学金则指定用于立志毕业后到边疆地区、经济困难地区和艰苦行业工作的学生。并且规定，实行专业奖学金办法的高校或专业不实行贷款制度。

二是首次将"使用有偿"放在家庭困难学生的资助制度当中应用，即学生毕业之后要偿还贷款。一来可以大大减轻财政负担，在促进高校扩大教育规模上发挥了积极作用；二来规定了奖学金的适用范围，即品学兼优的学生、家庭经济困难的学生、减免学费的学生（"委培生"和"自费生"除外）。较之以往的奖学金和贷款只提供生活保障，并没有解决学费难题的局限，该资助模式有效地克服了上述的弊端，实现了由"奖优"代替"助学"的转变。

三是成功实现了人民助学金的"济困"和"奖优"的功能分化。《普通高等学校本、专科学生实行贷款制度的办法》规定，为了帮助部分家庭经济确有困难、无力解决在校期间生活费用的学生，由国家向学生提供无息贷款（国务院〔1986〕72 号文件规定，中国工商银行提供的学生低息贷款资金，一律纳入国家信贷资金计划），高校则主要负责发放和催还贷款的管理工作。贷款一般要坚持"有借必有还"的原则。这一贷款制度主要是为了帮助确有经济困难，不能部分或全部支付在校学习期间费用的学生。虽然贷款额最高不超过 300 元，但它却标志着贷款制度承担着"济困"功能的开始。

1987 年至 1989 年，是中国进行大学生资助体系改革的重要时期。我国大学生资助政策由原来的单纯帮扶助困逐渐向奖励优秀和鼓励从事艰苦行业转变。

特别是学生贷款的实施，开始具备了改革的明显特征，并逐步追赶国际标准。1989年，国家颁发"教财字〔89〕032号"文件，规定"按国家计划招收的学生（除师范生等）收取学杂费和住宿费"，中国已开始放弃"免费上大学"的传统政策，奖学金与贷学金并行的教育资助制度成为主流。80年代末，我国已经构建起了依据不同生源和不同专业而采取不同的评定标准向大学生提供多样化资助模式的混合性资助格局，大学生资助体系在实践发展中也不断趋于完善。

当然，我国高等院校当时实行的奖学金与贷学金并存制度，也存在一定的弊端，主要表现在：一是由于奖贷基金来源单一，使国家在财政划拨上仍以人民助学金标准为参照基数，总数并没有增加，这样，导致在资助力度上没有加大，只是在支付结构上有所不同而已；二是奖学金的设定初衷是为了鼓励先进与优秀，打破平均主义，但在实际操作与评定过程中，平均主义现象依然存在，导致学生对申报奖学金的积极性并不高；三是学生贷款的提出主要是为弥补学生生活费用的不足，但在实际运行中存在贷款金额低，不足以冲抵日益上涨的生活开支等问题；四是在还贷期限上，尽管相关条文规定学生可毕业后还贷，但在实际操作上，大多数学校都要求学生在毕业前夕还清，没有充分考虑学生的实际经济情况，同时也有违国家惯例；五是自1988年之后，高校毕业生供不应求局面得到缓解，用人单位逐渐不愿承担学生还贷风险，导致毕业生还贷热情减退，催还贷款困难，死账呆账颇多等问题时有发生。直到1989年时这一局面得到改观，以后逐步形成了我国现行的高校学生资助制度。

第四节　我国高校现行资助制度的形成

大学生资助政策是促进教育公平、实现高等教育规模发展的有效举措，从资助制度的育人功能来看，一定的经济帮扶对受助的大学生具有物质与精神的双重价值。新中国成立后我国高等学校大学生资助政策发展与演变，以20世纪90年代为节点，在此之前主要是"免费+助学金"的资助模式，在此之后，随着高校收费制度的施行，大学生资助政策发生了很大变化，主要表现在资助形式越来越多元，经费投入规模越来越大，受益人群越来越广泛，我国高校资助制度逐步稳定并趋于完善，成为一项重要的"惠民"工程。目前，已建立起相对完整的"奖、贷、补、助、减"五位一体的大学生资助制度体系，对大学生顺利完成学业起到了重要的保障与促进作用。

一、现行资助制度

20世纪90年代初的中国，伴随着计划经济向市场经济的转变，我国高等教育体制也出现了高等教育财政体制与收费体制的两次重大改革，极大地促进了我国高等学校学生资助制度的发展与完善，并最终形成了现行的"奖、贷、补、助、减"五位一体的混合资助制度。① 这一资助制度，是对当前所有资助形式的概括和综合。

"奖"是指政府、学校、社会各界设立的各种形式的奖学金。按照学生的学历，奖学金可以分为两种：本专科学生奖学金和研究生奖学金。按照出资主体不同可分为国家奖学金、各个学校设立的奖学金，以及企事业单位、个人设立的社会奖学金三种，其中前两种都是由国家财政拨款，但是两者在建立的时间、资金的来源、奖励的对象等方面有所不同。②

"贷"是指国家或金融机构向经济困难的学生提供的贷款。按照发放主体的不同分为两种：一种是由高校发放的，对象是全日制本专科学生，不包括享受专业奖学金的学生；另一种是金融机构发放的助学贷款，包括国家助学贷款和一般商业助学贷款。

"补"是指国家或地方政府每年都拿出一定的资金作为专款，补助困难的学生。对于学习师范、农林、体育、航海、民族等专业的学生，国家还给予特殊专业补贴。此外，国家还规定各个高校每年都应从所收取的学费中提取不少于10%的资金用于补助困难学生。③

---

① 陈有春：《新中国高校学生资助制度的历史嬗变》，《湖南农业大学学报》（社会科学版）2006年第1期。
② 成亚平、王敬波：《我国现行高等学校学生资助制度研究》，《政法论坛》2003年第6期。
③ 参见成亚平、王敬波：《我国现行高等学校学生资助制度研究》，《政法论坛》2003年第6期。

"助"是指各高校在教学、科研、管理、后勤等部门为经济困难的学生设立勤工俭学的岗位,让他们通过从事校内服务性活动,获得一定的经济报酬,以贴补在学期间的开支。[①]

"减"是指对经济困难的学生减收、免收或缓收学费。有以下几种不同情况：对学习农林、师范、体育、航海等特殊专业的学生,国家实行减免学费；对家庭经济特别困难,确实无力交纳学费的尤其是烈士子女、少数民族、孤残学生等,区别情况减免学费；对毕业后志愿去边远地区工作的学生减免一定的学费；对国家奖学金获得者、西部工程受助者减免学费。[②]

综上,"奖、贷、补、助、减"式资助体系的实施,在一定程度上有效缓解了经济困难学生的家庭压力,同时也减轻了国家财政负担,使家庭经济困难学生获得资助并扩大了高等教育规模。但补、减这两种资助方式也容易造成学生的依赖感和惰性,另外,虽然勤工俭学的方式得到社会、学校、家庭以及学生个人的普遍认可,但在一定程度上受学校严格的教学制度和相对固定的作息时间的制约,能够发挥的作用也很有限。

二、现行资助制度的政策依据

（一）高等教育财政体制改革

20世纪末,我国逐步建立起社会主义市场经济体制,在促进高等教育的发展上发挥了巨大作用。当时,我国高等教育财政体制仍然处于计划经济的宏观调控之下,难以适应社会经济发展形势,问题主要表现在以下两方面：一是政府国民收入所占的份额一直缩小,教育事业的日新月异、快速发展,使得政府经济投入难以跟上其发展的步伐,很难再承担起高等教育事业的全部资金供给；二是高校办学与社会及经济部门之间势必会建立各种联系,但政府的指令性资源配置方式使高校与市场之间出现断层,难以顺利衔接。正

---

① 参见成亚平、王敬波：《我国现行高等学校学生资助制度研究》,《政法论坛》2003年第6期。
② 参见成亚平、王敬波：《我国现行高等学校学生资助制度研究》,《政法论坛》2003年第6期。

是这两大现实问题的存在，有效推动了我国高等教育财政体制的改革进程。1993年2月，中共中央、国务院发布的《中国教育改革和发展纲要》提出了我国20世纪90年代至21世纪初高等教育投资体制、高等教育经费增长的发展目标及战略措施。并强调指出："增加高等教育投资是落实教育战略地位的根本措施，各级政府、社会各方面和个人都要努力增加高等教育的投入。"在纲要的强力指导下，我国初步构建起高等教育多渠道筹措高校学生经费的格局，即"政府财政补一块、高校收费拿一块、社会捐一块"的"1+1+1"形式。至此，由国家、社会和高校三者合力运行的全新资助制度正式形成，不但大大提升了制度本身的多样性和灵活性，也标志着我国高等教育的资助制度改革迈向了崭新的征程。

（二）高等教育收费制度改革

1989年，"免费上大学"退出历史舞台。由国家教委、国家物价局与财政部联合出台了《关于普通高等学校收取学杂费和住宿费的规定》，从国家政策层面提出了高等教育应该实行成本分担与补偿制度，这标志着高等教育收费制度正式建立。1990年，我国高等教育在原有只收取学杂费和住宿费的基础上，逐步加大了收费力度，并开始招收自费生。1993年，中共中央、国务院颁布的《中国教育改革和发展纲要》中又明确提出，"高等教育是非义务教育，学生上大学应缴费"，应"改革学生上大学由国家包下来的做法，逐步实行收费制度"。[①] 1994年，国家在"招生并轨"上进行了大胆尝试，把"国家计划"与"委培生""自费生"的招生、录取和收费统一起来；在收费标准上，既兼顾了培养成本，又考虑了学生家庭承受能力，采取因地、因校、因专业而异的政策。1997年，我国普通高校招生并轨改革全面完成。随之，我国以往的高校学生资助制度也发生了重大而深刻的变革，即废止"免费+助学金"的资助模式，构建起集"奖、贷、补、助、减"五位一体的混合式全新资助制度。

---

① 参见中共中央、国务院：《中国教育改革和发展纲要》，人民教育出版社2001年版。

三、现行资助制度的形成过程

"奖、贷、补、助、减"高校学生混合资助制度体系的构建并非一帆风顺，这一"五位一体"的制度经历了相当长的时期才最终形成。在 20 世纪 80 年代以后，我国高校学生资助制度在原有奖学金制度和贷款制度的基础上，开始进行改革和探索，经过不断地修改和完善，最终建立起多样化的学生资助制度。除了已有的优秀奖学金、专业奖学金、定向奖学金和贷学金外，又新推出了"勤工俭学""特困补助"和"减免学费"等资助措施。

1993 年 7 月 26 日，原国家教委与财政部联合发出《关于对高等学校生活特别困难学生进行资助的通知》，要求各地高度重视和关心家庭经济困难学生的就学问题，因为这是深化教育体制改革，保持学校稳定的重要一环。以此为出发点，原国家教委在"1993 年教财 51 号"文件中要求各高校对在校学生月收入（包括奖学金和各种补贴）低于学校所在地区居民的平均最低生活水准线的"特困生"设立"特困补助"，用于为贫困生解决基本生活支出。

各普通高校开始设立勤工助学基金始于 1994 年。在原国家教委发布的《关于普通高等学校设立勤工俭学助学基金的通知》中要求，当时国家教委主管的 36 所高校的勤工助学基金由中央财政划拨专款，各地方高校的启动基金则由中央所属各部委与各省市自治区划拨专款予以保障。该项专款到了 1995 年均有不同程度的投入增加，持续推进了各高校关于勤工助学工作的有效运行，与此同时，各高校也在积极地为广大贫困学生开辟和设立勤工助学岗位。在 1995 年 4 月发布的《关于普通高等学校经济困难学生减免学杂费有关事项的通知》中又明确规定，凡家庭经济贫困学生在就读期间的学杂费用一律减免，以保证困难学生不因经济困难而失学。该通知规定内容从当年 9 月新生入学开始适用。

1999 年助学贷款制度在全国范围内全面启动，2002 年国家又正式出台了《国家奖学金实施办法》，仅三年时间，使我国高校品学兼优的贫困学生得到了更好地全面资助。2004 年 6 月国家出台助学贷款新机制，开始实施新的规定，为助学贷款制度注入新鲜血液，逐步弥补了曾经存在的漏洞，改进了不足，助学贷款制度日益完善。

2005年7月,教育部发出《关于切实做好2005年高等学校新生入学"绿色通道"工作的紧急通知》,明令要求全国公办普通高校在新生报到时,针对家庭经济贫困的学生,要切实全面落实好各项资助政策,要把"绿色通道"政策执行到位,决不允许任何一个新生因家庭经济困难而辍学,确保每个学生都能顺利入学。

在中央与各级政府的督促下,各教育部门狠抓落实,国家助学贷款新机制在全国高校全面启动,普及率越来越高。至2005年秋季,我国现行资助制度已基本成型,2007年五位一体的资助制度也基本确立,制度内容也趋于完善。这一方面使广大贫困学生得到及时资助,彰显了我国的高等教育公平;另一方面也有助于形成良好的社会效益和营造和谐的社会环境。至此,我国已基本形成以政府为主导,高校、学生个体、家庭、金融机构和社会力量共同参与的高等教育资助文化体系。

第三章　国外高等教育资助制度比较与启示

资助作为一种文化认同，是大学文化传播的重要载体，是育人质量和资助工作全面提升的出发点和落脚点，是促进家庭经济困难学生成长成才的长效机制。它有利于提高全民的受教育水平，有利于促进社会公平，还有利于促进资助政策适应社会经济发展。中国是世界第二大经济体，自改革开放以来，在教育事业方面取得了有目共睹的巨大成就，党和国家始终把教育事业发展摆在重要位置，高度重视家庭经济困难学生的学业完成问题。教育是治本之策，是脱贫攻坚、阻断贫困代际传递工作的重要组成部分。世界各国政府都在优化和完善符合本国国情的资助制度，目的是为了确保任何学生不会因为经济困难而失去高等教育机会。各国的资助制度都有鲜活的内容，都呈现出突出的文化特点，无论从哪个视角看，都可以为我国大学生资助政策的发展和改革提供有益的借鉴。

第一节　西方高等教育资助制度的特点与启示：以英美为例

英美高等教育的文化理念、育人体系对国际高等教育事业的发展影响深远，两国在国际高等教育中占有十分重要的地位。英美为了保障家庭经济困难学生能够顺利完成学业，并普遍有接受高等教育的机会，在资助政策上做了大胆的尝试，并取得了很好的成效，得到了国际高等教育界的公认，值得我们借鉴和学习。

一、英国高等教育资助制度的特点

（一）英国高等教育资助政策的历史沿革

英国的高等教育有着悠久的历史，自有大学之日起便产生了相应的资助政策，其大学生资助政策与高等教育的发展更是紧密相连。1264 年，牛津大学默顿学院的院规就明文规定："本学院为 20 个在牛津等地学习的学生提供住宿……院长负责物色入住的贫困学生……并予以教育，使之能成功地获得奖学金。"[①] 英国政府开始支持高等教育的发展，关注贫困大学生的学费和生活费问题，并将助学金提供给大学生的资助政策是以《1902 年教育法》为开端的。[②] 英国政府积极强调政府在大学生资助事业中的主导作用，从政策的角度是受凯恩斯国家干预主义思想的影响，从立法的角度是因为《1944 年教育法》的颁布，这推动了英国"免费＋助学金"的资助制度的实施，而这一制度得到进一步巩固的标志是 1960 年的《安德森报告》。至此，英国高等教育大发展，正式确立了双重制的英国高等教育体制。首次以"贷款＋助学金"制度来代替原有的资助方式，是从 1983 年通过的《雷弗休姆报告》开始实施的。1988 年英国教育和科学部发表了改革免费加助学金政策、起用贷学金资助办法的白皮书——《有限贷学金》。它标志着英国政府和社会终于放弃原有的资助模式，开始了一个崭新的时期。[③] 1990 年英国正式开始实施"缴学费上大学，对贫困学生贷款加补助"的资助方式，这最终标志着英国"收费＋贷学金"的大学生资助制度开始实施。

随着高等教育的迅速发展，英国同样面临社会经济环境的严峻挑战，特别是不断攀升的高等教育入学人数，加上教育经费投入不足、人均教育费用偏低等情况的发生。政府为缓解经费短缺、资金紧张等诸多问题，调整出台全新的高等教育学费政策和资助制度。1996 年，英国政府在学费制度方面采纳了《迪尔英报告》的建议，决定自 1998 年起，不分学校、学科，收取每年 1000

---

① 何鹏：《英国高等教育学生资助制度研究》，东北师范大学硕士学位论文，2009 年。
② 王璐、孙明：《英国大学生学费与资助政策改革及启示》，《比较教育研究》2006 年第 7 期。
③ 何鹏：《英国高等教育学生资助制度研究》，东北师范大学硕士学位论文，2009 年。

英镑的学费。但在学生资助问题上，政府取消了学生的生活费补助和贷款政策，建立了新的以学生未来收入为基础的贷款政策。[①]2004年通过的《高等教育法案》明确提出，大学学费将伴随通货膨胀率而提升，生活维持贷款、补助制度等全新资助政策也随之施行。

英国政府于2006年发布了《大学生资助指南》，针对大学生的全新资助制度正式施行。英国从资助制度的兴起到2006年新资助制度的施行，历经了一百多年的时间。这个演进过程伴随着资助政策的改革和资助制度的嬗变，与我国资助政策改革发展过程是极为相似的。英国最终建立了以"免费+助学金"的资助制度，转变为"先上学，后付费""助学贷款与奖助学金并行"的混合资助体系。

（二）英国高等教育资助的理念

随着社会和教育的发展，英国高等教育的资助理念也在不断变化发展。英国与时俱进地结合社会实际情况，形成了适合本国国情的大学生资助理念，有效地指导了当时的资助实践活动，并为最终形成具有英国特色的资助政策奠定了思想基础。研究英国大学生资助理念的嬗变，对于建立和完善具有中国特色的大学生资助理念以及资助政策具有重要的意义。

1. "慈善"与"宗教"的资助理念。慈善与宗教作为文化形态的存在和发展，有着惊人的一致性，即对善的弘扬和对恶的鞭挞。欧洲高等教育资助制度的理论基础一直崇尚"慈善"与"宗教"的理念，这也是支撑英国大学生资助事业的基石。这一资助理念的特点是：施行于中世纪的带有宗教色彩的大学；设立资助资金帮助贫困学生完成学业的早期资助者为君主、教会和一些富裕的慈善者；资助原则不公平，资助者选择自己同宗或者同乡的贫困学生作为优先资助对象；为教会培养有学问的神职人员，受资助者义不容辞履行其义务。

2. "人人生而平等，为了国家的利益"的资助理念。英国践行这一资助理

[①] Dearing, R., *Higher Education in the Learning Society*, London: The National Committee of Inquiry into Higher Education, 1997, pp. 78-79.

念，是受美国《独立宣言》的影响。"自由""平等""天赋人权""博爱"等观念不仅促使人民自由思想的复苏，也渗透到了教育领域。"人人生而平等，为了国家的利益"的资助理念，既诠释了资助贫困大学生完成学业的政治意义，又从国家意志和"以人为本"的角度剖析了为贫困大学生提供资助的基本内涵。实际上，仍然是以"国家利益"至上的个人利益指向性很强的资助理念。这种追求人的价值和权利的理念，对英国大学资助理念形成和发展的影响是巨大的。

3. "高等教育机会均等"的资助理念。1948年联合国大会召开，会上在《世界人权宣言》中特别提出两项原则：人人具有均等地受教育的权利和废除种族歧视。由此"教育机会均等"的理念被提出，在国际社会中产生了强烈反响，逐渐成为国际社会教育机会均等观念形成的标志。在资本主义国家，教育机会不均等的现象大量存在，资助政策是实现高等教育公平的重要保障，一些经济发达的国家纷纷以"高等教育机会均等"理念为依据制定了资助政策。瑞典教育家胡森和美国学者科尔曼一致认为：教育改革必须与社会和经济改造协调一致。1963年，英国就高等教育改革颁布了教育改革法案，即《罗宾斯报告》。该报告建议国家让所有有能力、符合入学基本要求、希望接受高等教育的人都受到高等教育，这成为英国"高等教育机会均等"资助理念形成的理论依据。

4. "人力资本投资"的资助理念。人力资源是一切资源中最主要的资源，一个国家的人力资源得到了充分的开发和有效的管理，国家才能够繁荣振兴，教育市场与劳务市场是密不可分的。美国经济学家舒尔茨和贝克尔于20世纪60年代创立了人力资本理论，它的提出是从经济增长的角度，为教育投资提供了有力的理论依据和价值回报，从而推动了大学生资助政策在世界范围中的制度化。[1] 英国从平衡教育投资来促进经济发展为出发点，构建高层次人才对社会经济发展的巨大推动力，加大了对高等教育资助的投入力度。

5. "成本分担"的资助理念。20世纪70年代初，美国著名教育经济学家

---

[1] 参见张利新：《英美大学生资助比较研究》，河北大学硕士学位论文，2011年。

布鲁斯·约翰斯通开始对高等教育成本进行研究，试图在美国建立一种按收入比例还款的贷学金制度，在研究过程中将成本分担作为一个基本概念。1986年，约翰斯通出版了专著《高等教育成本的分担：英国、联邦德国、法国、瑞典和美国的学生资助》，使高等教育成本分担理论在学术界迅速传播，立刻对世界各国大学生资助制度产生了重要影响。在这一理论的影响下，英国政府面对经济和财政危机，于1990年开始重新调整了资助政策，放弃了"免费＋助学金"的慷慨资助政策，按成本分担的原则减少无偿资助的比例，形成了现在的"收费＋贷学金"资助制度。

（三）英国高等教育资助的方式

高等教育资助方式可分为"直接资助"和"间接资助"。张民选在《理想与抉择——大学生资助政策的国际比较》一书中将其进行如下归类：奖学金、助学金、教育凭单、勤工俭学、贷学金、大学毕业生就业税、雇主资助、减免学费八种为直接资助方式；设置拨款大学、补助伙食、提供宿舍、购买图书补助、医疗服务、交通优惠、津贴和减税七种为间接资助方式。[①] 我们对英国高等教育就奖学金、助学金和贷学金这三种资助方式进行比较分析：

1. 奖学金是用于资助高等学校全日制优秀的在校学生。这种资助方式的资金是专款专用的。它有利于人才培养质量的提升，让品学兼优的学生更加奋发努力，不足之处是它不能够解决所有贫困学生的资助问题。

2. 助学金是直接资助方式，其优点在于能够解决贫困生的经济困难问题。在英国，这种赠予性的资助方式让每个学生都会获得均等的资助，势必会给政府造成沉重的财政负担。因此，政府要求申请的学生除了提供父母、丈夫或妻子的收入情况外，还必须出示入学资格证明，方可向地方教育当局助学金管理机构提出资助申请。

3. 贷学金是一种有偿性的资助方式，资金可以循环使用，且符合市场经济发展原则。这种资助方式有利于减轻政府和纳税人的财政负担，有助于增强学

---

① 参见张民选：《理想与抉择：大学生资助政策的国际比较》，人民教育出版社1997年版。

生的责任感和自主意识；不足之处就是资助方案必须要制定有效的贷款回收机制，否则会存在拖欠贷学金的现象而影响资金的正常运转；另外还会对申请的学生造成一定的心理压力。

二、美国高等教育资助制度的特点

在发达国家中，美国高等教育规模发展也极为迅速。由于种族歧视和种族矛盾根深蒂固，导致贫富差距不断加大，仍有部分学生无法顺利完成学业。为此，联邦政府以立法来干预和调控其高等教育财政资助制度的形成和发展，这对美国高等教育事业的发展有着重要的意义，至今已经形成了极具借鉴价值的参照体系。

（一）资助相关法律法规确立的理论价值和现实意义

美国联邦政府的资助立法制度开启了国际高等教育学生资助工作的新篇章，并通过颁布立法从宏观上控制了教育事业的进程和方向。美国高等教育资助立法的特点如下：一是立法针对性强，遵循了"教育机会均等""成本分担"的资助理念，对美国高等教育的资助事业发展有一定的导向性；二是立法内容与国情相符，立法实时根据社会的发展变化进行修订和完善，不同法案交融互补，可操作性强；三是立法效果显著，通过立法建立了美国第一个高等教育学生资助机构，并以配套的形式带动了各州的资助政策的建立和完善，推动了高等教育的发展；四是立法促进资助项目化，立法以高等教育科研资助和大学生资助相辅相成为主的资助方式，引领了科学技术领域的创新，保障了高等教育科技研发的资金，有利于为国家培养拔尖人才，还有利于高等教育资助政策的创新发展。

这种以联邦中央政府整体规范调控为主导的生态链式资助立法机制，是美国资助制度的一个历史性的创新。它在促进与保障美国高等教育效率与公平、科学技术创新、社会繁荣进步上发挥了重要的作用，对世界高等教育资助事业的发展具有标杆性的影响。

（二）美国独创了"资助包"政策

内容性质不同、种类繁多的资助项目构成了美国大学生资助政策的主体。[①]美国现有的资助项目上千种，以此构成的"混合资助模式"为高等教育多元、效率、公平带来了机遇，同时也给高等教育的资助工作带来了挑战。如何确保让最贫困的学生获得资助，如何甄别哪些学生应该获得什么类别的资助成为一个亟待解决的问题。为了解决这个难题，保持资助的平衡发展，美国政府独创了"资助包"政策。

按照美国教育部的解释："把提供给学生的全部资助，即所有联邦政府的、非联邦政府的资助，诸如助学金、贷学金、校园工读等都混合在一个包中，以满足学生的资助需要。"其核心是，大学通过规范合理的配置，使每个学生都能获得与其困难程度相称的经济资助。[②]

为了计算每个学生应该获得多少资助，美国国会细化了"资助包"政策中各种性质的资助比例和金额、搭配的公式和标准。学生可以根据政策标准及要求进行自我估算，譬如，美国有一个"家庭预期贡献"公式：经济资助需要＝上学成本－预期家庭贡献；上学成本＝学杂费＋书费文具＋食宿费＋交通费＋其他费用；预期家庭贡献＝（家庭收入＋财产＋学生个人积蓄）－（平均生活开支×家庭人口）。计算虽然复杂，但能比较客观真实地反映学生的家庭经济状况。[③]

简单来说，"资助包"政策的配置主要包括五个核心步骤：一是计算学生"上学成本"，由大学委员会每年公布的全国平均成本进行核算；二是计算"预期家庭贡献"，由大学委员会核算出美国各地区的参考标准进行核算；三是计算学生"经济资助需要"，即上学成本－预期家庭贡献；四是学校公布一揽子资助的基本配比标准，并按学生的经济状况向学生提供混合资助；五是报告其他资助，及时做出调整。这样分步骤的核算、精细化的评审标准，有利于促进资助工作的规范化、透明化、灵活化和可操作化，同时学生、家长、学校、社会和政府都可以依此来监督和评判资助的合理性。

[①] 张民选：《美国大学生资助政策研究》，《高等教育研究》1997 年第 6 期。
[②] "The Financial Aid Package", *Stanford University Financial Aid Handbook 2005-2006*.
[③] 姚军：《美国高等教育阶段学生资助制度分析及启示》，《江苏高教》2015 年第 4 期。

（三）美国高等教育的资助理念

"资助包"政策的实施，使美国高等教育资助事业呈现出多元化的特点，突出表现在资助理念的多样化。

美国联邦政府除了践行"慈善与宗教""人人生而平等，为了国家的利益""高等教育机会均等""人力资本投资""成本分担"五种资助理念外，20世纪70年代的经济危机，使美国联邦政府重新审视其资助理念，提出了"扩大选择自由"的资助理念。《1972年高等教育法修正案》规定：中等收入家庭的学生也有权享受学生资助。1978年《中等收入家庭学生资助法》，以"给学生和家长选择学校的权利自由"为由，提出为进私立大学的中产阶级子女提供资助的理念。取消了以前对家庭经济状况的限制，规定任何收入家庭的学生均有权享受学生贷款，这就使学生资助范围得以拓展。

（四）美国高等教育的资助模式

美国联邦政府资助制度的多层次化和资助理念的多样化，为美国各州政府及世界各国的高等教育资助事业提供了理论支撑，对资助育人文化的形成与发展起到了推动作用，也促进了美国高等教育资助模式的多元化发展。

1. 助学金形式。这种形式是美国政府基本教育对学生进行资助的最重要资助模式。国会每年都要对这项助学金进行预算，该项助学金每年申请一次，但无须偿还；同时美国政府每年给学校增补教育机会助学金，资金的总数基本上是一定的，对申请的学生进行审核，均等分配金额，该助学金也无须偿还。

2. 助学贷款形式。一是国家直接贷款。贷款的数额由政府直接拨付到学校账户，学校根据经费的额度，先通过学生自主申请，再根据申请学生的家庭经济情况对比后，进行审批。国家直接贷款的利息仅为5%左右。在毕业后半年，学生才开始偿还此贷款和利息。二是政府担保的学生贷款。此贷款是由学生自行向银行提出贷款申请，其贷款利息为8%。政府则作为经济担保方，承担此项贷款的5%利息。学生毕业6个月开始偿还，十年内还清。三是家长贷款。家长可以向银行申请此贷款，只能用于支付子女上大学的费用，利息为12%左右。家长从借款后2个月开始还款，5—10年内还清。银行放款的首要条件就是其申请者必须具备偿还能力，申请人必须抵押其住房等固定资产，在必要时可用于抵税贷款。据调查，在过去的 15 年内，美国学生上大学的费用增长了 200%，严重地影响了大学的入学率。针对这种情况，美国联邦政府为了帮助家庭经济困难的学生解决前两年的学校费用问题，提出了每年一万美元抵税贷款的建议。

3. 校园工读形式。美国联邦政府每年拨给学校一笔经费，专门用于对学生半工半读的资助。这笔经费由学校审批、发放给经济上有困难的学生，获得这种资助的学生每周的工作量不得超过 20 个小时，每个小时的报酬约 5 美元。学生打工的时间都是课余时间，工作地点一般是在校内的图书馆、咖啡厅、餐厅、维修部门等，也有的在校外的民间非营利组织打工。

三、英美高等教育资助制度的启示

（一）英国高等教育资助制度对我国的启示

成本分担理念对资助制度的影响值得我国借鉴。英国政府通过了新的教育（贷款）法规，决定由纳税者、学生和家长共同分担学生接受高等教育期间的学习和生活费用，从而调动学生学习的积极性，增加学生的经济意识和自信心。其目的是为了减少政府投入，减轻家长负担，减少学生对社会保障制度的依赖性。这种资助方式有利于减轻政府和纳税人的财政负担，按照成本分担的理论有利于实现成本和收益之间的公平，有助于增强学生的经济意识和培养自力更生精神。存在的不足就是贷学金资助方案需要精心的设计和有效的管理，制定有效的贷款回收机制，以保障资金的正常运转，否则难以减轻纳税人的负担，还会对申请贷学金的学生造成心理压力，影响学生的学习。

（二）美国高等教育资助制度对我国的启示

尽管中美两国体制不同，美国联邦政府健全的高等教育财政资助立法，促使教育资助与资助立法相辅相成，对中国确有可借鉴之处。到目前为止，我国高等教育财政资助的立法仍然无法满足高等教育事业的发展需要。由于缺乏有效的法律保障，教育财政资助在国民经济中的分配比例一直偏低。教育财政资助的严重不足、资助不到位、投入错位等问题都与缺乏法律的硬性规定有关，与缺乏专门的教育财政资助立法有关，这已经成为普及和发展高等教育的严重障碍。

中国目前已经具备了建立教育财政资助立法的可行性。近些年来国内已经涌现出大批专家学者和相关理论研究成果，纷纷建议国家出台有关教育投入的立法。① 这些意见认为，教育财政资助立法内容的基本框架应涵盖立法依据、教育财政投入的来源、教育财政投入的分配和使用原则、教育财政投入的管理与审计、教育财政投入的执法和监督机制、违反教育财政投入法的法律责任等方面内容。② 这些理论构想也为国家加强高等教育财政资助立法提供了经验借鉴。《纲要》在第二十章"推进依法治教"部分指出："要大力推进依法治校，健全符合法治原则的教育救济制度……完善教育督导制度和监督问责机制等。"③ 这些依法治教规划内容的提出，表明了中央对大力加强教育法制进程的重视。客观地讲，实施起来仍然缺乏具体操作性，今后我国进行高等教育财政资助建设的工作依然任重而道远。

第二节 亚洲高等教育资助制度的特点与启示：以日韩为例

一、日本高等教育资助制度

日本是一个高度重视教育的国家，政府重点扶持高等教育事业。就全球而言，日本是施行高等教育资助政策相对较早的国家，也是运行资助体系最为高效的国家。日本高校早已开始发展学生资助制度，其资助政策覆盖范围广、资

---

① 参见中国高等教育学会组：《改革开放 30 年中国高等教育发展经验专题研究（1978—2008）》，教育科学出版社 2008 年版；《〈教育投入法〉势在必行》，http://bbs.ifeng.com/viewthread.php?tid=5354214，2012 年 3 月 8 日；《尽快出台〈教育投入法〉确保教育投入到位》，http://www.china.com.cn/chinese/zhuanti/292047.htm，2012 年 3 月 8 日。

② 参见刘建发：《关于我国教育财政投入立法的思考》，《教育探索》2005 年第 11 期。

③ 《国家中长期教育改革和发展规划纲要（2010—2020）》，河北省教育工作会议文件资料汇编，2011 年，第 32 页。

助体系相对严密完整，为推进日本高等教育发展发挥重要的作用，得到了国际社会的认可和赞誉。

（一）日本高等教育资助政策的主体

日本高等教育资助制度主要有育英会贷学金制度、勤工助学制度、国民生活金融公库三类。勤工助学制度是学生通过工作获得相应报酬，无法等同于实际意义方面的助学制度；国民生活金融公库教育贷款则以家长作为资助主体，虽然以教育贷款命名，但实际目的在于满足家庭需求，也无法将其等同于实际意义方面的助学贷款，使用此种贷款的人偏少。因此，日本以育英会贷学金制度作为大学生资助政策的主体。

日本高等教育资助资金多源自于日本育英基金会，育英会贷学金制度的发展受高等教育大众化和机构多样化两大因素影响。该机构于1943年成立，1953年被列入日本政府的下属财团。自1943年到1989年，在短短46年时间内，该基金会资助的学生数量高达421万人，总贷款额高达16490亿日元。

（二）日本高等教育资助制度的特点

1.高等教育资助政策目标明确。日本于1984年发布的《日本育英会法》明确提出，育英会贷学金将学习费用以借贷服务的方式提供给学业突出、经济方面面临困难的学生，以达成教育机会均等的目标。实现教育机会均等、培养优秀人才也是日本政府推进此种政策的主要目标。

2.助学贷款类型多样化。日本高等教育资助制度的实施，以学生支援机构助学贷款最为重要。依据利息支付与否可划分为有息和无息贷款。成绩突出但经济贫困的大学生，往往能申请到无息贷款；有息贷款具有更为灵活、宽泛的选定基准，可基于经济形势改变还款年利率，上限最高需保持在3%以内，且在学期间为无息还款。此外，还包括特别增额贷款，即针对新生提供一次性支援贷款，为有息贷款，具有固定贷款利率，年利率往往达到1.2%，入学前学生可对此项贷款提出申请。

3.具有独立的资助制度管理机构。日本于1943年设立了日本育英基金会，它是负责管理国家助学贷款的机构。2004年诸多财团合并构成"日本学生支援机构",负责施行高等教育助学贷款,并为申请此项贷款的学生提供咨询指导服务。2014年,日本发布了《大学生经济支援计划》,属于全新的与高等教育资助相关的政策,通过将更为多元化、充实的经济支援提供给接受高等教育的学生,为教育公平提供保障。①

4.助学贷款回收机制更为灵活、高效。日本是一个高效回收助学贷款的国家,主要依赖于其健全的回收保障体系。为能够顺利地将贷款收回,日本制定了独具特色的诸多回收机制。不同于中国的助学贷款免担保制度,日本学生若想对贷款进行申请,往往需要为此给出有效担保。②担保形式包括担保机关和担保人两种。由于单亲家庭的贫困学生无法寻找到恰当的担保人,自2004年开始,日本除担保人制度外,将担保机关制度增设于其中,担保机关当前已统一为日本国籍教育支援协会。作为贷款人员,需将手续费支付给担保机关,按月自贷款内将手续费扣除,若无法还款时,协会将负责还款,最终再由协会追缴贷款。

(三)日本高等教育资助模式

日本实行的是大学缴费制,高等教育资助体系施行多元化资助模式,由政府主导,资助模式以奖学金作为主体。这种资助模式带有借贷性,本质上等同于国家助学贷款,资金来源以融资、国家借款为主。

日本学生资助体系的奖学金共分为四类:大学、民间团体、各都道府县等各类自治体、日本原育英会提供的奖学金。除此以外,还有教育贷款,大部分日本金融机构均设立教育贷款业务,在市场份额之中占比最大的是有政府背景的日本国民生活金融公库。③

虽然日本高校存在各类奖学金名目,但因经济持续不景气,依然无法令全部学生提出的贷款需要都得到满足。因此,教育贷款业务也由诸多商业机构开

---

① 参见李冬梅:《日本高等教育资助体系的现状与未来》,《世界教育信息》2016年第6期。
② 参见马晶:《日本高校学生资助体系研究》,《世界教育信息》2007年第9期。
③ 参见马晶:《日本高校学生资助体系研究》,《世界教育信息》2007年第9期。

设，如信用社、银行等。其中最为突出的当属国家教育贷款，由日本国民生活金融公库开办。20世纪40年代末期，该公库设立，属于政府全额出资的金融机构、带有政策性特点，希望能够将融资援助提供给无法从其他金融机构或银行融通资金的创业者、中小企业等。自1978年以来，逐步将教育贷款提供给低收入家庭。此种贷款不同于学生支援机构给出的贷款，以经济方面面临困难的家长作为贷款对象。在对此进行申请时，需要满足如下条件，即家庭年收入不超过990万日元，自营业者在此方面的数额需在770万日元以下。贷款以每人200万日元作为上限，国民生活金融公库对此一次性支付，最长还款年限为10年。具有超过支援机构且固定的有息贷款利率，但比普通商业贷款利率要低。结合相关统计来看，当前每年运用该金融公库的人数达到20万人。除国家教育贷款的提供，教育贷款业务几乎在都市银行等各种商业金融机构内开办，资助学生的实际渠道随之得以拓宽。

（四）日本高等教育资助的还款机制

1. 还款方式多样化。一是按月分期还款，以每月27日作为还款日，完成还款活动。二是半年分期还款，每年以1月27日和7月27日作为还款日，完成全年还款活动。三是银行自动转账制度，此种还款方式施行后，贷款者只需每月向银行账户存够还款所需的金额，即可自动完成还款活动，减少了诸多因忙于工作而无法及时还款或因忘记时间未能够及时还款的状况发生。

2. 延迟还款机制更为人性化。在日本，因受到经济危机的影响，诸多大学毕业生出现工资偏低、失业等问题，若再遭遇怀孕、疾病、灾害等特殊状况，难免会引发不能按时还贷的问题。面对如上状况，日本学生支援机构给出了两大解决方式，分别为延期还款和减额还款。延期还款，其还款对象包括两大类，一类是面临伤病、灾害等相关状况的学生；另一类是以在校学生作为主要对象。此种方式不同于减额还款，当通过延期还款申请时，若处于豁免时间段内，还款者无需归还贷款金额。减额还款，即当面临经济困难或灾害，且依然能够持续还款时，还款者随之给出申请，且通过证明材料的出示，通过审查即可将约定还款数额的一半免除，并且将还款时间延长，一般在一年到十年之间。

3.催还款制度更为健全。若学生对还款期限有所遗忘或未到还款时间的，机构将向催款公司提出委托，由后者向担保人、还款者打电话催促还款。此外，若出现故意拖欠状况，还将给出严厉惩处。一是经济惩处。若拖欠时长超过半年时，每年增加应还数额的 10%；每年依照 365 天对拖欠加罚额进行计算。二是法律手段。若学生被认定具备偿还能力，但并未偿还贷款时，机构将通过法院发出还款催促文书。若依然无法取得成效时，则由司法部门对此给出强制措施。

（五）日本高等教育资助制度对我国的启示

1.资助管理机构独立设定，确保资助工作高效公平。国家设立的日本学生支援机构，是一个具有明确工作目标、独立经营的机构，集中精力于高等教育贷款活动。国家对此种机构的设立，可使资金得以更为高效地配置，扩大公职人员的数量。然而，若下放助学贷款项目至商业银行进行管理活动，国家需安排专职人员对其运作体系进行监管，其效益存在明显差异。诸多国家均对日本上述举措加以效仿，我国更应该加以借鉴。

2.以人为本，以法律为准绳的高效贷款回收机制。日本政府针对各项资助政策，通过法律法规的制定，严厉惩处拖欠贷款的群体。因此，以法律方式保障了日本高等教育资助性贷款的可持续发展，这对我国资助贷款的回收机制的建立和完善提供了参考。此外，日本还对还贷学生的经济能力和就业状况等因素进行考虑，提出柔性还款制度。这不仅令还款的学生压力得以明显减轻，更有利于回收贷款，推动资助体系更加完善和高效。这也是我国今后调整资助政策的基本方向。

3.构建全员参与的高等教育资助体系。日本强化政府、国家、民间团体之间的协作，清楚地意识到国家才是高等教育资助体系下最大的受益者，并非为家长以及学生。基于谁受益、谁买单这一基本原则，日本相继出台相关资助政策，构建了以政府为核心、以大学为主导宣传、集合整个社会力量的大学生经济支援体系。

二、韩国高等教育资助制度的特点及启示

20世纪80年代,随着高等教育进入大众化阶段,韩国高等教育经费日渐紧缺,为了减轻家庭经济困难学生的负担,政府开始向全国推广国家助学贷款制度。韩国政府于2005年开始实施由政府担保的国家助学贷款,促进了国家助学贷款迅速发展。至今,韩国国家助学贷款制度在国家的担保下,申请资格审核极为严格,有效控制了贷款违约,形成了较为完善的国家助学贷款制度。

(一)韩国高等教育资助制度的发展轨迹

1. 助学贷款制度形成初期。20世纪60—70年代,是韩国国家助学贷款制度形成初期。1961年4月韩国颁布的《贷学金法》,以及1962年《贷学金法试行令》与文教部《贷学金法实施细则》的实施,为韩国国家财政资助的贷学金制度提供了制度具体运行的法律依据,由此拉开了韩国实施国家助学贷款的帷幕。[①]这个时期的资助范围相对较小,资助条件较为优惠,资助目的主要是解决国家和社会发展的人才需求,资助对象为那些在特殊领域就读的学生。

2. 助学贷款制度发展期。韩国国家助学贷款制度的发展期是从1975年到2005年。这个时期韩国结合本国国情,以高等教育机会均等为资助理念,促进了韩国国家助学贷款制度的飞速发展。但是,由于韩国政府不堪贷学金制度的财政重负,于1975年开始改革了贷学金资金来源的渠道,由商业银行提供贷款资金,效果一直不乐观。直到1997年金融危机爆发,韩国政府以解决中产阶层的民生问题为重要举措,积极探索助学贷款的运行机制,扩大对低收入家庭学生助学贷款的投入力度,即利差补填的助学贷款制度应运而生。

韩国利差补填国家助学贷款是由政府主导、财政资助,利用金融手段帮助家庭经济困难学生筹措在校期间的学杂费和住宿费等高等教育费用的一种无抵押的信用助学贷款。[②]这种制度从很大程度上为家庭经济困难学生平等接受高

[①] 参见安慧荣:《韩国国家助学贷款制度研究及启示》,延边大学硕士学位论文,2009年。
[②] 参见安慧荣:《韩国国家助学贷款制度研究及启示》,延边大学硕士学位论文,2009年。

等教育提供了经济保障，同时使韩国国家助学贷款也有了进一步的发展。

3. 助学贷款制度完善期。韩国国家助学贷款制度的完善期是从 2005 年开始直到现在。在韩国，只要考上大学就很少有因上不起大学而辍学的情况。其原因主要是以政府资助为主，实施了比较完善的国家助学贷款制度。以 2005 年《学术振兴及助学贷款信用担保法》为依据，韩国政府将原有的对国家助学贷款的利差补填方式改为政府担保方式来运行，开始实施韩国政府担保国家助学贷款制度。此资助制度的实施，使韩国国家助学贷款资助对象范围进一步扩大，从家庭经济困难学生扩大到一般学生；资助方式更加多层次化，有低息和无息的政府担保国家助学贷款；资助金额更加多元化，除学费贷款以外，还包括生活费贷款，这大大提高了韩国国家助学贷款制度的效率，促进了韩国资助事业的发展。

（二）韩国高等教育资助模式的特点

1. 贷款方式互补多样

（1）国家优惠贷款是韩国主要推行的贷款方式。政府每年会以指定的金融机构向城市和农村的学生提供两次低息贷款。学生可在指定的银行进行申请，须携带高等教育录取通知书或学籍证明、户口本、居民证、印章等相关佐证材料。贷款年利率为 4%—5.75%，贷款额度一般为 100 万—900 万韩元，未将生活费纳入其中。偿还期分为长期和短期两类：长期贷款为超过两年的，年限可高达 11 年；短期贷款为 1—2 年，需基于学期范围，按月分期偿还平均本息，且不可逾期。若在此期间服兵役或是休学，长期贷款偿还可暂缓，纳入暂缓期后，可设定偿还期为 7—10 年；短期贷款，若毕业后尚未就业，可延长还款期至 3 年。大学生对此类贷款极为关注，并以此作为首选。[①]

（2）民间贷款方式应运而生。由于国家优惠贷款资金额度有限，可获批的申请者比例仅为 15%，民间助学贷款的方式作为主力军应运而生。其特点是贷款利率以金融机构现行标准为主、随行就市。国家并未给出利息补贴，利率偏

[①] 参见任辉：《韩国开展助学贷款对我国的启示》，《环球经济》2006 年第 2 期。

高,年利率往往达到 36% 至 48%,更有可能高达 65.7%。但是,此种方式也具有一定优势,如具有较大的贷款额度,每次可贷款韩元达到 600 万元,偿付时可采用诸多方式,相对灵活。结合实际来看,民间助学贷款针对信用条件提出更为突出的要求。除禁止负债在 500 万韩元以内、信用不良等条件外,所需缴纳的信用调查费为贷款额的 5%。若偿贷被拖延时,需对利率较高的滞纳金进行征收。在对此进行处罚、追讨时,也将施行更为严厉的措施。

2. 审查方式行之有效

因国家财政负责承担优惠贷款利息补贴,所以审查贷款条件时相对严格。一是贷款人年龄应在 20—30 岁,且获得大学学籍的本专科在校生或新生;二是担保者或是贷款人的父母需居住于贷款银行所辖范围内,且事先已获得父母许可;三是校长需给出相应证明以及推荐材料;四是不论是担保者、贷款人或是父母,均需没有不良信用记录。若信用不良者已经记录在案时,则不具备任何贷款资格。此外,部分银行明确规定,信用卡消费达到 50 万韩元以上时,贷款不予发放;担保者月收入需超过 30 万韩元,且在财产税纳税方面具备相应的基本条件。

3. 追债系统有力高效

不论何种资助制度,都必然会存在逾期不还款、拖欠等诸多问题。韩国对此给出如下做法,值得我们学习和借鉴:一是强化管理发放贷款到期收回;二是通过高效追债系统的构建来避免上述问题。

韩国政府明确贷款人在出国留学、破产、服兵役时,只需通过提供证明材料,即可依照实际状况将贷款偿还期延长。若拖欠者不存在任何正当理由时,则需对其施行相应措施。

(1) 按阶段完成督促工作。拖延 1—2 个月未还贷款的,进行电话通知;拖欠 3—5 个月未还贷款的,将督促函寄送至本人;拖欠 6—8 个月未还贷款的,将督促函寄送至法庭代理人及本人;拖欠 9 个月未还贷款的,将信用不良者登记预告通知寄送至法庭代理人及本人;拖欠 10 个月未还贷款的,则将不良登记处理申请书寄送至本人,并劝告本人给出赔偿。

(2) 长期拖欠者的督促工作。若为长期贷款拖欠者,韩国政府将向银行联合会提供信用不良的相关信息,继续对此进行督促以及劝告。

(3)恶意不还款者的督促工作。对贷款者进行科学判断和分析,存在恶意不偿贷意向时,将以对其财产状况进行掌握为前提,提请诉讼、强制偿贷。

4.严厉的惩罚措施

韩国在对贷款拖欠者进行惩罚时,措施相对严厉。一旦出现贷款拖欠问题,贷款款项的优惠条件往往会被剥夺,并转变为全额偿贷,所需缴纳的滞纳金数额较高,且不利于贷款人转职、就业等各类活动。就韩国全境内来看,无端拒绝或拖延偿贷的状况极为少见。

(三)韩国高等教育资助制度对我国的启示

韩国国家助学贷款制度的发展,始终以公平与效益为宗旨,既促进了高等教育事业的发展,又实现了社会公平,同时也给我国高等教育资助工作的开展带来了一些启示。

1.政府发挥主导作用。韩国政府充分发挥其主导作用,结合本国国情,以法律为依据保障了资助制度的良性运作。1961年颁布的《贷学金法》,开始实行了由政府资助的助学贷款制度;《高等教育法》的设立促进了利差补填国家助学贷款政策的有效运行;政府担保国家助学贷款以2005年修改的《学术振兴及助学贷款信用担保法》为依据开展;以1967年《公务员年金法》为法律依据,实施了为家庭经济困难的在职公务员及其子女提供助学贷款的制度。这些法律法规都为韩国国家助学贷款制度的顺利开展提供了法律的依据和保护。

2.信用评价体系完善。韩国助学贷款个人信用评价系统(SCSS),以助学贷款申请条件中各项承诺为指标,对申贷人进行严格的资格审核,做到效益公平,避免了资助制度与资助理念相违背的情况。韩国银行对学生、担保人以及父母在申请贷款时提出的要求极为严格,均需具备良好信用记录,双约束机制也随之形成。同时,韩国追债系统往往基于个人信用体系的完善性,有效地对贷款风险进行防范,这保障了韩国助学贷款资助制度的发展与持续运行。

3.违约处罚力度大。韩国政府营造了良好的社会信用环境,银行系统建立了贷款发放、收回和管理方面的完备机制,有效杜绝了贷款易发生的潜在风险。从资助育人的角度来看，诚信已然成为韩国高等教育的文化，其普及度与成效性都值得我们学习和借鉴。

第三节　亚洲高等教育资助制度的特点与启示：以印度为例

四大文明古国之一的印度，是南亚次大陆最大的发展中国家，国情与我国相似。独立后，印度高等教育得到了迅猛发展，并取得了举世瞩目的成就。借鉴分析印度高等教育资助制度发展与改革的经验，有助于对我国高等教育资助制度的发展进行反思，可以促进我国高等教育资助事业沿着健康向上的轨道发展。

一、印度高等教育经费投入的历史变化

教育投入属于人力资本投入，指一个国家或地区根据教育事业发展的需要，投入教育领域中的人力、物力、财力的总和。[①] 高等教育经费投入比例直接影响一个国家高等教育的质量。自独立以来，印度高等教育实现了跨越式发展，成为仅次于中、美的世界第三大高等教育体系。印度的高等教育经费投入逐步向政府、学生及其家长、高等学校和国内外社会多渠道经费筹措发展的趋势转变，不再遵循过去单一的经费来源模式。在印度，高等教育的经费是分层次和类型进行投入的，包括综合大学、准大学、国家重点学院、研究院、综合大学附属学院和私立大学六类高等院校类别。

（一）政府作为高等教育经费投入的主体

印度高等教育经费的来源主要以政府投入为主。20世纪80年代末，印度

---

① 参见郑伊从：《独立后印度高等教育经费投入问题研究（1947—2006）》，广西师范大学硕士学位论文，2017年。

高等教育经费投入不断攀升，让印度政府陷入窘境，一方面初等教育目标难以实现，人才储备出现断层；另一方面基础教育投入薄弱，文盲率居高不下。1991年印度政府降低了对高等教育经费的投入比例，随后的经济危机致使政府财政赤字巨大，对高等教育经费的投入大幅度下降。根据印度大学拨款委员会2008年的报告，印度高等教育生均教育经费仅为406美元，是世界上高等教育生均教育经费最低的国家之一，远远低于其他发展中国家，例如同期中国为2728美元，巴西为3986美元。① 为了增加高等教育经费的来源，印度政府还征收了毕业生税和教育税。

（二）学费是高等教育的重要经费来源

学费是印度高等教育非政府投入重要的经费来源之一。印度公立高等教育学费并不是其高等教育经费来源的主要渠道，但是对于私立高等教育来说，情况大不一样。在印度，私立高等教育学费征收方式分为三种：一是学生的学费低于教育成本，这类一般是私立受助高校，其教育运行除了学费外还有政府、社会和私人捐赠的资金支持；二是没有盈利的纯私立高校，学生的学费即为全部教育成本；三是以盈利为目的的纯私立高校，学生的学费高于教育成本，只有极少数家庭能负担得起。

（三）自筹经费是高等教育投入的重要举措

印度"十一五"期间，大学拨款委员会出台了"资源筹集激励计划"（Incentives for Resource Mobilization），该计划旨在鼓励高等院校参与社会活动，奖励那些为工业和政府提供有偿教育咨询、积极筹集社会资源的中央大学及其他参与该计划的高校。学校筹集的资金可以被用作校园建筑的建设和翻新、校园设施建设，购买仪器、设备、图书和杂志，以及学生奖学金等。② 在

---

① 参见 Roopa Desai Trilokekar, Sheila Embleton, *The Complex Web of Policy Choices: Dilemmas Facing Indian Higher Education Reform*; Simon Schwarzman, Romulo Pinhero, Pundy Pilly, *Higher Education in the BRICS Countries: Investigating the Pact between Higher Education and Society*, Dordrecht: Springer, 2015。

② 参见 University Grants Commission, *Guidelines of Incentives for Resource Mobilization During XI Plan*（2007-2012），New Delhi: University Grants Commission, 2007。

政府的鼓励下，印度高等教育迎来了前所未有的商业化氛围，各大高校纷纷通过有偿教育服务和有偿企业性活动来筹集发展经费。

我们以印度德里大学为实例来探析高校自筹经费的实效性。德里大学地处印度首都新德里，始建于1992年，是印度影响最大、地位最高的高等学府。目前，德里大学拥有14个学部、86个系、79个学院、6个国家高级研究中心，师生人数达到4.6万余人。2006—2011年，德里大学的收入五年内增长了将近两倍，从50.5亿卢比增长到149亿卢比。在此期间，大学拨款委员会的拨款从13.9亿卢比增长到29.6亿卢比，从绝对数字上看有了很大增长，但是它占该校总收入的比例却从27.51%下降到19.84%，下降幅度明显。2011年，政府拨款所占学校财政总收入的比例不到20%，学费收入占学校总收入的比例也从2006年的5.83%下降到2011年的3.97%，这说明德里大学的自筹经费能力有了很大提升。[①]

二、印度资助政策的变革特点

印度高等教育助学贷款政策经历了两个阶段的变革：一是国家贷学金计划，因其回收率低、资助面小、资助力度薄弱而未能形成独立运作的循环基金；二是新教育贷款计划，该计划较好地解决了贷款回收的难题，但依然存在银行放贷不足、性别资助失衡等问题。新教育贷款计划特点如下：

（一）借贷资格放宽

1. 申贷人员范围扩大。与国家贷学金计划相比，新教育贷款计划将贷款对象扩大至公立高校、私立高校、国外研究机构、留学深造的全部印度学生。

2. 课程资格。印度国内求学学生贷款多向就读于管理、医学、计算机等诸多领域的研究生和本科生提供。除此之外，还有一部分学生也在资助范围之

[①] 参见刘淑华、王旭艳：《印度高等教育大众化进程中的经费来源渠道探析》，《外国教育研究》2016年第3期；All India Survey of Higher Education, University Compendium, http://mhrd.gov.in/sites/upload_files/mhrd/files/ebook/university-compendium/delhi/University-of-Delhi.pdf, 2014-04-13。

内，他们学习的课程资格受到如下条件的限制：一是经印度相关机构核准的夜校培训课程；二是在印度国内开设的由国外著名大学设置的课程；三是其他经由大学拨款委员会或政府部门批准的院校所提供的各类学位性课程；四是由国家机构或具有较高声誉的私立院校提供的课程。另外，学习国外著名学府的专业或技术性课程、工商管理硕士、理学硕士等专业性学位课程以及由英国伦敦特许管理会计师协会和美国注册会计师协会提供的课程的学生也在计划之内。①

3. 支出贷款范围。除学费以外，包括交通、图书购买、论文写作等在内的非学费性支出也被纳入到贷款申请范围之中。

（二）管理一体化

与国家贷学金计划相比，新教育贷款计划之中的申贷、管理等诸多活动均由商业银行负责完成，而政府部门仅需提供一个相对宽泛的指导方针给银行即可，经办银行可适当调整以便贷款运作与贫困家庭的学生更为相符。求学于国内、留学于国外的学生可获得贷款额最大值分别达到75万以及150万卢比。②从运行方面来看，此种贷款计划是一种银行管理模式。其优势是政府可节约海量资金。政府初期设立贷款时，能够节约政府无法承担的大量财政开支。另外，回收贷款效率有显著提升。印度金融管理体制相对健全，且操作制度较为规范、严格，可令贷款管理方面的成本得到显著降低。

（三）贷款风险分散

新教育贷款计划为使贷款风险明显降低，通过风险保证金机制的构建、风险担保制度的施行来分散贷款带来的风险。针对借贷数额不一的学生，规定也略有不同，若学生总贷款值保持在40万卢比以内，并未对担保提出要求；若处于40万到75万卢比时，需要监护人、父母等作为共同借贷者，为此提供信

---

① 参见孙涛、沈红：《印度高等教育助学贷款的改革与启示》，《教育研究》2009年第7期。
② Database Student-Parent Cost By Country, http://www.gse.buffalo.edu/org/inthigheredf-inance/region_asia_India 12-29-2006.pdf, 2007-12-18.

用担保。若达到75万卢比以上时，父母需要以一定有形资产完成抵押担保活动。若以贷款购买学习方面的贵重物品，则需要同时向银行抵押物品，以便对拖欠还款行为提供约束。

（四）还贷利率明确

银行放贷方面的积极性将直接受到还贷利率的影响，也将影响借贷者的行为。新教育贷款计划的利率随贷款数额增大而提高。当贷款数额在40万卢比以内时，利率与基准贷款利率相同；若达到该数值以上，则基于此基准利率，再增加4%。以5—7年作为偿还贷款期限，借贷学生可以按月或季度分期支付，学生在获贷后即可分期支付利息，学习期间还可享受1%—2%的利息补贴；若提出延期支付申请，利率也不会因此而提高。对于贷款超过40万卢比且超过期限而未支付利息的，则要计收2%罚息。[①]

（五）贷款服务便捷

新教育贷款计划的顺利运行，需要基于贷款收发和管理为一体的密切协作，以提高贷款服务质量为前提，来改善信息传输过程中的信息不对称现象，令贷款项目施行效率得以明显提升。在贷款项目运行时，银行需定期向高校发送学生借贷状况进展报告，并与高校及时沟通信息，以确认申请者并未从其他银行取得贷款。因此种计划并未对经办银行进行指定，全部商业银行均可办理贷款业务，所以参与其中的银行较多，银行沟通工作变得烦琐。为此，银行从资格认定、咨询服务、风险规避、贷后管理等诸多方面，实行灵活性管理，并考虑通过中介性机构的介入，对贷款进行管理，逐步放松贷款规则的管制。

---

① Database Student-Parent Cost By Country, http://www.gse.buffalo.edu/org/inthigheredf-inance/region_asia_India 12-29-2006.pdf, 2007-12-18.

三、印度财政资助私立高等教育的特点

印度无论在独立前还是独立后，支持和鼓励私立高等教育发展的法律、法规都是极为丰富的。[①] 印度《宪法》及修正案则明确了对私立教育的支持。为了推动私立教育发展还颁布了《国家教育政策》《大学拨款委员会法》《伍德教育急件》等诸多重要的法律法规。

（一）按私立学院类别进行资助

印度将其私立学院分为两类：一是政府资助、私营部门管理的"受助学院"，又称"公助私立学院"；二是政府不进行资助，由私营部门管理出资的"非受助学院"，也可称之为"纯私立学院"。第一类学院占比90%，他们和公立学院一样，可获得来自邦政府和中央政府的财政资助，而印度政府几乎不对第二类学院进行资助。印度政府大力倡导民间私立学院的兴办，且为其提供教育经费。依据《大学拨款委员会法》的规定，该委员会具有为私立院校提供资助的义务。印度"公助私立学院"的经费来源中，邦政府的资金达到76.6%，而学费只占10.4%。[②]

（二）邦政府拨款责任更大

印度《宪法》规定，印度高等教育实行国家与邦政府共同管理。[③] 邦政府和中央政府是印度高等教育经费的主要来源。另外，学院、大学的经费还涉及慈善款、捐赠和学费等。印度高等教育的拨款持续时间较长，凸显了其公共性。然而，自筹经费的高校迅速发展，迫使公共经费占比明显降低。从阿加瓦的相关研究来看，高校学费收取达到收入总额的49.7%，这表明私有资金占据印度高等教育中的较大比重。大多数公立、邦立大学的高等教育经费拨款以邦政府为主，经费占比约为80%。由此可见，邦政府对高等教育拨款的权责更大一些。

---

① 参见邱小健：《印度政府财政资助私立高等教育的经验及其对我国的启示》，《比较教育研究》2010年第9期。
② 参见谢安邦、曲艺：《外国私立教育》，中国社会科学出版社2003年版，第61—63页。
③ 参见邱小健：《印度政府财政资助私立高等教育的经验及其对我国的启示》，《比较教育研究》2010年第9期。

（三）公共经费不可控

高等教育的公共经费拨款分为计划经费和非计划经费。一般来说，教职员工工资属于非计划经费，占拨款总额的比重较大。依据近年来印度相关部门给出的高等教育拨款数据，就工程技术教育和大学教育的支出而言，计划经费总体比非计划经费更少，大学教育方面则更为显著，后者约为前者的两倍。具体原因在于技术与工程教育对实验室等研究型的教学环境与设施的要求较高，所以需要的计划性经费支出明显增多。

四、印度高等教育资助制度对我国的启示

改革开放以来，民办教育已经成为我国高等教育的重要组成部分。它经历了"从无到有""从培训机构到民办学校""从开放到有序监管"的发展过程。无论是从经济发展，还是社会进步的角度，民办教育的发展都为我国储备了大量优秀的人才，而印度政府财政资助私立高等教育的经验，对促进我国民办高等教育的发展提供了很好的思路。

（一）完善国家资助民办教育的法律法规体系

我们可以借鉴印度政府以颁布法律法规的方式来推动私立高等教育的发展，这是发展中国家全面推进教育现代化的重要内容。1854年《伍德教育急件》明确建议印度政府以英国伦敦大学为标杆，将原有的私立高校作为新办高校的附属院校，建议在加尔各答、孟买和马德拉斯3个城市创办大学，至此开启了印度的现代教育。1956年《大学拨款委员会法》的颁布规定了大学拨款委员会应履行对私立高校资助的义务，还规定邦政府可以根据各邦立法建立大学，取消了中央政府批准建立大学的相关条款。1986年《国家教育政策》中明确规定对印度私立高校进行审核评估工作，旨在加强中央政府和邦政府对私立高校的管理权。1990年印度政府颁布了《教育政策令》，要求私立高校要根据市场人才需求增设理工类、经济管理类的相关课程。以上这些法律法规的制定促进了印度私立高校的可持续运行。在我国，关于民办高校的政策法规举不胜举，但是

没有达到落地有声，有的甚至被扼杀在摇篮中，可见其法制建设任重而道远。

（二）加大民办高等教育经费的投入力度

民办高校学生作为社会主义的建设者和接班人，享受公共财政的生均经费投入是应有的权利，是落实民办高校学生与公办高校学生享受平等法律地位的重要体现。[①] 目前我国对民办高校的生均补贴额度难以支撑民办高校发展的需求，公办高校的教育经费投入远高于民办高校生均培养经费的投入。在印度，私立院校的开支主要用于教职员工的工资，约有一半的家庭经济困难的学生无法顺利完成学业。为此，2008 年印度政府决定投入 226 亿卢比作为奖学金，惠及 52 万家庭经济困难的学生。印度政府从社会公平与效益的角度，对私立高校经费投入的举措，值得我们学习和借鉴。

（三）对民办高校实行分类资助

印度将私立高校分为两类，并对其采取分类资助的政策。在我国，民办高校分为营利性和非营利性两类。2002 年通过的《中华人民共和国民办教育促进法》规定对民办高校进行分类管理之后，随即以省级人民政府补贴的方式对非营利性民办学校进行资助，并确定了生均经费补贴标准。结合印度政府对私立高校资助的经验，建议我国结合各地方经济发展现状，因地制宜地制定相关政策法规，采取不同的方式继续加大对非营利性民办高校生均补贴比例，缩小其与公办高校的差距。虽然这种分类资助的方式有一定的倾向性，但是基于民办高校办学的可持续发展，不失为一种好的办法。

第四节 俄罗斯高等教育资助制度的特点与启示

教育是立国之本，教育作为国家重要的软实力，其发展直接影响着该国在

[①] 参见黄洪兰：《非营利性民办高校支持政策研究》，东北师范大学博士学位论文，2019 年。

国际政治舞台上的话语权。苏联解体后,为了与国际接轨,适应国家政治、经济、科技和社会发展的需要,俄罗斯联邦政府颁布了一系列法规文件,对高等教育进行全面改革。改革过程中,俄罗斯联邦政府在其民族传统文化的影响下,继承和延续了苏联对高等教育资助的模式,这为本土化的高等教育寻求了最佳途径,值得我国学习和借鉴。

一、俄罗斯高等教育体制改革的进程

自转型以来,俄罗斯挺过了最困难的时期,为支持高等教育发展的现代化进程,俄罗斯政府颁布和实施了一系列有关教育的法律法规,稳固了其高等教育在当今世界上的地位。

(一)高等教育体制发展的法律依据

苏联时期,依据教育领域的重要法令《苏联立法纲要》,来扩大高等教育的入学机会。《苏联立法纲要》中的"国民教育基本原则"规定:一切教学教育机构均为国立和公立性质。[1] 苏联解体之后,俄罗斯的高等教育改革为以私有制为主的多种所有制并存的模式。1992年颁布的《教育法》中规定社会和个人有权利办学,也可联合企业创办教育机构,国家已经不是举办教育的唯一主体,这是私立教育机构兴起的标志。

1994年颁布的《关于教育领域非国有化垄断法(草案)》进一步彰显了私有化政策在教育领域的影响。在俄罗斯,教育公平是社会公平的重要表现之一,保障教育公平被写进《俄罗斯联邦宪法》和《俄罗斯联邦教育法》。因此,《教育法》赋予私立教育机构与国立、地方教育机构诸多相同的权利和责任。私立教育机构获得国家批准后,其教育拨款不得低于所在地区的国立、地方教育机构标准,其非营利性的活动一律免去征税。这些法律法规的出台,大大促进了俄罗斯私立教育的蓬勃发展,2016年私立高校达到366所。

---

[1] 参见赵伟:《俄罗斯实现高等教育公平的障碍与解决政策》,《现代教育论丛》2019年第5期。

这种高等教育体制的改革，无论是从宏观还是微观上，都非常重视高等教育公平问题，此举打破了国家垄断教育的壁垒，开创了高等教育过程中各种权利平等的新格局。

（二）高等教育拨款模式的变革

20世纪90年代以来，俄罗斯高等教育经费拨款渠道更加多样化，不再依靠国家财政统一拨款，而是更多地引进了市场投资机制，既减轻了政府的经济负担，又为高等教育的改革注入了新鲜的血液。

1. 实行实名制国家财政券制度。俄罗斯联邦政府鼓励社会对高等教育进行全方位的投资，加大教育经费的投资比重。面对此种形势，普京总统于2000年初批准"俄罗斯战略：教育"计划，决定引入统一国家考试以取代传统大学入学考试，同时配套进行"实名制国家财政券"试验。[①] 2002年1月14日，俄政府通过了《关于2003—2004年试点以实名制国家财政券形式向某些高校拨款的决议》，其中确定了试点的条件和程序，并责成由教育部和财政部在试点期间制定试点高校拨款的方法，这标志着俄罗斯"实名制国家财政券"的试点正式开始。[②] 4月29日，俄教育部和财政部制定了《以实名制国家财政券向参与试点高校拨发联邦预算的规划与方法》，其中详细规定了国家发放实名制国家财政券、高校获取相应经费和学生支付学费的具体办法。[③] 2004年6月26日，俄政府通过了《关于2004年延长以实名制国家财政券形式向某些高校拨款试点的决议》。[④]

俄罗斯一些地区实行了国家财政拨款实名制政策，这打破了以往"一视同仁"的教育经费拨款的形式。与此同时，一些大学被迫提高自身的办学水平和人才培养质量，目的是为了吸引更多的优秀人才，打造大学的品牌，提升大学的威望，树立良好的教育形象，使其在高等教育领域更具竞争优势。

---

① 参见何雪莲：《千呼万唤始出来：俄罗斯大学生资助系统一瞥》，《比较教育研究》2006年第5期。
② 参见刘淑华：《实名制国家财证券：俄罗斯高等教育财政体制的可贵探索》，《比较教育研究》2005年第9期。
③ 参见廖彬彬：《俄罗斯高等教育财政政策及其实施研究》，厦门大学硕士学位论文，2008年。
④ 参见廖彬彬：《俄罗斯高等教育财政政策及其实施研究》，厦门大学硕士学位论文，2008年。

2. 高等教育办学主体多元化。俄罗斯联邦政府在国有化经济向私有化经济转轨的过程中,国家办学体制由单一形式向多元化办学形式转变,很多非国立大学迅速发展。苏联高等教育办学体制只有国立学校,没有非国立学校,办学形式较为单一化。当时的高等教育与计划经济密切相关,教育经费的调拨和使用均由政府部门主管。这种全民所有制高校管理的弊端是显而易见的,当教育与经济指标、技术问题相矛盾时,决策往往并不取决于教育规律,且学术管理成为行政管理的附属。正是这种办学制度的改革,使广大贫苦学生有更多的途径去改变自己的命运,进而形成教育公平的良好社会氛围,有利于国家的稳定和谐。

3. 扩招自费生来增加高等教育经费。俄罗斯通过扩招自费生来增加高等教育经费,并对高校的教学水平和教学质量提出了更高的要求。在俄罗斯,自费生分为两种,一种是在高校录取范围之外的考生,另一种是来自其他国家的自费留学生。1994—1998 年,俄罗斯联邦政府欠高校的经费达 11000 多亿卢布。[①] 政府拨给高校的资金只能满足高校所需费用的三分之一。处于社会转型期的俄罗斯,扩招自费生政策满足了没有通过竞试但又想接受高等教育的部分考生及家长的愿望,[②] 改变了俄罗斯高等教育经费原有的单一拨款模式,满足了高等教育公平发展的时代要求,满足了社会经济发展对各类人才的需求,对我国高等教育经费制度改革具有一定的启示。

4. 通过贷款来发展教育事业。获得世界银行贷款是俄罗斯高等教育经费来源的一个基本途径,它被用于俄国各层次的高等教育,以促进国家的经济发展和社会进步。近年来俄罗斯向世界银行提出的贷款申请很少通过。因为世界银行贷款申请的审批程序相当严格,有一项不符合要求,会被立即驳回贷款申请,因此被审查通过的寥寥无几。

---

① 参见陈先齐:《俄罗斯高教体制改革评析》,《比较教育研究》1998 年第 3 期。
② 参见许适琳、王烨姝:《俄罗斯"高等教育成本共同分担"学费制度改革及对我国的启示》,《现代教育管理》2011 年第 2 期。

二、俄罗斯高等教育资助模式

俄罗斯联邦政府对高等教育的资助旨在改善一些无吸引力部门或地区的人力供应状况，同时为学生提供财政支持，并减少政府的教育支出和风险。为了达到资助的初衷，实现对公民的教育资助，其资助所依靠的法律规范基础、资助手续的期限都有所差别。因此，我们通过俄罗斯对高等教育的直接资助、奖助学金和弱势群体资助的研究，借鉴一些经验。

（一）直接资助

俄罗斯联邦政府对高等教育的直接资助主要源于医疗、教育、农业、国防等行业的就业人口短缺现象。这些行业的人力资源短缺导致高等教育经费支出不断上升，俄教育官员提议引进政府资助计划。这类资助是国家直接提供给学生个人的资助，并与学生签订定向的人才培养协议，被资助对象需要按照培养协议中的规定到指定的岗位工作。如果学生违背协议中的规定，必须要偿还政府的资助，否则，此类资助便会成为学费贷款，而不是政府资助的全额拨款。

（二）奖助学金资助

为减轻高等教育费用给俄罗斯家庭带来的经济负担，让家庭贫困的大学生能够接受高等教育，俄罗斯联邦政府通过国家（市属）学术奖学金支持大学生，奖学金基本水平在 600 卢布左右。[①] 除此之外，专项奖助学金的增加额度因大学不同而有所区别。俄罗斯大学对学生奖助学金的支持依据学生的学习成绩来确定，资助资金包括学术奖学金和社会资助基金。社会资助基金按照一定程序指定发放给孤儿、伤残军人、残疾人、老战士的子女以及平均收入在最低生活费以下的大学生。俄罗斯大学生除各类奖学金外还可享受公费助学金政策，并且近几年助学金的总额还在不断增加。2012 年各大学总共向大学生和

---

① 参见赵伟：《俄罗斯实现高等教育公平的障碍与解决政策》，《现代教育论丛》2019 年第 5 期。

研究生拨付了助学金 230 亿卢布（约合人民币 45 亿元）。[①] 2018—2019 学年，大学生最低助学金达到 1633 卢布 / 人，加上社会助学金共计 2453 卢布 / 人。[②] 目前俄罗斯有 170 万人享受公费助学金，支付总额达 500 亿卢布（约合人民币 98 亿元）。[③]

（三）弱势群体资助

《俄罗斯联邦教育法》第五章中规定："为实现公民受教育权平等，需要得到社会资助的公民会获得国家全部或者部分资助，以支持其完成学业。"[④] 根据规定，俄罗斯政府对弱势大学生群体进行资助，并全部承担孤儿和无家长监护的儿童在教育机构里的生活费用和学习费用。对于资助对象、额度、数量等内容的界定，俄罗斯有相关明确的法律文件作为依据。例如，1995 年《俄罗斯有关残疾人社会保护的决定》出台，特别指出各级各类教育机构必须为残疾人及其家长提供相应的教育信息、教育大纲。这一法令的实施扩大了俄罗斯高校招收残疾人的比例，为残疾人接受高等教育做出了积极努力。

三、俄罗斯高等教育资助制度对我国的启示

（一）政府直接资助模式

沙皇俄国统治时期高等教育对劳动者阶层子弟入学限制过多，十月革命后，苏维埃政府明确高等院校需首先开放给工农子弟以及大众。因此，苏联在全国范围内构建起助学金制度，这也是当时备受关注的直接资助大学生政策。该模式具备两大特点：一是推进教育机会均等，主要是针对劳动阶层收入较低家庭，使其子女不受经济条件制约，能够平等接受教育；二是扩大高

[①] 参见秦璟：《俄罗斯 170 万学生将继续享受公费助学金》，《世界教育信息》2013 年第 9 期。
[②] 参见 Стипендия для российских студентов в 2019 году, https://fin2019.com /cash/stipendiya-v-rossii-2019/, 2019-05-18.
[③] 参见赵伟：《俄罗斯实现高等教育公平的障碍与解决政策》，《现代教育论丛》2019 年第 5 期。
[④] 赵伟：《俄罗斯实现高等教育公平的障碍与解决政策》，《现代教育论丛》2019 年第 5 期。

等教育规模，主要是满足社会经济发展对人才的需求。在这种政策背景下，我国"以俄为师"，引入苏联"保障工农受教育权和国家人才培养"的资助理念。这对我国的资助政策形成有着很重要的借鉴意义，同时促进我国资助政策的进一步发展。

（二）高等教育经费按比例发放

随着实名国家财政券制度的实行，俄罗斯一些高校的教育发展越来越好。这些学校在这种制度实行之前就赢在了起跑线上，他们早早地将大量高分考生"收入囊中"，从而获得了大量的教育经费。同时，这也促进了此类高校提高教育质量、师资力量、软硬件设施等。因此，这也在倒逼其他高校进行录取条件、教育教学质量等相关制度的改革，进而来扩大招生，吸引高分考生报考，尽可能多地获得教育经费拨款。在这种机制的作用下，社会整体的教育水平短期内上升到了一个新高度，国家的软实力也得到了提升，涌现出越来越多的杰出人才，推动俄罗斯社会飞跃式发展。可见，一个惠国惠民政策的施行，既要从本国的国情出发，又要执行有力。虽然中国和俄罗斯国情不一样，但是我们可以借鉴俄罗斯的高校教育资助制度来推动我国高等教育资助制度的改革。根据各个高校的发展实际状况进行教育经费的资助拨款，实现资源的合理有效配置，从而实现良性竞争。这对提高社会整体的教育水平和全民素质都是良好的催化剂，更有利于建设社会主义和谐社会。

（三）高等教育"市场化"机制改革

俄罗斯高等教育资助市场化机制，既有一定的积极作用又带来了一系列消极的连锁反应。高等教育完全市场化，必将导致教育变质，它就不再是单纯地以培养人才为目的来为国家建设效力，而更多的是关注于利润和收入。举个例子，在俄罗斯如果哪个行业带来的经济效益多，国家和高校就着重培养相关行业的人才，这样就会打破原来的教育格局，冲击教育行业的发展模式，使得大众盲目跟风。高等教育市场化机制的改革，使家庭条件较好的学生可以通过购买一些教育资源来学习，但是家庭贫困的学生就面临着学习受限。他们没有经济条件去购买相关的学习资料，很多专业他们也没有条件去选择，因此他们进入高校学习就受到了市场机制的限制。这种机制如果长时间地实行下去，会有越来越多贫苦学生因为无法接受高等教育进入社会就会出现两极分化现象：富家子弟会越来越优秀，寒门士子辛苦劳作。虽然工作没有高低贵贱之分，但工作本身的性质不同，带来的社会效益也不同。所以我国要适当利用"市场化"机制，政府要进行科学合理的宏观调控，把"无形的手"和"有形的手"结合起来，让高等教育资助制度惠及更多需要帮助的学生。当然，这并不是一蹴而就的事情，需要在实践中发现问题、提出问题、解决问题，最终使我国的高等教育资助制度越来越完善。

第五节　比较研究的基本结论

纵观英、美、日、韩、印、俄六国的高等教育资助制度，我们从资助政策的历史发展脉络、资助理念形成的理论依据、资助模式的特点、高等教育改革的进程等方面进行分析比较，得出一些启示，这对我国高等教育资助制度的完善有着重要的借鉴价值。

一、立法有依，落地有声

我国高等教育资助制度改革，应从立法的角度加大力度。出台相关法律法规，设置独立的资助管理机构，明确资助责任主体，科学核算资助成本，简化资助贷款流程，建立多元化还贷方式，调动想贷款上学的家庭经济困难学生及家长的积极性。对家庭经济困难的学生，以"出口"为政策导向，在就业方面给予政策的适当倾斜，构建有中国特色的大学生资助政策体系。

二、理念多样，层次分明

国外混合多元的资助体系给我国也提供了一些可以借鉴的实践启示。这种资助体系的形成，源于强大的理论支撑形成的独具特色的资助理念，从宗教到人本主义，从教育机会均等到成本分担，在多样化资助理念的指引下，资助对象层次分明，既保障了社会和谐稳定，又帮助家庭经济困难的学生顺利完成学业，为资助工作顺利开展打下坚实的理论基础。

三、诚信为本，高效灵活

高效灵活的助学贷款回收机制对我国资助体系的完善具有借鉴意义。规范诚信系统，加大高效诚信教育，建立延迟还款的人性化机制，加强贷款风险的防范机制，以立法约束追债系统，保障资助金额的良性运转。对于诸多因工作繁忙而无法及时还款，或是因确有困难难以及时还款的人员，实行灵活的延期还款机制；对国家有巨大贡献的家庭经济困难学生，还可以实行减额还款政策，这样会兼顾社会的效率与公平。

四、放宽资格，严格审查

我国资助政策应对资助对象扩大至所有的高等教育机构。资助贷款的项目也应支持学生的非学费性支出，如住宿费、交通费、考试费等。这种政策的实施可以基于法律法规的约束进行规范操作，严格审查。同时建立健全的金融管理体制和风险保证金机制，分散贷款风险，提高贷款回收率。这对于国家资助政策的完善而言，实践意义极为突出，会使高等教育的资助惠及更多的学生，使越来越多的学生迈入大学的大门，用知识改变命运、创造未来，从而为家庭、为国家、为民族创造意想不到的价值。

综上所述，高等教育资助制度的改革不是一朝一夕就可以做到尽善尽美的，这需要慢慢地探索，从实践中获得正确的认识，并科学地指导实践，完善相关的机制。正所谓"路漫漫其修远兮，吾将上下而求索"。我国是社会主义国家，出台政策要从国情出发，既要借鉴先进的经验，又要惠及民生，普适大众化教育现状。这样我国的高等教育资助制度才会不断地臻于完善，助力高等教育竞争水平再上新台阶。

第四章　我国大学资助文化建设的现实困境

必须承认，大学资助文化同其他文化一样，都具有重要的育人功能。然而，在传统的大学文化建设范畴内，资助文化建设鲜被提及。总结当下大学资助文化建设的现实困境，主要体现为资助文化主体地位不突出、大学教育理念中资助文化内涵未充分彰显、大学资助文化育人环境未得到优化、大学资助文化建设体系不够完善。

第一节　资助文化主体地位不突出

与中华优秀传统文化、革命文化、社会主义先进文化相比，甚至与校园文化建设相比，大学的资助文化建设显得无足轻重，其主体地位不够突出。

一、政府层面

（一）高屋建瓴的顶层设计不够健全

学生资助工作是一项涉及人员广、系统性强、复杂程度高的工作，具体工作流程和实施操作涉及多项政策法规和多种具体情况，各地、各校、各院系及各个学生具体经济状况，都有不同表现，甚至是千差万别。虽然经过多年的努力，国家已经建立起了以政府为主导、学校和社会积极参与的覆盖学前教育到研究生教育的学生资助政策体系，实现了各个学段全覆盖、公办学校和民办学校全覆盖、家庭经济困难学生全覆盖的"三个全覆盖"，从制度上保障了不让一个学生因家庭经济困难而失学。但将资助作为一种文化加以建设，政府在顶层设计和统筹谋划等方面需加大力度。

顶层设计就是"运用系统论的方法，从全局角度出发，对某项任务或者某个项目的各方面、各层次、各要素统筹规划，以集中有效资源，高效快捷地实现目标。其主要特征有三个方面：一是顶层决定性，顶层设计是自高端向低端展开的设计方法，核心理念与目标都源自顶层，因此顶层决定底层，高端决定低端；二是整体关联性，顶层设计强调设计对象内部要素之间围绕核心理念和顶层目标所形成的关联、匹配与有机衔接；三是实际可操作性，设计的基本要求是表述简洁明确，设计成果具备实践可行性，因此顶层设计成果应是可实施、可操作的"[①]。政府处于资助文化建设的顶层和高端，但并未完全发挥对"各方面、各层次、各要素统筹规划"的重要作用。

一方面，资助文化的概念没有得到官方正式认可。在我国现有的文化概念中，资助文化很少被提及，官方也并未将资助文化作为一种文化予以承认。本书第一章专门论述了大学资助文化的内涵与功能，目的就是想为资助文化"正名"，以期引起政府重视，让资助文化正式步入文化行列。

另一方面，对资助育人工作的顶层设计不够。资助文化应当以资助工作为载体，对学生开展三观教育、感恩教育、诚信教育、责任意识和专业技能培养，其育人功能十分明显。纵观我国资助工作发展，多侧重资助工作管理，对其育人功能的认知明显不足；虽然近几年在大思政背景的影响下，政府对资助育人工作有足够重视，也多次强调要发挥资助的育人功能，但政府在如何实现资助的育人功能方面，缺少科学的顶层设计和高屋建瓴的指导性文件。

（二）积极高效的主导作用不足

资助工作历来为我国各级政府高度重视，中央和地方政府在资金投入、认证把关、资助管理、资金发放等具体工作中发挥了重要作用，但积极高效的主导作用却未得到充分发挥。在当前精准扶贫的大背景下，政府不断加大资金投

[①] 陶家忠：《论学校工作中顶层设计的重要性》，《中学课程辅导（教师教育）》2016年第17期。

入，但在主导作用方面未能发挥政府独有的优势，特别是构建职能部门、学校、社会、家庭"四位一体"的协同工作机制上，主导作用发挥不突出；在推动政策制定、组织实施、督导考核方面，未能充分发挥主导作用。具体表现在四个方面：

一是传导压力方面。大学是落实国家资助政策的主阵地，是推进大学资助文化建设、最大限度实现资助育人目标的主体。但对于大学的落实落地情况，政府扮演着业务指导的角色更多，传导给高校的压力明显不够，导致高校资助工作干好干坏一个样，优劣无别。

二是引导关注方面。资助文化建设虽然以高校为主体，但社会、家庭的关注程度、支持力度也至关重要。政府应积极引导社会力量关心和支持大学资助文化建设，进而引起全社会关注，应积极引导每个家庭主动参与、正确参与大学资助文化建设。而实际上，政府在这方面的努力成效仍显不足。

三是疏导症结方面。大学资助文化建设既有自上而下的推动，又有"前后左右"的相互影响，事涉教育、科研、文化、财政等各个领域；从实际状况来看，大学资助文化建设经常面临各种复杂因素制约，仅凭高校一己之力难以完全解决，亟须政府主动疏导症结、解决问题。然而，这本身也是"症结"所在。

四是督导成效方面。客观地说，各级政府一直致力于贯彻落实党中央精准扶贫、精准脱贫的战略部署，一直积极推动资助工作力度，成效也日益显著。但政府自上而下的督导、政府对高校落实国家资助政策的督导尚显不足，对国家的好政策是否正确落实督导不够，导致"不当资助"的现象时有发生。

（三）统筹协调作用发挥不到位

统筹协调是指洞察事物、工作谋划、整体部署、衔接沟通、整合协调和创造性思维等方面的能力。解决好思想认识问题是搞好统筹协调的关键。政府在资助育人工作中，除了要扮演顶层设计者和主导者的角色，同时还要发挥统筹各方、协调各方的作用。首先是统筹相关职能部门，共同做好资助育人工作的顶层设计；其次是指导下级政府，组织实施好资助育人工作，如家庭经济困难学生的认定工作，需要延伸到基层组织；第三是指导高校开展好资助育人工作，协调相关部门帮助高校解决工作困难。

客观地说，政府一直致力于发挥好统筹各方的作用，但受到"各自为政"思维的影响，统筹作用的发挥不到位。一方面，各职能部门的主责主业中，资助育人和资助文化建设工作不在其列，对此项工作的重视程度不高，投入的精力不足，即便上级政府有心推动，但落实起来还是面临各种压力和困难；另一方面，各职能部门有时会存在推诿扯皮现象，在资助育人和资助文化建设工作中，主动承担、主动作为的积极性、自觉性还有待加强。鉴于此，政府仍需要在统筹协调方面下大力气。

二、学校层面

学校是贯彻落实国家精准资助政策、组织实施资助文化建设和资助育人工作的主阵地，肩负着资助文化建设的顶层设计、组织实施、督导考核等重要任务，发挥着承上启下的重要作用。但在具体实践方面，学校仍存在一些不足。

（一）未列入大学中心工作加以谋划

2017年，中共中央、国务院印发了《关于加强和改进新形势下高校思想政治工作的意见》，《意见》指出："高校肩负着人才培养、科学研究、社会服务、文化传承创新、国际交流合作的重要使命。"《中华人民共和国高等教育法》规定："高等教育的任务是培养具有社会责任感、创新精神和实践能力的高级专门人才，发展科学技术文化，促进社会主义现代化建设。"[①] 党的教育方针政策和国家的法律法规，对高校的使命和中心工作都做出了明确规定。高校遵照法律法规、政策制度，结合地方经济社会发展的实际、学校办学和人才培养的实际，对自身的中心工作都做了科学谋划。

培养什么样的人、怎样培养人，一直都是高等学校和高等教育工作者反复

---

① 全国人民代表大会常务委员会：《高等教育法》，2015年12月27日。

思考的问题。不同的大学有着不同的办学定位，但培养合格人才的目标都是一致的。复合型人才、专业型人才、创新型人才、通用型人才等，都在不同大学的办学目标中出现过，他们围绕不同类型人才的特点，制定了符合人才培养规律的教育教学规划、科学研究规划、思想政治教育规划等，确保人才培养目标的实现。

每个学生都承载着一个家庭的梦想，家庭经济困难的学生尤其如此，他们的成长成才更是千万个家庭的梦想。但资助工作、家庭经济困难学生的成长成才，在大学的中心工作中从来不是占据主要地位，有些甚至连一席之地都没有。对此，我们专门统计了2015年至2017年国内30余所不同层次高校制定的年初学校工作要点，制定的重要工作涉及党的建设和思想政治教育、教学工作、科研工作、干部人事工作、学生与创新创业工作、后勤工作等，但将资助育人工作加以重点阐述要点的为零，在学生工作部分提到实施"精准资助"的仅为3次。虽然数据不够丰富，但也可窥见一斑，资助育人工作与其他中心工作相比，其地位还不够高，还未被纳入学校中心工作加以谋划。

（二）未纳入大学文化建设加以规划

习近平总书记在党的十九大报告中指出，文化是一个国家、一个民族的灵魂。报告强调："没有高度的文化自信，没有文化的繁荣兴盛，就没有中华民族的伟大复兴。"[1] 吴勇在《大学文化》一书中讲道："大学文化，是大学思想、制度和精神层面的一种过程和氛围；是理想主义者的精神家园，是大学里思想启蒙、人格唤醒和心灵震撼的因素的结合体，是知识、能力、人格的升华和结晶。一般来说，大学文化主要包括精神文化、制度文化、行为文化、形象文化等方面的内容；精神文化是大学文化的核心，它由大学的学科特色和知名学者的品格、气质和创造力孕育而成，集中体现了一所大学的性格、办学理念和精神追求；制度文化是大学文化的基础，它包括大学的管理制度、行为准则、岗

---

[1] 习近平：《决胜全面建成小康社会 夺取新时代中国特色社会主义伟大胜利——在中国共产党第十九次全国代表大会上的报告》，《人民日报》，2017年10月28日。

位职责、校风学风等；行为文化是指师生员工在从事教学、科研、学术交流、生活娱乐等活动中形成的文化，它是办学理念、精神状态的动态体现；形象文化是大学文化的外部表现形式，它体现了大学的文化品位和格调，反映着师生员工和社会对学校办学、教学与科研成果、学术水平等的整体评价。"[①]

近几年来，随着国家对文化建设与发展的高度重视和大力投入，高校推动文化建设与发展的自觉不断增强。一方面，高校发挥自身优势，对开展文化建设与发展的理论研究不断升温，成果不断涌现，各级别的社科基金立项中，文化专项不断增多，产生的文化类专著、论文呈现规模化发展；另一方面，高校结合人才培养的实践，以大学文化建设为主题，开展了如校史文化、校园文化、公寓文化、院系文化等多种形式的实践，校园内呈现了"处处皆文化、事事皆文化"的生动局面。

应该说，无论是大学对文化建设的顶层设计，还是对大学文化建设的具体投入和生动实践，大学文化建设和发展的确得到了长足进步。但通过梳理，我们也能清晰地看到，大学组织实施的各种文化实践中，独缺资助文化！论其根源：一是对资助文化内涵及其功能认知不到位，主观上对资助文化这一概念缺乏认同；二是对大学文化建设的顶层设计，未能全面梳理哪些是"真文化"，哪些是"伪文化"；三是对资助工作的文化属性和育人功能重视不够，资助工作倾向于经济帮扶，扶志扶智、促进经济困难学生全面发展方面的工作成效不够突出。

（三）未充分重视机构编制与队伍建设

建设一支政治素质强、业务能力精的资助工作队伍，对推进资助文化建设尤为必要。原教育部部长陈宝生曾在《人民日报》发表署名文章，指出"要进一步提高资助队伍的执行力。各地各校要在现有机构设置及编制范围内统筹调剂，确保在机构设置、人员配备方面适应和满足学生资助工作需要。要加强对资助工作人员政策理论、业务技能培训，提高资助工作人员的政策理论水平和

[①] 吴勇：《大学文化》，中山大学出版社2010年版，第2页。

执行力"①。

通过调研和梳理，高校在资助管理机构和资助工作队伍建设方面明显存在薄弱环节。主要体现在三个方面：

一是机构设置相对薄弱。对资助工作重视程度不同，高校对资助管理机构的设置主要有四种方式：有些设置为独立的正处级单位，这种情况非常罕见；有些设置为副处级单位，挂靠在学生管理部门，这种情况也不多见；有些设置为科级单位，隶属学生管理部门，这种情况较为常见；有些和其他学生管理的科级机构合并办公，两个机构、一套人员，这种情况也不少见。从这些情况来看，和思想政治工作、心理健康教育工作相比，资助工作管理机构设置比较薄弱。

二是专兼职人员配备不足。除了独立的处级建制的资助管理机构外，学校层面一般配备的专职资助工作人员为1—2人，负责全校经济困难学生的资质认定、助学金评审和发放、勤工助学、其他各类资助工作等，日常管理工作任务繁重，资助教育工作无从谈起。学院层面，从事专职资助工作的人员几乎没有，一般都是辅导员兼任；稍显进步一些的做法，是资助工作由学院的学生工作副书记或学工办主任亲自组织实施。

三是资助工作业务培训少。一方面是对资助工作业务培训的重视程度不够，或缺少专门的资助工作业务培训，或是在学生工作培训中增加关于资助工作的专题；另一方面即使有培训，也比较重视具体业务的培训，而对资助育人、资助文化建设方面的引领力度不够。

三、院系层面

院系是贯彻落实上级党组织关于资助育人工作的主体，是开展资助文化建设、实施资助文化育人的主体，是探索和创新大学资助文化建设载体的主体，其重要作用不言而喻。但受到主客观因素的影响和制约，院系在资助文化建设

---

① 陈宝生：《进一步加强学生资助工作》，《人民日报》，2018年3月1日。

层面发挥的作用并不突出。

（一）主责意识不强

院系是大学的基本组成单位，是贯彻落实党的教育路线方针政策的基础力量。现代大学制度的一个重要创新，就是对院系一级权力机制的改革上，赋予院系办学治校、人才培养的主体地位，这是推动高等教育发展、提升学校办学层次的重要手段。因此，院系在推动教学科研、人才培养、国际合作等方面，都较好发挥了主体作用；院系党组织在党的基层组织建设、思想政治教育、意识形态等方面具有较强的主责主业意识，且措施得力、成效显著。但资助文化建设方面，无论是院系的党组织还是行政力量，都存在主责意识不强的问题。

一是重视程度不够。实事求是地讲，受上级组织和部门的影响，高校的院系对资助工作的重视程度远不如对党的建设、教学科研、学科建设等工作，党的建设与思想政治教育工作成为院系党组织书记的主责，教学科研、学科建设成为院长、系主任等行政负责人的主责；但资助文化建设和资助育人工作，则没有在院系党政负责人那里得到足够重视，他们主观上没有将此项工作提到应有的高度。试想，一项不被院系党政负责人重视的工作，其建设与发展成效很难有突破和提高。

二是规划设计不够。院系党组织会议、院系党政联席会议是研究院系发展和重大重要事项的议事决策机构，这两个会议具有特殊的重要地位，在院系召开的频率也比较高。经过抽样调查研究，高校院系通过党组织会议、党政联席会议专题研究规划资助育人工作的为零，这两个会议涉及资助工作的一般只有"研究国家助学金评审"这一议题。由此可见，与党的建设、教学科研、学科建设等工作相比，资助文化建设工作在院系层面的规划设计存在很大差距。

三是指导落实不够。院系学团机构、学生工作干部、学生自组织具体负责资助工作的组织实施，从贫困生认定、资助名额分配到资助对象的评审，他们是政策的执行者。但受执行政策的能力、把握客观公正原则的态度等因素影响，资助工作能否达到预期效果则很难完全得到保证，这就十分需要院系的指导与把关。从日常工作实践来看，院系指导及时到位的，其资助育人工作无论形式还是内容，都能较好地实现预期目标；反之亦然。但实际上，多数院系存在指导落实不够、工作成效不佳的问题。

（二）"三全育人"格局不健全

构建全员育人、全过程育人、全方位育人的"三全育人"格局，是实现大学人才培养目标、推动人的全面发展的重要保证。与思想政治教育的三全育人格局相比，资助育人的三全育人格局则显得不够健全。

一是全员参与程度不够。培育人的工作，全员参与总比部分参与的效果要好。对经济困难学生的教育培养而言，更多、更广泛的人员参与，能让学生感受更多的温暖与爱，其感恩之心也会随之增加。在具体实践工作中，参与资助育人工作的为少数，一般以学生工作辅导员为主，院系的领导干部、专任教师则参与得较少。不仅如此，家庭经济困难学生所在班级、寝室的同学，也应成为资助育人工作的重要参与者，但院系在教育引导他们关心、帮助贫困生方面所做的努力还不够，全体学生参与资助育人工作的积极性不高。而全体学生参与资助育人工作，无论是对贫困生来说，还是对非贫困生来说，都具有不同程度的教育意义。

二是全过程贯穿不够。资助工作的每个环节都可以开展富有教育意义的主题活动，但院系在具体实施过程中，重视过程管理、忽视过程育人。如在家庭经济困难学生资格认定环节，未能适时开展诚实守信教育；在奖助学金评审环节，未能适时开展公平正义教育；在确定资助对象环节，未能适时开展原则底线教育；在发放各类奖助学金环节，未能适时开展知恩感恩教育；在选树典型环节，未能适时开展励志奋斗教育。诸如此类的教育活动，应当贯穿于资助育人工作的全过程，应当发挥其应有的教育效果，但在具体组织实施和实际成效上不尽如人意。

三是全方位育人覆盖不充分。对贫困生的教育培养不能仅仅依靠资助这一种方式，应当充分利用各种教育载体让学生接受教育。院系应当为他们的成长成才搭建唱戏的舞台、设置展示的平台，创造机会让他们接受针对性更强的学业专业教育、能力提升培养、职业生涯规划、就业创业教育，让他们获得更多人生出彩的机会。但在具体实践中，大学全方位育人的思路不够开阔、办法不够新颖，收效也不够明显。

（三）工作方式方法创新不足

自 2007 年以来，国家不断完善和优化资助体系，通过各方的不断努力，逐渐形成了"奖、勤、助、贷、补、缓"六位一体的资助体系。全国各高校通过开展国家奖助学金、国家助学贷款、勤工助学、绿色通道、基本医疗保险、征兵补偿、困难补助、重大疾病救助、感恩教育、诚信教育、励志教育等一系列工作，实现对家庭经济困难学生的应助尽助和教育培养。

应当说，这些工作有力推动了资助育人工作，但随着网络新媒体发展、各种思潮涌现，大学生的三观受到冲击和影响，给资助育人工作带来新挑战，固守原有的工作方式已经不能适应新的形势变化。如缺少对大数据的灵活运用，在精准认证方面仍显不足；缺少扶贫与扶志相结合的工作方式，在精准施教方面缺少针对性；缺少科学合理的监督工作手段，在精准跟进方面缺少充足依据。因此说，固有的工作方式方法如果不加以改革创新，我们的资助育人工作成效很难有更大突破。

四、学生层面

学生是资助文化建设的参与者和建设者，也是资助文化建设理论的实践对象。无论是贫困生，还是非贫困生，他们都在资助文化建设中发挥各自的作用。但深入学生，我们会了解到，他们对资助文化这一概念的了解和认知非常缺乏，参与资助育人工作、推动资助文化建设主动性也不强。

（一）对资助文化作为传统文化传承的认识不够

资助文化概念的提出，以及它与中华优秀传统文化的关系，我们已经在第一章进行了论述，目的是想将资助文化纳入大学文化建设范畴，让更多人了解资助文化及其育人功能。

且不论当下大学生对资助文化的认知,仅就中华优秀传统文化而言,当下大学生的认知也不够。主要原因包括全社会弘扬中华优秀传统文化的力度不够、学校开展中华优秀传统文化教育的力度不够、学生自身对中华优秀传统文化缺乏浓厚兴趣、学生专注专业学习而无暇关注中华优秀传统文化等。对中华优秀传统文化的认识尚且如此,那么对资助文化的核心内涵以及资助文化对中华优秀传统文化的继承关系的认识则更加缺乏。

(二)参与和推动资助文化培育的主动性不强

对于家庭经济困难学生而言,受自尊心影响而不愿意公开参与资助育人工作的大有人在。依据心理学研究结果,自尊心和自卑心通常都会影响到家庭经济困难学生参与资助工作的积极性,多数人克服不了心理障碍,主观上排斥和抗拒。

对于非贫困学生而言,他们或觉得事不关己高高挂起,不愿意了解和参与资助文化建设;或觉得应当顾及身边家庭经济困难学生的隐私、自尊等,拒绝参与资助文化建设。

这两种心态,或者说是认识,其实忽视了资助作为一种方式,其最终目的是实现育人效果;而推动资助文化建设,其目的是为了更好地实现育人效果。

第二节 大学教育理念中资助文化内涵未充分彰显

中国特色社会主义大学,其办学宗旨和意义就是要把立德树人作为教育的根本任务,为国家的建设和发展输送有用人才,这是党中央对于教育根本任务的新概括,也是新时代赋予大学的重要使命。围绕这一根本任务,高校积极强化思想政治教育工作、全面深化教育教学改革、深入推进科研产业一体化、全力推动高校人事制度改革等,这一系列重大举措都充分彰显了中国特色社会主义大学的办学理念。

立德树人是高等教育的使命,适用于每一个学生,对于家庭经济困难学生而言，我们更应精准施策，为他们的全面成长成才铺路搭桥。然而，我们当下的大学教育理念未能全面重视家庭经济困难学生心理素质、文化素质和道德素质的培养，这显然不利于资助育人工作目标的完全实现。

一、重教学以增长知识，轻心理素质培养

（一）教学与知识

《现代汉语词典》定义：教学是"教师把知识、技能传授给学生的过程。"[①] 由此可见，教学可以帮助人们学习知识、提高技能，尤其是知识的获得，教学是最为直接的方式。

教学活动，使学生获得知识，培养了社会责任感和创新精神、实践能力，实现全面成长成才。因此，教育教学质量是高校的生命线，优质的教学质量和教学体系在实现人才培养目标过程中，起着重要的基础性作用，高校坚持对本科教学的优先投入，始终确保教学中心地位，也是基于教学这一系列重要作用。

（二）心理素质培养的意义

关于心理素质，有许多学者在其著作或者文献当中有不同表述，综合来看有以下几种观点。教育心理学家张大均教授认为："心理素质是以生理条件为基础的，将外在获得的东西内化成稳定的、基本的、衍生性的，并与人的社会适应行为和创造行为密切联系的心理品质，它由认知因素、个性因素和适应性因素三个方面构成。"[②] 肖汉仕教授认为："心理素质是在遗传基础之上，在教育与环境影响下，经过主体实践训练所形成的性格品质与心理能力的综合体现；其中的心理能力包括认知能力、心理适应能力与内在动力；对内制约着主体的心理健康状况，对外与其他素质一起共同影响主体的行为表现。"无论是哪种

[①] 《现代汉语词典》，商务印书馆 2002 年增补本，第 640 页。
[②] 王鑫强、张大均、张雪琪：《简明大学生心理素质量表（健康版）的修编及信度检验》，《西南大学学报》（自然科学版）2017 年第 8 期。

定义表述，一个基本共性就是，心理素质对人的内在心理和外在行为都有十分重要的作用。对于青年大学生来说，良好的心理素质是他们全面成长成才的基础，具有十分重要的意义。

良好的心理素质是大学生实现全面发展的基本要求。大学生在校期间的学习教育活动、走上工作岗位从事社会活动，离不开良好的心理素质。心理亚健康，谈不上是全面发展的，也很难实现更高的发展目标。所以说，实现德智体美劳全面发展，健康稳定的心理素质是基本要求。

良好的心理素质有助于大学生克服不良的性格习惯。大学的学习生活环境和高中阶段大不相同，具有良好心理素质的学生进入大学之后，能尽快调整状态、适应大学生活，摆脱对父母的依赖性；能积极融入大学校园，以乐观的心态接受自己的专业和同学以及大学环境，能以主人翁的态度科学规划大学生活。而心理素质不好的，则长期难以适应。

良好的心理素质是大学生取得事业成功的坚实基础。随着就业创业压力与日俱增，毕业可能失业的压力一直给大学生的心理带来困惑和不安。具有自立、自强、自律等良好心理素质的大学生，能主动提高社会交往能力、适应复杂环境的能力和科学抉择的能力。即便面临困难与挫折，也能以过硬的心理素质主动适应，从而为获取下一个更大成功奠定坚实基础。

（三）经济困难学生更需要健康的心理素质

毋庸置疑，寒门贵子皆有优秀的品质和吃苦耐劳的精神。但家庭经济困难的残酷现实也给部分贫困大学生造成心理上的打击，诱发心态失衡，致使他们成为心理健康的弱势群体。清华大学一项研究，将家庭经济贫困的学生出现的心理问题归纳为三个方面。

一是强烈的自卑意识和失落感。自卑源于不自信，以一种悲观的情绪看待自己的处境。经济上的拮据使这类学生容易在学习和社会交往上或多或少地进行自我否定，为自己是弱势群体而感到自卑。这类学生生活节俭、学习认真，但是由于成长和教育的环境不同，以及教育资源的不均衡发展，他们往往知识面较窄，学习上有困难。他们大多性格内向、少言寡语，遇到打击容易产生自卑意识。

二是迷茫的择业心态和恐惧感。随着社会的发展，家庭经济困难学生在择业就业方面有很大的心理压力和恐惧感。由于对社会认知的片面，认为自身没有经济支撑，也没有人脉的协助，很难找到合适和理想的工作。求职时往往比较迷茫，且对工作的期待值不是很高。

三是敏感的人际关系和孤独感。家庭经济困难学生在心理认知上表现出对人际关系极度敏感，经济上的弱势迫使他们不愿意投身到集体活动当中，也不愿意参加各类学生组织。他们往往自我封闭、交往面狭窄，在平时的学习和生活中不愿意成为令人瞩目的焦点。

从工作实际来看，因家庭经济困难产生的心理问题，占大学生中心理健康异常较大比重；家庭经济困难学生中，具有潜在或显在的心理问题的也不在少数。由此可见，关注家庭经济困难学生的心理健康尤为重要。

（四）重知识轻心理的成因及危害

综合各类理论与实践研究成果，高校忽视心理健康教育的原因主要有五个方面。一是自上而下重视程度不够，缺乏科学系统的心理健康教育工作体系。二是执行国家政策力度不够，对心理健康教育工作的总体投入不够。三是缺少专业化高素质的心理健康教育工作队伍，人员配比达不到国家规定标准。四是心理健康测评体系和心理健康问题鉴定的精准化、精细化水平不高，难以发现潜在的心理健康问题。五是心理健康异常学生自身问题，主观上回避。

忽视心理健康教育工作对心理健康异常学生来说是极不负责任的，其产生的危害也特别巨大。生理上来说，心理异常的学生会表现出身体免疫力下降、胸闷头晕、失眠、食欲不振、胃部不适、敏感、紧张等，易引起各种疾病甚至是死亡。情绪上来说，容易感到焦虑、恐惧、抑郁、愤怒、沮丧、紧张、绝望、烦躁等。认知方面，感知功能可能受损，易出现记忆力减退、思维反应迟钝、认知不合理等现象。行为方面，容易为排解和减轻痛苦感而采取一些防御手段，如注意力不集中，回避他人与困难，对自己或他人做出破坏性行为，如自戕、伤人。这些危害及其造成的严重后果时有发生，令人痛心惋惜。

二、重科研以提升创造力，轻文化素质培养

（一）科研与智力

中国国家教育部定义的科研是指为了增进知识包括关于人类文化和社会的知识以及利用这些知识去发明新的技术而进行的系统的创造性工作。《现代科学技术基础知识》定义的科研有"反复探索"的意思，英文叫"research"，其中前缀 re 是"反复"的意思，search 是"探索"的意思；科学研究的内涵包含整理、继承知识和创新、发展知识两部分。

无论是哪一种定义，科研都有一个关键要素，即"创造"。由此可见，科研是提升人们探索世界、创造事物和创新发展的重要途径。创造力是人类思想进步和身体演化过程中逐渐产生的一种特有的综合性本领，是产生新思想、发现和创造新事物的动力和源泉，是人们成功完成某项创造性工作必须具备的心理品质。

如果说教学是高校的生命线，是立校之本，那么科研则是高校的强校之本。实践证明，科研是高校培养优秀人才的重要方法，是提高高校师资队伍素质的重要途径，是高校发展和传播科学文化的重要方式，是加强专业建设和学科建设的重要手段，是培养具有强大创造力和创新精神的人才的重要保障。因此，高校始终把科研摆在与教学同等重要的地位，其重视程度、支持力度与教学工作不分伯仲。

（二）文化素质培养的意义

文化素质反映的是一个人在文化方面的基本知识和综合素养，对人的日常行为起到潜移默化的影响。培养大学生文化素质有利于提高大学生的文化品位、审美情趣、人文素质和科学精神，是促进大学生全面发展、培养复合型人才的重要举措，具有十分重要的意义。

对大学生文化素质的培养，可以为创新型人才培养提供重要的文化基础。创新人才不但要具有超越常人的创新思维和创新能力，同时需要扎实深厚的基础知识；而文化素质培养，则可以弥补专业教育的不足，为大学生获得丰富的

文化知识、有益的思维启发奠定重要基础。也就是说文化素质培养可以让创新型人才形成基本的文化知识储备。

大学生文化素质培养有利于学生形成创新思维、提高创新能力。大学生文化素质培养能帮助学生打破传统思维模式、建构起科学的思维模式，有利于学生获得优越的创新思维平台和丰富的想象力，这些最终能帮助学生更广更深地认识世界，深刻地进行创造性研究，创造性地改变世界。

大学生文化素质培养是大学文化建设的重要组成部分。大学文化建设的一个重要目的就是培养大学生的文化素养，让全体大学生成为有文化的人。因此说，大学生文化素质培养是大学文化建设的应有之意，是大学文化建设与繁荣必不可少的内容。

（三）大学生文化素质培养与资助文化建设

如前文所述，大学生文化素质培养是推动大学文化建设的需要，是重要的组成部分。前面章节已经论述，资助文化建设属于大学文化范畴，从这个意义上来说，大学生文化素质培养与资助文化建设具有十分密切的关系。

1. 二者均以学生为主体。大学生文化素质培养立足于全体大学生的文化素养提升，是以全体学生为对象实施的文化活动。资助文化建设主体是家庭经济困难学生，是通过资助文化建设达到育人目标的文化教育活动，其内涵与本意可以延伸到全体学生。

2. 二者均对大学文化建设具有重要的促进作用。无论是大学生文化素质培养，还是资助文化建设，其共同路径都是在大学校园里营造浓厚的文化氛围、开展丰富多彩的文化活动，实现文化潜移默化的育人效果，推动大学文化建设与发展。

3. 二者可以相互促进、相互影响。同样是文化活动，大学生文化素质培养可以结合家庭经济困难学生不同文化需求，开展特色的文化素质培养活动，进而促进资助文化建设。反过来，资助文化可以凭借其丰富的建设内涵，拓宽大学生文化素质培养渠道，提升大学生文化素质培养成效。

（四）重智力轻文化的成因及危害

综合各类理论与实践研究成果，高校忽视大学生文化素质培养的原因主要有四个方面。一是高校对加强大学生文化素质培养重要性认识不够，未能上升到国家发展战略的高度加以认识。二是当前社会核心竞争力突出专业知识和专业技能，对文化素质的重视不够，全社会重视文化培养、推动文化建设的氛围不够浓厚。三是长期重视教学科研工作，且教学科研工作成果的获得比大学文化建设来得更快捷、更显著，在这种功利化心理的驱使下，高校从事教学科研工作的积极性比从事大学文化建设工作的积极性要高很多。四是大学生文化素质培养是个系统工程，其建设发展需要长期坚持、统筹推进，非一朝一夕能完成好。

忽视大学生文化素质培养，无论是对社会而言，还是对大学生个体而言，都具有很深远的不良影响。一是高校培养的是只有知识没有灵魂、只有能力没有思想的人，谈不上为社会培养和输送了全面成长的人才。二是我们的大学教育只能说是完成了一半，高等教育呈现出缺失的、不完整的样态，不利于推动高等教育科学发展，也必将导致我国的高等教育与国际化要求相去甚远。三是大学生走上社会后将面临价值扭曲、诚信缺失、心理失衡等众多风险，削弱学生的社会竞争力。

三、重活动以提升能力，轻道德素质培养

（一）活动与能力

这里的活动是大学生为提高个人综合能力而参与的各级各类校园文化活动、社会实践活动的总称；能力是指学生个人的组织宣传、沟通协调、语言表达等各种能力的总称。对于大学生能力养成来说，大学活动发挥着重要作用。

1. 思想引领作用。中国特色社会主义大学，其大学活动主流是向上向善、传播正能量的，活动本身的意义就是能让更多学生接受主流思想的影响。参与到活动中的学生，将优先得到先进思想的洗礼，将深刻领会先进思想的精髓，其领会思想、践行思想的自觉更强，掌握先进思想及用理论指导实践的能力也

将更强。

2. 平台搭建作用。任何一项大学活动，都是学生锻炼自己、提高能力的一个平台。学生参加或组织一项活动，从开始到结束，将在规划设计能力、公文撰写能力、沟通协调能力、破解难题能力、应对突发状况能力、宣传引导能力、组织实施能力、归纳总结能力等方面有不同程度的锻炼和提高；活动作为一个平台，给了参与者、组织者足够的锻炼和展示的机会。这些能力看似平常，但对学生走上社会、面向未来所产生的影响是积极的、深远的。

3. 能力互补作用。作为活动的组织者，大家在共同协作过程中推进活动顺利实施，这个过程是所有组织者互相学习、共同提高的过程，大家在不断的磨合中碰撞思想的火花、激发工作的灵感，个人能力的不足得到有效互补。作为活动的参与者，大家可以看到其他参与者的基本素质、准备情况、现场表现等，通过学习比较，可以达到取长补短的效果。所以说，一个活动里的所有人都会在活动结束后，深刻体会到活动非比寻常的意义，这本身也是一种提升。

（二）道德素质培养的意义

《现代汉语词典》定义道德："社会意识形态之一是人们共同生活及其行为的准则和规范。道德通过社会的或一定阶级的舆论对社会起到约束作用。"[1] 道德素质反映的是人们的道德认知和道德行为水平。对于大学生而言，道德素质在整个素质体系中居于十分特殊的地位，对大学生今后的人生观、世界观、价值观的形成具有重要的指引作用。

道德素质在大学生各项素质中具有首要地位。德智体美劳全面发展，道德放在第一位。面临纷繁复杂的内外环境，加强道德素质培养，树立积极高尚的人生观、世界观、价值观，才能时刻保持清醒的头脑，才能在关键时刻明辨是非，正确稳固地把握人生成才的方向。

道德素质对大学生其他素质养成具有重要影响作用。道德素质包含道德认识和道德行为，正确的道德认识能帮助学生寻求正确的智育、体育、美育方

---

[1] 《现代汉语词典》，商务印书馆 2002 年增补本，第 259 页。

向，正确的道德行为能帮助学生积极参加和体验劳动教育。换个角度说，没有良好的道德素质，智力越强、体力越强、能力越强的人，其破坏力和危害性也就越大。所以，无论加强哪方面素质的培养，道德素质培养都是不可或缺的。

大学生道德素质培养有利于高素质社会建设。高校培养出具有较高道德素质的人，将始终以高尚道德素质规范自己，能自觉成为爱岗敬业、公道正派、勇于担当、敢于竞争、善于创新、团结协作的人，对引领事业发展具有重要作用，对影响身边人培养较高的道德素质具有重要作用。同时，个人道德品质有利于形成良好家风，家庭是社会的基本细胞，一个个具有高度责任感、尊爱长辈、互敬互爱、和谐安宁的家庭，将构建安乐祥和的高素质社会。

（三）经济困难学生更需要良好的道德素质

湖南商务职业技术学院杨明老师曾专门做过高校贫困大学生思想道德素质调查研究，他从诚实守信、感恩奉献、自立自强、责任担当四个方面入手，结合大学生的学习、生活和工作的实际情况，设置了15道问卷题，比较全面地梳理了贫困大学生思想道德素质存在的一些缺陷及其特点。从资助育人工作实际情况来看，家庭经济困难学生对各种社会公德认知水平较高，道德情感倾向也较为积极，注重诚信，基本上能够做到乐于助人、待人友善；但比较常见的问题就是知易行难。所以，家庭经济困难学生更需要接受良好的道德素质培养和实践。

良好的道德素质有利于家庭经济困难学生正确认识"贫困"。正确理性地看待"贫困"，而不是怨天尤人、愤愤不平、仇官仇富，需要良好的道德素质。正确的认知，能帮助家庭经济困难学生保持良好的心态和充分的自信，能够善待自己、善待家人、善待他人。反之，则会产生厌世、仇世的心态，久而久之，心理健康出现严重异常。

良好的道德素质有利于家庭经济困难学生勇于改变"贫困"。有了正确的认知，便能理性分析致贫致困的各种因素，合理做出改变人生贫困命运的规划；有了正确的认知，也能提振战胜困难、干事创业的信心，久而久之便真正实现改变贫困现状的目标。反之，则会自暴自弃、自甘堕落、不思进取，即便获得再多的支持和帮助，也只会觉得是应该应得的，自然也就不会去思考如何改变自己的命运。

（四）重能力轻道德的成因及危害

大学忽视道德素质培养的原因主要有三点。一是片面认为道德素质教育贯穿人的教育全过程，大学阶段不必将道德素质放在突出位置；但实际上，大学阶段是个人道德素质、三观形成最为关键和特殊的时期。二是缺少道德素质培养的科学规划，面对大学德育教育的庞大体系，在以教学、科研为中心的高校，对如何将德育贯穿教学科研全过程的思考较少，顶层设计和科学谋划不够，载体形式不丰富、吸引力不强，成效也可想而知。三是学生加强道德素质建设的自觉性不强，主观认为已经经受多年主流教育，自己的道德素质没有问题；殊不知，面临各种思潮考验，面临各种价值理念的冲击，道德素质需要长期的培养和锻炼。

从大学生成长成才的实际来看，忽视道德素质培养，起码有两大危害。一是导致学校德育的失败。德育是学校教育的重要组成部分，对实现大学生全面自由发展具有至关重要的作用；忽视道德素质培养，就会在德育的组织实施方面存在空档或欠缺，既不能调动教师参与德育的积极性，又不能吸引广大教师投入德育活动，德育就成了摆设、成了口号、成了无人关注的"重要工作"。二是导致个人成长的失败。前文已经陈述了道德素质之于个人的重要意义，所以道德素质培养的缺失，必然导致大学生个人道德观、价值观的缺失，导致个人成长缺少重要的基础和支撑。一旦少了这种支撑，个人的成长就缺少指引、缺少动力、缺少后劲儿，个人的成长也将前途暗淡、举步维艰，人的全面成长成才最终也就成了一句空话、套话。

第三节 大学资助文化育人环境未得到优化

任何一种文化，要实现其育人功能，营造出体现文化精髓的氛围和环境十分必要，这也是环境育人的基本要求。大学资助文化与大学其他文化相比，其环境育人的要求也具有特殊性；从物质文化环境建设来说，需要彰显仁爱思想、感恩教育、自强品格、利他精神，从精神文化环境建设来说，需要健全的制度、丰富的平台、强力的宣传和浓厚的氛围。从现状来看，大学资助文化育人环境，无论物质环境建设还是精神环境建设，都有很大的提升和优化空间。

一、物质环境建设层面

（一）彰显仁义思想不深入

仁义思想是儒家的重要伦理范畴，其本意为仁爱与正义，早在《礼记·曲礼上》就有"道德仁义，非礼不成"。孟子对此更是推崇备至，"孟子者，七篇止，讲道德，说仁义"；此后汉儒董仲舒继承其说，将"仁义"作为传统道德的最高准则。宋代以后，由于理学家的阐发、推崇，"仁义"成为传统道德的别名，而且常与"道德"并称为"仁义道德"，与"礼、智、信"合称为"五常"。

"仁"即"仁者爱人"，关爱生命，孔子最早以"爱人"解释"仁"，"君子笃于亲，则民兴于仁。"他将宽怀容人、恩惠助人等当作"仁"。孟子则更注重解人危难和救人性命，把爱护生命当作至仁，滥杀无辜当作非仁。儒家的仁义思想对后世影响巨大，捐资助学是仁义思想的一种发扬，资助文化也是儒家仁义思想的当代表达。

因此，从文化的物质环境建设来说，充分彰显仁爱思想能有效推进资助文化建设深入人心。一方面，仁爱思想以物象具象的方式在校园内得到充分展示，能有助于师生随时随地感受到儒家的仁爱思想，这种长期持久的感受会逐渐转化成师生关注弱者、仁爱弱者的自觉行动。为师者，会及时主动关注自己家庭经济困难的学生，这种关爱会激励学生拼搏奋进的斗志；同窗者，会主动了解身边同学的困难，或慷慨资助，或反应情况以寻求帮助，这种关爱会让学生一生感动难忘。另一方面，仁爱思想的充分呈现，对家庭经济困难学生接受仁爱思想教育、形成助他思想有促进作用，这一过程也是资助文化建设并发挥育人功能的过程。

尽管仁爱思想的充分彰显能有效推进资助文化建设，但大学校园文化建设的物质环境建设层面，对仁爱思想的设计和展示不够系统、不够充分，仁爱思想的传播也未能深入人心。一方面，大学文化建设对物质环境的设计缺少统一规划，从主题到形式都存在明显的碎片化倾向，对文化思想主题的系统展示不够，文化接受者难以从中感受文化的熏陶。另一方面，大学文化建设对物质环境的展示不够充分，对许多人员流动较大的重要场所如教室、寝室、图书馆、食堂等，未能充分利用起来布设"文化长廊"，未能达到处处尽显文化味道、师生时时感受文化氛围的效果。在这种背景下，儒家的仁爱思想，或没有以一种文化主题被充分展示在大学校园，或未能以丰富的载体、充实的内容被广泛展示。无论是哪种情形，对大学文化特别是资助文化建设来说，都是较为严重的一种缺失。

（二）彰显感恩教育不广泛

感恩教育是教育者运用一定的教育方法与手段、通过一定的感恩教育内容对受教育者实施的识恩、知恩、感恩、报恩和施恩的人文教育学。感恩既是一种生活态度，又是每个人应该具备的基本道德规范和行为准则，它不单单是人之常情和普世认同，更是做人的起码修养和美好品质。对于广大青少年来说，培养感恩意识绝不是简单为了回报父母的养育之恩、师长的培育之情，最重要的是对责任意识、自立意识、自尊意识和健全人格培养的功能性体现。

中国人自古懂得"知恩图报"，有无数个知恩图报的故事被人传颂至今，也有无数个忘恩负义的小人被人唾弃至今；前者因其传承美好、教育向善为人们铭记，后者因其背信弃义、忘恩负义为人们厌弃。资助工作是叫人向善的良心工作，是感恩教育的生动教材，这也是资助文化建设的意义所在。一方面，施助者受到了良好教育，懂得回报社会、襄助他人，他们的举动本身就是生动的教育；另一方面，受助者得到帮助，首先想到的是感谢别人的慷慨义举，而且当他在今后遇到别人需要帮助时，会推己及人、主动帮助别人，这时他就成为施助者。另外，作为两者之外的旁观者，他们从中体会的是助人的快乐，以及由此产生的正义之心、慷慨之心。

家庭经济困难学生作为资助文化建设的受益者，需要接受感恩教育，因为这种教育于他们而言至少有两点意义：一是经常怀着感恩之心的人，才会心地坦荡，胸怀宽阔，自觉自愿地给人以帮助，助人为乐；二是懂得感恩的人会更加懂得尊重他人，能以平等的眼光看待每一个生命，尊重每一份平凡普通的劳动，也更加尊重自己。然而，我们的感恩教育仍有缺失，主要表现在三个方面。一是认识上不够客观，认为对受助者强调感恩教育，容易给其带来压力，这就从主观上导致了感恩教育的自觉性和主动性不强。二是教育对象上的误区，只把家庭经济困难者列为感恩教育对象，忽视了教育的全面性和整体性。三是感恩教育手段比较单一，未能开发教育意义大、针对性强的素材，未能充分运用虚实结合的方式开展潜移默化的教育。由此可见，感恩教育在大学开展的还不够全面、深入，学生接受的教育效果也不是十分理想，对大学资助文化建设来说未能充分发挥推进作用。

（三）彰显自强品格不强劲

"天行健，君子以自强不息。地势坤，君子以厚德载物。"出自《周易》的这两句话，对后世的知识分子影响深远。自强不息就是自己努力向上，永不松懈。身处逆境的人，只有凭借这种自强不息的品格战胜前进途中的千难万险，才能最终攀登高峰、一览众山小。这样的事例，古今中外比比皆是。

家庭经济困难的大有人在，有些人不堪重压，轻而易举地被贫困击倒，不思进取、自暴自弃；也有些人笑对困难，坚忍不拔地与贫困抗争，不怨天、不尤人，志存高远、义无反顾。家庭经济困难学生是典型的身处逆境之人，选择什么样的人生态度，直接关乎他们的未来和命运。自助者天助，于家庭经济困难学生而言，培养他们自强不息、奋斗不止的品格十分重要，因为外在的资助是一时的，扶贫更要扶志扶智，这是自强教育的意义所在。具体来说，有三个方面：一是具有自强品格的人才能自立，逐渐从依赖父母、依赖他人走向独立自主，成为一个内心强大、勇于正视自己、尊重自己的人，这是战胜困难、改变命运的主观能动性的觉醒。二是具有自强品格的人能造就坚忍不拔、无惧寒冬的意志，这是养成笑对人生的乐观态度的历练。三是具有自强品格的人能如同君子效法天，始终坚持不断的运行、不断的努力，这是志存高远、为着远大的理想和目标执着追求的生动实践了。

然而，受各种错误思潮的冲击和影响，不少青年学生的自强意识淡化，奋斗精神缺失，"拼爹""学得好不如嫁得好"等不劳而获、坐等靠的思想甚嚣尘上，大学对此种种显得或无力回天，或束手无策，其原因有三：一是研判不够，对大学生奋斗精神、自强自立品格的现状分析不够全面深入，存在或过于乐观，或过于悲观的情况，这就给自强教育的科学设计与谋划带来不良的影响。二是力度不够，常常是个案发生后开展个体教育，未能面向全体学生；未能对正面或反面的案例深入挖掘，教育的深度不够。三是方式不新，常常是正面宣传某个事迹，注重宣传的形式，能让人一时感动却不能刻骨铭心；载体不够新颖，教育是否入脑入心、是否外化于行则关注不够。由此可见，大学在开展自强不息品格教育方面仍有欠缺，这给资助文化建设、资助工作培育学生自强不息品格带来了负面影响。

（四）彰显助人精神不充分

助人为乐是中华传统美德，早在《礼记》就有"君子贵人贱己，先人而后己"的名言；"赠人玫瑰，手留余香""助人为快乐之本"，这些耳熟能详的句子如同跳跃的音符，美丽悦耳。人的一生，坎坷与坦途相伴，逆境与顺境同在，遇到挫折时能得到他人的仗义援手，我们总是心存感激；当身边人需要我们的时候，我们能毫无保留地出一份力，也能感觉快乐充实。资助工作是由国家和集体主导的助人工作，作为组织者、推动者，能为家庭经济困难学生扶危济困，这也是一种快乐；所有参与资助育人工作的人都应该能从中体会到快乐。

助人精神是资助工作的核心要义之一，正是有了这种精神力量，才会有无数个困难学子顺利完成学业、成功迈入人生新的境界；也正是有了这种精神，助人为乐的社会风气才会经久不衰，始终为人乐道、广为传承。大学充分彰显助人精神，对文化传承、风气营造、精神涵养都有重要作用。就文化传承来说，助人为乐是中华优秀传统文化的精髓之一，大学原本就肩负着文化传承与创新的使命，大学充分彰显助人精神就是弘扬和传承中华优秀传统文化的重要方式之一。就风气营造来说，大学的风气应该体现社会的主流价值，引领社会的主流风气；大学彰显助人为乐的价值理念，能促进全社会形成助人为乐的风尚。就精神涵养来说，助人为乐这种优秀品质应该融入每个人的血液之中，它能提高人的思想觉悟，让人始终保持同情弱者、保护弱者的良知；它能开阔人的气度胸怀，让人始终保持大格局、大视野，虚怀若谷、为人坦荡；它能坚定人的公平正义之心，让人始终坚守底线，敢于同蝇营狗苟、狼狈为奸之举抗争，因为这种抗争是为了守护弱者的利益。可见，助人精神理应成为资助文化建设的重要内容。

然而，即便重要如斯，大学对助人为乐精神的彰显仍有不足。一方面是助人为乐的氛围不够浓厚。总体上来说，学生个体之间自我意识过强，助人的意识不够强烈，行动不够自觉。另一方面是助人为乐精神的培育不够主动。学校以及老师，常常把助人为乐视为应知应会、应有尽有的一种校园风气，对助人为乐精神的真实状态了解不够，主动培育方面不够。第三是社会不良风气的冲击，让"不敢做好人""不敢助人为乐"的顾虑影响了很多大学生。作为一个具有五千年文明传承的国家，当"老人跌倒需不需要扶"成为问题的时候，我们的价值理念是真的出了问题，但这种屡见不鲜的案例却极大冲击了大学生的心理，不是不愿做而是不敢做的心态影响了助人精神的形成、传播。综上，受内外部环境影响，大学在彰显助人为乐精神方面仍有许多有待提高的空间。

二、精神环境建设层面

（一）制度建设不够健全

《现代汉语词典》定义制度："要求大家共同遵守的办事规程式或行为准则。在一定历史条件下形成的政治、经济、文化等方面的体系。"[①] 它是国家法律、法令、政策的具体化，是人们行动的准则和依据，因此，规章制度对社会各项事业的发展，对社会问题的治理和社会公共秩序的维护，有着不可替代的

---

① 《现代汉语词典》，商务印书馆 2002 年增补本，第 1622 页。

作用，既起到监督指导作用，又起到约束和规范的作用。文化层次理论包括精神文化、物质文化、制度文化，当制度体现为规则时，它必然反映了文化的价值、文化的精神、文化的理念。从这个意义上来说，资助制度建设就是资助文化建设的一个重要组成部分，加强资助制度建设是推进资助文化建设和发展的重要内容。

制度具有指导性和约束性、鞭策性和激励性、规范性和程序性等特点，资助制度建设对资助育人工作、对资助文化建设的重要作用，主要体现在两个方面。一方面，资助制度建设是规范资助育人工作、夯实资助文化育人的基础。科学规范的资助育人工作，是开展资助文化建设的基础，一个毫无章法、漏洞百出、指责不断的资助工作，是无法上升到文化建设层面的。另一方面，制度建设是文化建设的重要内容之一，资助制度建设也是资助文化建设的重要组成部分，体现了资助文化建设水平。

就制度建设来说，我们调研了国内部分高校资助制度建设情况，大体上，制度建设体系完善、科学的为数不多，制度建设相对成体系的缺少高水平的居多，制度建设薄弱甚至是缺少规范制度的较少。梳理的问题主要有四点：一是制度建设的理念不够先进，不能与时俱进体现党中央精准扶贫、精准脱贫的重要精神；二是制度建设的体系不够完善，未能贯穿资助育人工作的始终；三是制度建设质量不够高，对资助育人工作的指导性、针对性不强；四是制度建设缺少文化的味道，不能充分"反映文化的价值、文化的精神、文化的理念"。因此说，大学资助制度建设仍需先进理念引领、统筹规划设计。

（二）平台搭建不够丰富

成就一项事业或一个人，平台很重要。平台可以是实验室，平台可以是戏台舞台，平台可以是宣传媒体……成功的过程中，平台丰富一些，成功的概率就会大一些；成功的过程中，平台稳固一些，失败的概率就会小一些。

平台建设对于资助育人工作、家庭经济困难学生成长成才和资助文化建设都有着十分重要的作用。一方面，家庭经济困难学生需要足够的平台助力个人成长，如学业提升平台可以帮助他们提高学习成绩，适合的活动平台能帮助他们有针对性地提高组织协调能力、文字综合能力等个人素质，有针对性的就业创业平台可以帮助他们正确地做出职业生涯规划、正确地树立就业创业观、正确地选择适合自己的就业路径。另一方面，资助文化建设需要扎实的平台助力，如具有资助文化属性的资助活动主题可以成为体现资助文化建设理念的平台，具有资助文化标识的网站、微信公众号及学习生活用品可以成为扩大资助文化建设影响力的平台。

但大学在资助文化的平台建设也不容乐观。从家庭经济困难学生个人成长成才的平台来看，大学缺少足够丰富的针对家庭经济困难这一特殊群体的平台，多数平台是普遍性的，适合全体学生。这本无可厚非，但作为资助育人工作和资助文化建设的一项内容，学校的职能部门应该设计出符合家庭经济困难学生锻炼提升的成长平台。与大学文化建设相比，具有大学特色的校徽作为文化标识已经广泛应用，但从资助文化建设角度来说，专门针对资助育人工作设计特色鲜明的文化标识的十分罕见，使得大学资助文化建设平台短缺。这方面目前做得比较好的是东北师范大学，他们设计了专门的资助文化标识，彰显理念、寓意深远又极具教育意义。这个标识有三层含义。第一，标识整体形象为一颗红心，体现了学生资助管理中心"爱人"的工作理念。第二，标识上半部分似一只即将展翅高飞的鸟儿，下半部分为象征学校"双线资助"的资助工作模式的两条跑道，整体象征家庭经济困难学生在学校的资助和教育下起航，奔向美好、广阔的未来。第三，标识又似两只伸展的手臂托着一本书，展现了东北师范大学师范院校的特点，象征着学校对学生们的期望，希冀学生们毕业后在教育战线上、在自己的岗位上继续践行"尊重"的教育理念，踏实奉献、教书育人，以实际行动回报祖国、回报社会。

（三）氛围营造不够浓厚

校园文化建设需要营造浓厚的氛围，这种氛围体现着一所大学所推崇的特定良好传统、行为习惯和精神格调。大学文化氛围是无形的，虽有时以物质为载体作为表现形式，但其精神内核往往以潜在运动形态展现出来，感染学校全体成员，使人们通过多种方式体验到学校的精神追求和文化内核，从而产生思想上的升华和自觉意愿。因此，大学文化氛围的营造对于学校成员的精神塑造、气质品格的形成都具有不可替代的重要作用。它与学校的物质保障共同作用于学校的文化建设，两者相辅相成，取长补短，互相促进。

资助文化建设氛围应当包括资助文化建设理念的建立、资助文化活动的组织实施、资助文化活动的宣传报道及资助文化活动的影响力。先进的文化建设理念对文化建设起到把脉定向的作用，对文化建设具有相对稳定、相对持久的指导意义，先进的文化建设理念必然能造就丰富多彩、具有深远意义的文化活动。资助文化活动的组织实施环节，需要具备活动主题充分体现文化建设理念，活动形式新颖生动、有吸引力，活动参与者广泛、受众面广等特点，要久久为功、打造亮点和品牌。资助文化活动的宣传报道要及时全面，既要直截了当地宣传报告活动的真实情况，又要深度挖掘活动背后的价值及其重要的育人内涵。

从上述四个方面来说，当前大学资助文化建设的氛围营造还不够浓厚。首先是缺少先进的资助文化建设理念去引领，直接导致资助文化建设的相关工作及其活动缺乏丰厚的文化底蕴。其次是资助文化建设活动形式单一、吸引力不强，受众面窄，师生的组织热情、参与热情都不高，同其他热热闹闹的一些校园文化活动相比，资助文化建设的相关活动存在设计困难、组织困难、实施困难等问题。最后是宣传报道不够系统深入，吸引师生眼球的新闻亮点、感人节点不够多、不够丰富，未达到资助文化建设活动应有的教育意义。

当然，从文化氛围的三个要素即环境氛围、精神氛围和制度氛围来分析，我们也可以通过前文的观点得出这样的结论：大学资助文化建设的环境氛围不够丰富，借助环境氛围彰显大学资助文化建设内涵、载体、意义尚显不足；大学资助文化建设的精神氛围不够深刻，师生对资助文化建设的理解认识不深，更有甚者，认为资助文化的概念有待商榷；大学资助文化建设的制度氛围不够深刻，前文已经就制度建设做了分析梳理。不管通过什么角度来分析，最终都可以得出的结论就是，我们大学资助文化建设尚缺少浓厚的氛围。

第四节　大学资助文化建设体系不够完善

实践证明，持之以恒、勇于创新、科学完善的文化建设体系，能充分发挥出文化铸魂塑形、凝心聚力的育人功能，推动文化建设始终沿着社会主义先进文化发展方向前进。资助文化建设与发展离不开科学完善的建设体系作为支撑，这一体系应当包括高屋建瓴的建设理念、严谨务实的认定工作流程、系统完善的育人工作格局、科学系统的制度体系和协同创新的建设工作模式。理论上我们提出了大学资助文化建设的如是设想和目标，而实际上我们在这些方面做得还不够，有些领域是尚未踏足，有些问题是刚刚触及，有些方式基本成型但尚不健全，这些都是我们开展资助文化建设亟待解决和改进的。

一、资助文化建设理念缺乏系统凝练

《辞海》对"理念"一词的解释有两条，一是"看法、思想、思维活动的结果"，二是"理论，观念（希腊文 idea）。通常指思想。有时亦指表象或客观事物在人脑里留下的概括的形象"。[1] 通常情况下，理念被认为是人们经过长期的理性思考及实践所形成的思想观念、精神向往、理想追求和哲学信仰的抽象概括。一个理念能系统回答一个事物的三个方面，即为什么、做什么、怎么做。具体到资助文化建设的理念，我们同样要明白三个问题，即为什么要建设资助文化，建设什么样的资助文化，怎么样建设资助文化；这其实也是做好一件事的基本逻辑思维。但大学对资助文化建设的这三个方面，还缺乏科学系统的思考和研究。

首先，对为什么建设资助文化缺乏正确认识。在前面的章节，我们阐释了资助文化的历史传承，强调了大学加强资助文化建设的重要意义，目的是希望引起各方关注、重视，进而共同推进大学资助文化建设。对大学为什么建设资

---

[1] 夏征农：《辞海》，上海辞书出版社 1989 年版，第 1367 页。

助文化的疑问，主要源于三个方面：一是长期以来，资助自上而下地被当成一项具体的工作来对待，和校园文化建设等大学文化建设工作相比，它缺少文化建设的切入点；二是从文化的构成要素来看，资助工作侧重物质层面的奖励，对于精神层面的教育则不够重视，难以称之为文化；三是资助工作的对象主要是家庭经济困难学生，如果有资助文化，那么资助文化建设对象还是家庭经济困难学生，文化建设的面比较狭窄。这三种观念，必然会影响到大学对资助文化建设正确认知。

其次，对建设什么样的资助文化缺乏系统思考。作为一种文化形式，资助文化和校园文化具有共通之处，但资助文化又有着很明显的不同点。校园文化活动具有阶段性，某一项校园文化活动从开始到结束，可能是一周，也可能是一个月或一个学期。但因资助文化的特殊性，从资助工作一启动，到学生离开大学校园，大学资助文化就一直存在。因此，建设什么样的资助文化，就要从资助工作一开始谋划，要贯穿学生读书求学的始终。开展过资助育人工作和资助文化建设的学校，常常是阶段性开展单一活动，而且只是针对家庭经济困难学生；如在资助过程中开展诚信教育，在资助后开展感恩教育，碎片化很明显。所以说，当下对建设什么样的资助文化缺乏系统思考，主要体现在两个方面：一是教育职能部门、文化建设单位都没有注意到资助文化建设及其重要价值，资助文化建设缺少导向和政策支持；二是高校在大学文化建设层面，重心主要放在弘扬"三个文化"上，即中华优秀传统文化、社会主义先进文化和革命传统文化。建设重点都放在了具有特色的校园文化上，对资助文化建设关注和思考得少，投入的精力和财力还不够。

最后，对怎样建设大学资助文化缺少深入研究。文化建设是个系统工程，怎样建设文化需要深入思考和研究，充分做好顶层设计，既要彰显文化的应有之意，又要实现文化育人的初心。资助文化建设属于文化建设领域的新课题，没有现成的好经验可供借鉴，也没有失败的案例可供反思，几乎是从零开始的一项工程。因此，大学对怎样开展资助文化建设和资助育人工作一直缺少深入的思考和研究。

党的十九大报告提出："中国特色社会主义文化，源自于中华民族五千多年文明历史所孕育的中华优秀传统文化，熔铸于党领导人民在革命、建设、改革中创造的革命文化和社会主义先进文化，植根于中国特色社会主义伟大实践。发展中国特色社会主义文化，就是以马克思主义为指导，坚守中华文化立场，立足当代中国现实，结合当今时代条件，发展面向现代化、面向世界、面向未来的，民族的科学的大众的社会主义文化，推动社会主义精神文明和物质文明协调发展。要坚持为人民服务、为社会主义服务，坚持百花齐放、百家争鸣，坚持创造性转化、创新性发展，不断铸就中华文化新辉煌。"[1]这段论述进一步明确回答了我们要建设的文化就是中国特色社会主义文化，而不是其他什么文化，阐明了中国特色社会主义文化的基本特征和核心要素，指出了中国特色社会主义文化与中华优秀传统文化、革命文化、社会主义先进文化三者之间的内在关系。而实现各项事业的发展，包括文化的建设与发展，党的十九大提出："坚持新发展理念。发展是解决我国一切问题的基础和关键。"因此，加强大学资助文化建设，我们要按照党的十九大提出的文化建设理念去深入推进，具体内容将在后面进一步阐述。

二、资助认定工作体系不够完善

原教育部部长袁贵仁在2015年1月全国教育工作会议上曾明确提出："提高国家资助政策的精准度，依托国家教育管理信息系统建设平台，确保国家学生资助、奖补等优惠政策真正落实到每一个需要帮扶的学生身上。"[2]现任教育部部长陈宝生于2018年3月1日在《人民日报》发表署名文章，指出："资助对象精准，就是要确保家庭经济困难学生应助尽助。要通过系统比对、调查走访、大数据分析、同学评议等手段，建立和完善家庭经济困难学生识别认定机制。要实现学籍系统、资助系统与扶贫、民政、残联等部门数据库的有效对

---

[1] 习近平：《决胜全面建成小康社会 夺取新时代中国特色社会主义伟大胜利——在中国共产党第十九次全国代表大会上的报告》，《人民日报》，2017年10月28日。

[2] 袁贵仁：《全面深化综合改革 全面加强依法治教 加开推进教育现代化——在2015年全国教育工作会议上的讲话》，《中国教育报》，2015年2月12日。

接。资助名额要向民族院校、农林水地矿油核等学科专业倾斜，向家庭经济困难学生较多的地区和学校倾斜。资助比例要根据家庭经济困难学生分布情况分地分校分班确定，杜绝一刀切的懒政行为。"[1] 两任教育部长在谈到资助工作时，都特别强调了资助认定工作的重要性，并要求做到精准认定、精确资助、精确管理和精心服务，切实提高资助工作的实际效果。

认定工作是资助育人工作的基础，精准认定是精准资助的前提。家庭经济困难学生认定工作责任重大、任务繁重、涉及面广，是一项高难度且具有挑战的浩瀚工程。根据我们的研究，当前高校在资助工作的精准认定方面，存在的问题比较突出。一是认定依据比较单一，主要依据学生所提交的家庭情况调查表和贫困证明材料，由于中国式传统人情关系根深蒂固，存在"关系"现象，有时候会导致真正贫困的学生因为无法开具证明材料而失去申请机会。二是认定模式比较单一，基本程序都是"个人申请、班级评议、辅导员调整、确定名单"，这种模式和流程主观性太强，加上有时材料审核不严格，容易导致精准扶贫界定标准模糊化。三是认定时间上不够科学，新生入学第一个月开展认定工作，学校、辅导员及同学对申请贫困的学生的实际情况缺少充分了解，认定结果缺少说服力。四是有时候资助政策把握和运用不到位，既有家长层面不了解政策、试图提供虚假材料，干扰了学校的认定，也有学生工作层面政策运用不完全恰当，导致认定有失公平。从上述这些问题可见，当前高校的资助认定工作体系还不够成熟完善。

认定工作是资助工作的开端，缺乏科学完善的工作体系，势必影响到资助工作的实际成效，进而影响到资助育人工作和资助文化建设。一是缺乏科学的认定工作体系，会产生不合理的认定结果，影响到资助工作的公平正义，偏离了国家资助工作的初衷，也违背了党中央精准扶贫、精神脱贫的核心要义。二是缺乏科学的认定工作体系，资助育人工作缺少针对性，导致一些非贫困生钻了空子，占据了原本属于贫困生的名额和机会，进而引发的是非贫困生不懂感恩和贫困生的无奈与叹息。三是缺乏科学的认定工作体系，违背了资助文化建

---

[1] 陈宝生：《进一步加强学生资助工作》，《人民日报》，2018年3月1日。

设的主旨和原则,也成为资助文化建设的弊端。因此,加强资助文化建设,大学应首先解决认定工作存在的问题和障碍,要按照精准的要求,做到政策运用精准、审核把关精准,确保资助工作在一开始就是公平合理、充满正义的。

三、资助育人工作体系不够完善

为学习贯彻党的十九大精神,进一步贯彻落实全国高校思想政治工作会议,中共教育部党组于2017年末发布了《高校思想政治工作质量提升工程实施纲要》,《纲要》指出:"构建'十大'育人体系,即课程育人质量提升体系、科研育人质量提升体系、实践育人质量提升体系、文化育人质量提升体系、网络育人质量提升体系、心理育人质量提升体系、管理育人质量提升体系、服务育人质量提升体系、资助育人质量提升体系、组织育人质量提升体系。"① 关于如何构建资助育人质量提升体系,文件明确指出:"要把'扶困'与'扶智','扶困'与'扶志'结合起来,建立国家资助、学校奖助、社会捐助、学生自助'四位一体'的发展型资助体系,构建物质帮助、道德浸润、能力拓展、精神激励有效融合的资助育人长效机制,实现无偿资助与有偿资助、显性资助与隐性资助的有机融合,形成'解困—育人—成才—回馈'的良性循环,着力培养受助学生自立自强、诚实守信、知恩感恩、勇于担当的良好品质。"②

针对这一基本任务,《纲要》细化了资助育人的主要工作内容:"加强资助工作顶层设计,建立资助管理规范,完善勤工助学管理办法,构建资助对象、资助标准、资金分配、资金发放协调联动的精准资助工作体系。精准认定家庭经济困难学生,健全四级资助认定工作机制,采用家访、大数据分析和谈心谈话等方式,合理确定认定标准,建立家庭经济困难学生档案,实施动态管理。坚持资助育人导向,在奖学金评选发放环节,全面考察学生的学习成绩、创新发展、社会实践及道德品质等方面的综合表现,培养学生奋斗精神和感恩意

---

① 中共教育部党组:《高校思想政治工作质量提升工程实施纲要》,2017年12月4日。
② 中共教育部党组:《高校思想政治工作质量提升工程实施纲要》,2017年12月4日。

识。在国家助学金申请发放环节，深入开展励志教育和感恩教育，培养学生爱党爱国爱社会主义意识。在国家助学贷款办理过程中，深入开展诚信教育和金融常识教育，培养学生法律意识、风险防范意识和契约精神。在勤工助学活动开展环节，着力培养学生自强不息、创新创业的进取精神。在基层就业、应征入伍学费补偿贷款代偿等工作环节中，培育学生树立正确的成才观和就业观。创新资助育人形式，实施'发展型资助的育人行动计划''家庭经济困难学生能力素养培育计划'，开展'助学·筑梦·铸人''诚信校园行'等主题教育活动，组织国家奖学金获奖学生担任'学生资助宣传大使'。培育建设一批'发展型资助的育人示范项目'，推选展示资助育人优秀案例和先进人物。"[①]

这一内容里，就"坚持资助育人导向"来说，奖学金评选发放、国家助学金申请发放、国家助学贷款办理、开展勤工助学活动、基层就业与应征入伍学费补偿贷款代偿等五个环节，从不同切入点，分别开展不同形式、主题的教育活动，达到培育提高学生综合素质的目的。可以说，这五个环节，贯穿了资助工作的始终；这一规定，也就是要求将育人工作贯穿于资助工作始终。

国家层面的设计是高屋建瓴的，是有理论高度和实践深度的，之所以做出如此具体翔实的规定，正是因为教育主管部门深刻意识到我们资助育人工作的差距。对比上述任务，我们可以总结当下大学资助育人工作存在的不足。一是教育设计上，未能将资助育人贯穿资助工作始终，资助常常只有管理而没有教育。二是教育内容上，上述五个环节的教育内容未能全部开展，多数只在奖学金评选发放环节开展有关活动，而其他环节基本上没有教育活动。三是教育形式和载体上，形式单一、载体单一，以主题班会、宣传展板等传统的教育手段居多，现代传媒手段的运用不够。四是教育时效性不强，未能抓住资助工作的关键节点适时开展教育活动。五是教育效果一般，对受资助的家庭经济困难学生而言，教育的意义不够深刻，思想引领、精神激励等作用发挥不够到位；对其他学生而言，因教育对象和教育内容在设计的时候就以家庭经济困难学生为主，所以普通学生感受不到教育的影响作用。

[①] 中共教育部党组：《高校思想政治工作质量提升工程实施纲要》，2017年12月4日。

资助文化建设是否取得成效,主要体现在文化的育人效果上。从现实情况来看,资助育人工作缺少完善、科学的工作体系,其效果势必受到影响,育人或许就成了一句空谈,最终,资助文化建设也会受到不良影响。

四、资助文化建设协同创新模式不够健全

（一）协同创新理论

协同创新理论的核心思想是"整合"与"互动"。创新是目的,协同是方法。从"整合"角度阐述协同创新主要是指知识、资源、行动和绩效等要素的彼此衔接,从"互动"的层面来阐释协同创新主要是指各创新主体之间的既得知识共享、资源优化配置、行动有利同步以及系统的科学匹配程度。陈劲等学者通过对"协同创新"中各要素的研究,将协同创新过程视为一个"沟通协调合作协同"的螺旋上升过程,并提出了"协同创新理论框架";该理论核心结构中,"沟通协调"是"协同创新理论"的基础,而它反向作用的要素则是知识与资源,构建完善的知识、资源"沟通协调"机制是开展协调创新活动的先决条件,而后才是参与协同创新的有关组织和机构在行动、执行层面上的合作,最终达到业绩效果层面上的协同。

协同创新从其作用和开展模式来看是一项复杂的创新组织方式,具有"整体性""动态性"两大特点。"整体性,即创新生态系统是各种要素的有机集合而不是简单相加,其存在的方式目标功能都表现出统一的整体性;动态性,即创新生态系统是不断动态变化的。因此,协同创新的内涵本质是:企业、政府、知识、大学、研究机构、中介机构和用户等为了实现重大科技创新而开展的大跨度整合的创新组织模式,协同创新是通过国家意志的引导和机制安排,促进企业大学研究机构发挥各自的能力优势整合互补性资源,实现各方的优势互补,加速技术推广应用和产业化,协作开展产业技术创新和科技成果产业化活动,是当今科技创新的新范式。"[1]

---

[1] 陈劲、阳银娟:《协同创新的理论基础与内涵》,《科学学研究》2012年第2期。

(二) 我国协同创新理论的实践

2011年清华大学百年校庆上，时任国家主席胡锦涛同志提出了"协同创新"的理念和要求，"协同创新"一时成为教育领域的热点问题。许多高校工作的重点和国家层面的部署都围绕"协同创新"展开。国家教育部于2012年5月正式实施了"高等学校创新能力提升计划"。该计划以"协同创新"为切入点和主要目标，将人才、学科、科研三位一体创新能力提升作为核心任务，推进高校与地方政府、科研院所和相关企业以及国外科研机构之间的深度合作，面向科学前沿、面向文化传承创新、面向行业产业和面向区域发展四种类型建立"协同创新中心"，通过以点带面的方式，打造创新的新格局。截至目前，已经挂牌的高校自主协同创新中心有113家。

协同创新理论已经被实践证明是科学的理论，依据此理论建立的工作模式，成功地在各个领域取得了重大收获和突破。然而，资助文化建设尚未建立起协同创新工作模式。

(三) 资助文化建设中协同创新模式的缺失

从工作实际效果来看，资助文化建设中的协同创新模式尚未完全建构起来。

首先是政府层面。在资助文化建设的顶层设计方面，政府对构建协同创新工作模式的深入研究不够，尚未出台系统的具体的工作方案，政策支持力度也比较有限。在教育部门内设机构方面，资助管理机构与其他管理机构没有建立横向的协同工作模式，和党的建设、思想政治教育、就业创业等工作机构相比，资助管理机构更显得"独立"。

其次是社会层面。资助文化建设需要全社会的关注、支持和参与，当前，一些企业积极参与捐资助学工作，给许多家庭经济困难学生实现人生梦想创造了条件。而这种帮助一般仅限于经济资助，对于资助育人和资助文化建设的参与则非常有限，社会也缺少相对成熟的资助模式来推动此项工作。

再次是家庭层面。很多困难家庭对子女的关心和帮助，多数停留在物质层面，对于孩子的精神影响比较有限。甚至有些家庭，为了让孩子获得更多资助，欺骗孩子、欺骗学校，夸大困难程度，给孩子带来的是负能量，也影响了资助育人工作的公平开展。

最后是学校层面。主要呈现的是学校各个职能部门的单兵作战，资助管理部门负责贫困认定、资助名额分配，学院负责资助人选的审核、评定，财务部门负责资金的发放。在这一系列工作中，各部门缺少深入的交流沟通，只注重资助管理的过程，忽视资助育人的效果。

协同创新工作模式缺失给资助文化建设带来的不良影响，主要有三个方面。

一是影响资助文化建设的重要性。由于政府、社会、家庭、学校等不同机构和群体没有把协同工作模式充分应用其中，导致各方在进行资助文化建设时都把重心放在资助工作的具体管理上，忽视资助育人工作及资助文化建设。学校作为具体实施者，自然也很难把资助文化建设放在大学文化建设的重要位置。

二是影响资助文化建设方法的创新。协同创新工作模式，本就是一种工作方式方法的重要创新。资助文化建设缺少这一创新性的工作模式，各方参与资助文化建设只能是按部就班地推进，很难在资助文化建设的理念和方式上加以创新。

三是影响资助文化建设合力的形成。由于缺少协同工作模式，政府和学校的思想政治教育部门开展资助育人教育工作就不够主动，就业创业工作部门针对贫困生开展专门的就业创业教育就不够主动。社会力量参与资助文化建设的积极性也不高，整体上资助文化建设及其育人功能得不到充分发挥。

综上，协同创新工作模式对于推进大学资助文化建设非常重要，无论是政府还是大学，都应当正视工作中存在的问题和不足，加快推进协同创新工作模式的构建。

第五章　我国大学资助文化建设的现实突破

文化是大学的灵魂，以文化人、以文育人是高校的重要使命。资助文化作为大学文化的重要组成部分，其作用是将物质资助和精神资助相互融合、相互统一，引导大学生从物质脱贫到精神脱贫的转变。大学对受助学生帮扶不仅在于"资"，更重要在于"助"，把"扶困""扶智"和"扶志"有机地结合起来，丰富大学文化，培育大学精神。资助文化建设必须坚持资助导向和育人导向，加强顶层设计，树立大教育理念，优化资助育人环境，切实提升资助文化建设的"广度""深度""效度"和"信度"，形成合力，发挥资助文化的功能和作用，滋养学生心灵，塑造学生品行，即以文化人、以文育人，使"人"成"人"。

第一节　加强顶层设计，激发资助文化的内在活力

顶层设计是运用系统论的方法，从全局的角度，对某项任务或者某个项目的各方面、各层次、各要素统筹规划，以集中有效资源，高效快捷地实现目标。顶层设计有两个作用，一个是定方向，另一个是提思路，凝练地讲是指顶层决定底层，高端决定低端。高校资助文化工作的引导、调节和激励等功能，既体现在对受助学生的思想引领，也体现在提高学生的自身技能和综合素质等方面，高校要站在全局的高度，以顶层思维设计资助文化工作，确保资助文化工作在实施的过程中有方向、有思路、有载体、有目标、有成效，激发文化活力，成为高校"立德树人"的重要阵地。

一、统筹规划，将资助文化纳入大学文化整体建设中

资助文化是大学文化的重要组成部分，影响着学生的思想行为和价值取向。高校要科学认识把握资助文化的定位，围绕学校发展战略目标，把资助文化纳入大学文化整体建设中，融入学校育人体系当中。首先，要实施"一把手工程"，全盘统揽资助文化的建设，对整体进行布局，扎实推进资助文化的建设情况，做到心中有数，心中有责。其次，成立学校资助文化建设领导委员会，加强对学校资助文化建设工作的组织领导、规划实施和协调检查，实现大学资助文化与学校各项工作一起部署、一起落实。最后，聘请校内外专家学者组成资助文化建设专家咨询委员会，对学校资助文化体系建设进行论证、咨询，使资助文化体系更有科学性和可操作性。同时对资助文化育人成果进行调研和总结，对资助文化工作人员进行指导和培训，为学校资助文化建设提供积极的智力支持。文化建设领导委员会下设资助文化建设工作办公室，设在学生工作部，负责全校资助文化建设工作的具体落实工作。

二、落实责任，构建一体化资助文化育人体系

资助文化育人体系的构建不是一个部门单打独斗就能完成的事情，需要学校统筹各部门、各学院和各岗位的教职员工，落实责任，合力推进。学校资助文化建设领导委员会要落实主体责任，建立以高校党委统一领导，党政共同负责，各部门分工负责，全员协同的资助文化育人责任体系。学生工作部门负责资助文化建设日常工作，制定资助文化建设项目推进表，明确责任分工、推进工作进度、总结提升工作，定期召开资助文化建设协调推进会，研究解决资助文化建设中的实际问题，从"评、奖、贷、助、补、减、免"入手，建立完善的学生资助工作体系。校团委要以实践基地为依托，以开展大型活动和志愿者服务为抓手，充分发挥家庭经济困难学生自我教育、自我管理、自我服务的作用，构建特色学生干部培养体系。就业处要把资助文化融入创新创业教育和双困生帮扶上，挖掘创新创业典型，培育扶贫项目，完善创新创业体系。教学部

门要结合学风建设,把资助文化融入教学各个环节,结合线上线下双向平台,精准帮扶,建立学风建设引导体系。各学院要根据学校资助文化建设的总体要求和部署,结合院专业特点和学生实际,制定出符合本学院的资助文化建设实施方案,把资助文化建设与党建、人才培养、教学科研、专业建设、学生工作和社会服务等工作结合起来,同步规划、统一部署,彰显学院办学理念,实现对教育、教学、管理、服务的全方位指引,形成学院上下目标一致、共谋发展、全员育人的集体共识。

三、强化保障,健全系统化资助文化育人长效机制

资助文化育人不能只向受助学生输血,造血才是关键。高校要把"扶贫"与"扶智""扶志"相结合,将育人作为资助工作的出发点和落脚点,外化于行,内化于心,构建物质帮扶、品格塑造、能力拓展、情感激励有效融合的资助育人长效机制。

一是完善机制建设。首先要在不断完善资助文化规章制度和办法的同时,建立资助文化育人项目的整合机制,使各项目有机衔接,形成整体,同步实施。其次是建立动态资助文化育人帮扶机制,利用智慧校园平台的大数据,对受助学生受助过程进行跟踪管理和实时分析,根据分析结果调整帮扶项目。最后是加强资助文化育人的考核机制,建立以育人为导向的资助考评体系,注重过程管理和育人效果,加强监督,定期考核。

二是强化资助文化建设的队伍建设。首先要建立一支专业化水平较高的队伍,把能在政策宣讲、贫困认定、资助评定、育人辅导上担起重任的教师纳入到队伍当中,同时在招聘人员时要把好入口关,把学历水平、专业门类、能力素质、语言表达和思政技巧作为考核的标准。加强培训和指导,提高他们的政策水平和业务能力,打造专业化队伍。其次是鼓励他们开展资助文化建设的实践、调研、课题研究和项目申报工作。最后要完善导师制,加强对家庭经济困难学生的学习、生活、心理和思想帮扶,同时加强与家庭经济困难学生家长的联系,开展协同育人。

三是健全资助文化建设经费的保障机制。高校首先要加大对资助文化建设的支持力度，将资助文化建设经费纳入学校整体预算，专项开支。其次是提高学生的补助标准，设立社会各类捐助资金捐赠配比政策，扩大学生受助面，提升影响力，同时对学院争取的捐赠资金实行配比激励政策，激发学院积极性。

第二节 树立大教育理念，强化资助文化育人功能

高校在资助文化建设上要紧紧围绕"立德树人"教育理念，以社会主义核心价值观为引领，全方位、多角度、多层次、多渠道、有倾向地为学生做好"五个帮扶"，即思想帮扶、心理帮扶、生活帮扶、学习帮扶和能力帮扶。思想帮扶使贫困生收获信任和关怀，正视贫困，能从逆境中奋起；心理帮扶要加强心理健康教育，帮助贫困生克服自卑心理，主动走出贫困阴影，培育阳光乐观、积极向上的心态；生活帮扶要依托社团，在他助的同时要自食其力，自强自立，助己助人；学习帮扶要做到结对帮扶，加强学业指导，养成良好的学习习惯和方法，顺利完成学业；能力帮扶要通过社团活动，培育沟通协调能力、团队协作能力、活动组织能力，提升综合素养。

资助是手段，育人才是最终目的。高校要将资助文化融入"五个帮扶"过程中，将育人理念融入资助过程中，充分发挥资助文化的育人功能，积极开展人生观教育、道德观教育、心理健康教育和全面发展教育，让受助学生拥有健全的人格和健康的心态，完成由"输血"到"造血"的转变。

一、帮扶中融入人生观教育

（一）社会主义核心价值观教育

中共中央办公厅《关于培育和践行社会主义核心价值观的意见》中指出："把培育和践行社会主义核心价值观融入国民教育全过程。"资助文化作为大学文化的重要组成部分，思想上的引导功能必须坚持习近平新时代中国特色社

主义思想，必须把社会主义核心价值观教育融入资助文化育人当中。

一是要帮助家庭经济困难学生认清自己的价值取向。在资助帮扶中要让家庭经济困难学生正确认识"贫困"，正确理解造成家庭经济困难的原因，在思想上要转变"穷乃命运"的错误认识，要明确自己的价值取向，战胜自己，强大自己，远离心理问题。

二是要帮助家庭经济困难学生形成正确的价值导向，引导他们树立正确的世界观、人生观和价值观。高校资助工作人员在开展帮扶过程中，要以社会主义核心价值观为指导，崇尚真善美，引导家庭经济困难学生爱国爱党，常怀感恩；要深刻理解社会主义核心价值观的内涵和要点，努力学习，让家庭经济困难学生感受党和国家的关怀，提高他们对社会主义核心价值观体系的心理认同和价值共识。

三是要帮助家庭经济困难学生有明确的价值选择。高校资助工作者在开展各种形式的帮扶文化活动时，要鼓励他们以社会主义核心价值观为他们为人处世的道德准则，引导他们追求真善美，培养他们的责任感和使命感，自觉树立高尚的道德品质。

（二）励志教育

对家庭经济困难学生开展励志教育，目的是让他们在困难面前激发出内心的勇气和斗志，敢于面对和战胜困难，帮助他们树立战胜自我，励志成才的人生追求。

一是加强家庭经济困难学生的理想信念教育。首先在资助过程中，积极引导家庭经济困难学生观看励志影片、欣赏励志歌曲、阅读名人传记、倾听励志学子成长成才故事，帮助他们树立战胜贫困的勇气，养成勤学善思、扎实干事的信念。其次，可开设励志通识课程，老师根据家庭经济困难学生的实际情况和特点，因材施教，进行一对一帮扶指导，引导学生只有拥有一技之长，才能把握人生出彩的机会。最后，依托社会实践等活动平台，开展公益类、服务类、文体类等丰富多彩的活动，提升他们的综合能力，培养他们坚定豁达的人生态度，引导他们形成正确的人生观、世界观和价值观。

二是加强家庭经济困难学生的自立自强教育。首先，高校可通过学生校园消费大数据对家庭经济困难学生进行"消费评价"分析，指出他们的优点和不足，让他们对自己有一个客观的认识，在以后学习和工作中扬长避短，树立自信心。其次，高校要挖掘和培育典型，发挥榜样和标杆的作用，可开展"自强之星""五四榜样""优秀励志干部"评选活动，让学生在活动中受到教育和感染，通过诚信、感恩、励志等主题教育活动，通过校园网络平台进行宣传引导，弘扬他们不畏困难、艰苦奋斗、努力争先的精神，形成巨大的"能量场"，影响和带动家庭经济困难学生刻苦努力，励志成才。最后，在家庭经济困难学生中选聘"学生成长导师"，老生带新生，每个"学生成长导师"帮助一个或多个学生，引导他们由"受助"向"自助"，再向"助他"的转变，提高自身的能力和素质。

三是充分发挥高校资助文化的育人功能，帮助家庭经济困难学生树立正确的观念。高校资助工作应根据学生的发展诉求和其个人实际情况，整合校内校外实践资源，搭建修身立志类、能力提升类、创新创业类等平台开展资助育人工作，引导大学生将"自立、自助、自强、助他"意识转化为实际行动，在困境中成长成才。

（三）责任教育

人在社会中生存，就处在一定的社会关系当中，就承担着一定的责任，对受助学生进行责任教育的目的是培养他们健全的人格、高尚的情操、强烈的事业心和责任感。

一是培养学生责任认知。责任认知是培养责任感的前提。责任感不仅仅是一种社会行为和表现，更是一种心理状态。资助工作将家庭经济困难学生、家庭、高校、社会、政府等各个层面联系起来，形成了一定的关系。高校要在资助过程中让学生充分了解国家的资助政策，熟悉资助的条件和程序，明确资助的责任和义务，让学生感受到来自外界对他的责任和关爱，在责任情感的驱动下，逐渐形成对家庭、他人、社会、国家以及自我主体的正确认识和积极态度，帮助家庭经济困难学生树立正确的人生观和价值观，强化责任认知。

二是培养学生责任感。"穷孩儿早当家",家庭经济困难学生的责任感往往是因家庭经济困难的现实而产生的,他们清楚父母为解决家庭经济困境而付出的辛苦努力,他们自觉意识到需要通过自己的努力改变家庭经济。因此,父母在受助过程中要给予孩子正面引导和教育,帮助孩子理解国家资助的目的和意义,让孩子承担家庭责任的同时,积极回馈社会,承担社会责任。另外,高校教师更应该以身作则,无论是专业教师还是行政岗位教师,都要爱护学生、体谅学生,经常与家庭经济困难学生谈心谈话,深入了解学生家庭情况,了解学生的心理变化,鼓励他们放下生活的"思想包袱",从生活帮扶到心理帮扶,最后到责任帮扶,让学生感受到来自各界的关心和关爱,让学生在各界的关怀中学会感恩,并将感恩转变为责任意识,激发学生责任感。

三是培养学生社会责任。资助工作是党和国家扶助弱势群体,实现教育公平的一项举措。资助工作关乎金钱发放、学生权益、校园和谐和教育公平,高校在资助工作中一定要在法治框架下,实现精准化资助,必须用法治思维指导资助工作,依靠法律、制度规范资助工作,加强权力运行的制约和监督,确保资助工作合法有序开展,从而使资助对象精准化,使真正的贫困生受益,确保教育公平。同时在资助过程中要让学生明确责任和义务,认识到自身所肩负的社会责任,感受国家、社会和学校对他们的帮助,从而使学生真正树立起责任意识,增强家庭经济困难学生的法律意识和社会责任感。

二、帮扶中融入道德观教育

（一）感恩教育

"滴水之恩,涌泉相报"是中华民族的优良传统美德和人之常情,也是做人最起码的修养。不会感恩或者不愿感恩,是自私自利、缺乏修养、没有大爱的体现。只有懂得感恩,才能胸怀坦荡,也才能深刻认识到资助者的崇高精神和无私爱心,也将会激励自己回馈社会、奉献他人。开展感恩教育就是让家庭经济困难学生通过各种形式的教育去积极体验他人的内心世界和内心情感,感人所感,帮助他人,使学生的行为规范上升到心灵的自觉要求和对生活的热爱，形成自信、自立、自主、百折不挠的品格，使自己感受到成人、成才和成功的重要意义。

一是加强高校感恩教育。教育是缓慢而优雅的过程。感恩作为一个人的高贵品质，不是与生俱来的，需要后天加以引导和教育，使受教育者从内心接受感恩的情感教育和道德教育，自觉形成感恩的意识，从而外化为具体的感恩行为。首先，高校要依托一课堂理论主阵地，开设一些选修课对学生进行潜移默化的教育。例如国学经典导读、大学生心理健康预防、中外历史人物分析等，将中外古今的感恩文化融入其中，注入感恩的情感，使大学生能够尊重、关爱他人，提高感恩意识。其次，高校可依托社团等二课堂实践平台，广泛持久地开展灵活多样的以感恩教育为主题的校园文化活动，如主题班会、党团日、重大节日等活动将感恩教育理论化、系统化和实践化，唤起学生的感恩认知。可利用寒暑假组织学生开展孝敬父母的"温情行动"，帮助大学生形成稳固的感恩情怀，使感恩真正内化为一种自觉的意识和追求。最后，高校也可在"两课"中挖掘显性或者隐性的感恩教育内容，从不同阶段、不同层次，适量、适度、适时地对大学生进行感恩教育。

二是加强社会感恩教育。感恩是每个人应该有的基本道德准则，更是一种自立意识、自尊意识和社会责任意识的体现。首先，教师在资助过程中，要向家庭经济困难学生阐释各种资助政策出台的目的和意义，做到"以理服人，以情感人，情理交融，感人心灵"，让学生在不知不觉中受到教育。其次，要充分发挥新媒体作用。高校可研发手机应用程序、建立微信公众平台、开辟网络论坛、建立资助网站等，定期发送与感恩有关的古今中外小故事，制作感恩小视频，让学生时时刻刻感受到关心和帮助。同时，多和学生交流互动，让学生在交流中感受到社会对他们的关心和关爱，增加亲切感。

三是加强家庭感恩教育。家长则是孩子的第一任老师，家就是孩子的第一所学校，学生的认知和情商大多数都来源于家庭、来源于父母。因此，家庭教育中父母要做好榜样，怀有一颗感恩的心，激发孩子感恩意识，引导孩子以实际行动回报社会。

（二）诚信教育

诚信是中华民族的传统美德，讲诚信的人受欢迎，能立足社会，不讲诚信的人受人鄙视，难于立世。诚信是大学生为人处事的根本，是事业成功的保障。高校开展诚信教育的目的是培养家庭经济困难学生养成讲诚信、重承诺的良好品质。

一是高校要认识诚信教育的重要性。首先，诚信教育有利于资助工作价值取向的培养与实践。诚信是社会主义核心价值观的内涵之一，大学生是否诚信对于实现中华民族伟大复兴梦有重要的影响。大学生是祖国未来的建设者和接班人，在践行社会主义核心价值观上做表率、做标杆、做先锋、不弄虚作假、不隐瞒欺骗，培养关心、关爱他人的思想品质，让正能量充满校园，为践行社会主义核心价值观不断提升自己、完善自己，为实现中华民族伟大复兴梦而不断努力。其次，诚信教育有利于完善高校资助体系的建设。高校现已形成"奖""贷""助""勤""补""免"的资助体系。国家助学贷款机构考虑到大学生是诚信度高、综合素质好、就业前景乐观、收入相对较好的群体，只要提供助学贷款所需要的各级家庭经济困难证明及个人资料，就可以申请到国家助学贷款，完全是一种凭借大学生个人的人格和信誉为保证的信用贷款，还款全依赖大学生个人的诚信。所以，大学生的个人诚信与否关系到整个资助体系的存亡，高校要把加强诚信教育作为资助体系建设工作的大事来抓，融入学校教学的各个环节，教育引导学生牢固树立"以诚实守信为荣，以见利忘义为耻"的荣辱观，真正形成诚信申请资助、诚信偿还贷款的良好风气。通过各种形式，营造诚信文化氛围，培育诚信品质，把诚信内化为学生的主体认知和自觉情感。最后，诚信教育有利于高校资助文化体系建设的构建。资助文化自身并不是独立的，它依存于整个大学文化之中，对大学生的发展方向、思维方式、价值判断、行为习惯等有着重要影响。高校要增强诚信教育的实效性，让学生树立讲诚信的主人翁意识，形成"人人讲诚信、事事守诚信"的浓厚氛围，努力营造"诚信光荣，欺骗可耻"的舆论环境，推动资助文化建设。

二是坚持思想引领，加强大学生诚信教育。社会主义核心价值观明确了大学生的价值取向和评价标准,而诚信恰恰是社会主义核心价值观的重要内容。因此,高校在开展大学生诚信教育时应以社会主义核心价值观为引领,用正确的价值观引领大学生的行为,把诚信教育贯彻到学校教育教学管理、思想政治教育、人才培养、科学研究、社会服务等教学和生活的各个环节。坚持发挥一课堂的主渠道、二课堂的实践活动和三课堂的网络传播作用,这些丰富多样的教育形式,既可以在第一课堂直接教育引导,也可以通过二三课外实践活动引导学生了解什么是诚信、为什么讲诚信、如何遵守诚信等。通过教师授课、主题班会、讲座、报告、党团日活动、微视频等途径,结合重大时间节点,开展诚信教育的相关活动,有计划有步骤地将诚信教育推向深入,让学生有更多的机会撒播诚信的种子,收获诚信的果实,增强学生对诚信教育的感受,让诚信内化为每个大学生的自觉行为,提高诚信教育效果。

三是坚持完善诚信教育机制建设,为诚信教育提供有力支撑。"言必信,行必果""人无信不立"等俗语说明诚信对人的重要作用。大学生作为实现"中国梦"的实践者,接受诚信教育尤为重要。高校首先应该从"立德树人"根本任务的高度加强对诚信教育的顶层设计,科学设计诚信教育体系,实行梯度诚信教育模块。如大一新生进行诚信认知教育活动,大二、大三学生进行诚信意识习惯养成教育,毕业生进行就业和签约诚信教育,使整个诚信教育体系各有侧重,相辅相成。其次,完善家庭经济困难学生诚信评价体系建设。大一新生入学时就应建立诚信个人档案,包括诚信承诺书、个人基本信息、学习诚信评价、生活诚信评价和社会活动诚信评价等内容。学习诚信评价包括奖助学金、考试违纪、等级考试、学期考试等。生活诚信评价包括日常消费记录、社会资助、助学贷款、勤工助学等。社会活动诚信评价包括社会实践、志愿服务、技能考试、银行还贷等的评价。依托校档案室完善诚信档案管理,将学生个人档案作为学生评奖、评优、入党和就业的重要依据之一,毕业时装入毕业档案随工作迁移。

四是坚持资助工作动态管理,注重诚信教育实效。当前,我国社会诚信系统还未健全,高校只依据当地各级机构开具的贫困证明等材料对家庭经济困难学生贫困等级进行确定,不能真实掌握学生的家庭经济困难情况。所以,高校在学生认定上要进行动态管理,建立学生的学习、思想、生活和工作表现等动态记录,并根据学生在校的真实表现及时调整、补充和删减,确保精准资助贫困学生,与此同时,在动态管理过程中要进行诚信教育,确保信息的准确性。另外,建立学校与家庭之间的沟通机制,通过函询、实地走访等了解家庭经济困难学生家庭的经济来源和基本情况,避免"假贫困"现象发生,使资助工作更具针对性。对即将毕业的学生开展签订就业协议、偿还各种贷款等诚信教育活动,让学生感知诚信的可贵,预防并消除种种失信行为。

五是诚信教育要形成合力。家庭经济困难学生的诚信教育以学校为主,但家庭教育和社会教育的共同参与是最好的诚信教育模式。社会环境影响着家庭经济困难学生的诚信教育,社会要加强舆论引导,营造良好的诚信氛围。各种媒体和宣传部门都应把践行社会主义核心价值观作为主要宣传内容,让"恪守诚信""言行一致"这些传统美德深入人心,让诚信的范围扩散到社会的每个角落,掀起诚信之风。家庭是孩子的第一所学校,家庭的道德环境对受助学生的诚信教育起重要作用,要积极营造和谐氛围,重视家庭伦理建设和家庭诚信道德建设。父母是孩子的第一任老师,要率先垂范,有正确的诚信观,对孩子进行正确的引领和指导,注重孩子的诚信品质养成,让诚信的种子在孩子的心中生根发芽。只有学校、社会和家庭形成合力,诚信教育效果才能更加明显。

三、帮扶中融入义利观教育

义利观,是一种经济伦理思想。义利观,义者,"事之所宜也",是某种特定的伦理规范、道德原则,是儒者们心中至高无上的道义。利者,"人之用曰利",后世多指物质利益。如何看待二者的关系,便形成义利观。[①] 现在的义利观常出现在商业往来中,常表现为重义轻利和重利轻义现象。正确的义利观指重义轻利,以义为主,信守承诺。歪曲的义利观指重利忘义,以利为主,践踏

---

① 参见罗国杰:《传统伦理与现代社会》,中国人民大学出版社 2018 年版。

诚信，拜金主义是其表象之一。高校加强对家庭经济困难学生的义利观教育，有利于大学生在贫困申请、认定和受助过程中，正确对待义和利。他们对义和利的选择，将对自己为人处世和未来的发展有着深远的影响。因此，高校要在资助文化体制机制建设、活动平台建设、教育内容设计上融入义利观教育，引导家庭经济困难学生端正义利观，正确对待和处理义和利问题。

一是以课堂为载体，开展义利观教育。高校要高度重视课堂教学作为资助育人主渠道的作用，将专业知识与义利观有机结合起来，使学生在学习的同时接受思想的熏陶。同时，加强对课堂的管理，落实教师教书育人责任，加强师风师德教育，让教师时刻关注受助学生的思想情况，深入其思想深处，并为其制定相应的学习计划，帮助他们健康成长，全面成才。

二是以课外文化活动为载体。高校资助文化建设卓有成效和最具活力的载体是组织开展丰富多彩的课外文化活动。开展以义利观为主题的文化活动，对学生健全人格、陶冶情操、品德养成、行为规范、提升素质具有重要影响，对于受助学生内在深层次的心理结构的完善具有促进作用。课外文化活动重在引导受助学生积极参与，根据学生的需要和特长分类开展，为学生展示才能、彰显个性提供平台，使其得到情感体验、心灵震撼、思想净化，达到"知其利，正其义"。

三是以社会实践为载体。实践育人是课堂教育的延伸和升华，高校要把实践活动打造成传播义利观的重要阵地。应引导受资助学生积极参与学科竞赛、社会实训、社会体验、勤工助学、志愿服务、社会调研、创新创业等活动，活动开展过程中要加强社会主义核心价值观和中华优秀传统文化教育，学生在获得丰富的实践体验和精神体验的同时，实现自我价值和社会价值的统一，树立远大理想，努力学习科学文化知识，提高自身的道德修养。

四、帮扶中融入心理健康教育

高校不仅要对家庭经济困难学生进行物质资助，还要对他们进行精神资助，以防范和消除家庭经济困难学生产生的多种心理问题。

一是加强宣传教育，注重心理引导。首先，资助工作者要了解每一名学生的家庭经济状况和心理状态，为他们建立心理档案，定期与他们交流，了解他们的学习、生活和心理情况，心理问题要做到早发现、早预防、早解决。对已经出现心理困惑、迷茫的学生，资助工作者要进行深入辅导交流，有必要与校心理咨询机构沟通，引导他们及时消除心理问题。其次，高校可开设人际沟通、心理咨询等方面的课程，举办心理大讲堂和名人励志教育讲座等活动，让家庭经济困难学生从中汲取力量，让他们认识到成才之路不是一帆风顺的，都会经历一番磨难。帮助他们树立信心，逐渐走向自立、自强和自信。最后，要加强人文关怀，引导学生干部与全体同学尊重、体谅和关心家庭经济困难学生，让他们感到温暖，有归属感和安全感，有"家"的感觉。

二是开展实践活动，加强心理帮扶。首先，各学院可探索成立阳光社团，定期举行心理沙龙活动，每一期选定一个主题，选择家庭经济困难中那些优秀的学生来做报告，讲述自己克服心理困难的心路历程。让参加的同学参与交流，并分享自己的故事，排解心中的郁闷。其次，搭建心理健康教育平台。高校可开设心理健康课程，对家庭经济困难学生讲解心理健康知识，强化心理健康教育，让每一个学生都能够从课堂教育中愉悦地成长。同时，可设立心理诊所和心理咨询中心，一方面，学生可通过拨打电话、网络留言等现代化的方式倾吐自己的心理问题；另一方面，也为那些羞于面对面去向别人寻求帮助的学生，提供一个渠道。最后，实行导师制。每一位家庭经济困难学生可以自主选择一位在学习和生活中让自己信赖的老师成为自己的心理导师。导师要定期与学生进行交流，解决他们在学习和生活等方面遇到的心理困惑。

五、帮扶中融入全面发展教育

马克思和恩格斯曾经提出，要给每一个人提供全面发展和表现自己能力的机会。[①] 高校在帮扶中融入全面发展教育就是为了培养家庭经济困难学生全面

---

① 《马克思恩格斯选集》第3卷，人民出版社2009年版，第644页。

发展，提高自身综合能力。首先，高校要培养家庭经济困难学生的沟通能力，可以开设礼仪课程、读书交流、演讲比赛、辩论赛等活动，锻炼和提升他们的表达能力，提高他们的综合素养。其次，要开设计算机、英语等相关技能的免费课程，提升学生的操作能力，还可以搭建更高的平台，开设免费的雅思、托福课程，增设留学基金，帮助有需求的学生申请更高层次的教育。最后，要加强对家庭经济困难学生的就业指导，开设职业生涯规划、大学生就业指导、大学生创新创业项目、简历制作等课程，帮助他们提高就业和创业能力。要积极主动为家庭经济困难学生联系校内和校外、省内和省外实习实践基地；要向他们宣传国家出台的就业政策如"西部计划""三支一扶"等，鼓励他们深入一线，深入基层去工作，建设祖国。

第三节 优化资助育人环境，提升资助文化影响力

大学文化的价值理念就是通过师生点滴生活或显性或隐性地呈现，优秀的文化引领师生的价值追求和行为导向，是全体师生共同的追求和根本认同。文化传承与创新已成为现代大学的重要职能。高校必须重视资助育人工作，发挥资助文化的浸润作用。而要做到资助育人，就必须重视资助育人环境建设。虽然在教育系统中学习主体是内因，起着主导作用，但是，环境作为外因有促进作用。当环境为学习主体提供了成长发展的元素，促使学习主体适应环境，环境便实现了育人功能。资助环境的营造和构建，直接影响到受助学生知识的获取，以及人生观、价值观、世界观的形成，对他们后期的社会化行为产生先导作用，关系到受助学生的成长与发展。高校要坚持以育人为导向，优化资助育人环境，引领和带动学生全面发展，提升受助学生的思想品德、科学精神、人文素养和实践能力，加强人文关怀，营造教育氛围，引导学生自觉成才，从而提升资助文化影响力。

一、加强人文关怀，营造仁爱氛围

人文关怀是马克思哲学的基本维度之一，是对人的生存状况的关注，以及对人的尊严与符合人性的生活条件的肯定和对人类解放与自由的追求，[①] 其核心是肯定人性和人的价值。资助育人工作中体现的人文关怀就是以学生为本，以学生为核心，保护学生的尊严、价值和情感，就是要全校人人关爱学生、尊重学生，从物质到精神，让学生在所处环境中做出正确的判断，促其全面发展，提高人文素养，实现自我价值。

（一）人文关怀的类型

人文关怀在资助育人中表现的类型有四种：经济关怀、思想关怀、心理关怀和发展关怀。

经济关怀即物质帮助，就是经济上的关怀，也是其他关怀的基础。经济关怀的最初目的是解决家庭经济困难学生的生存问题，以缓解他们的生活负担和心理压力，帮助他们顺利完成学业。经济关怀的形式有各级各类的奖学金、助学金、贷款、困难补助和就业创业补助等。高校在开展经济关怀时也传递着育人理念，比如在奖助学金的获取条件中加上人文关怀的价值导向，有利于大学生的成长和成才。

思想关怀就是时刻关注家庭经济困难学生的思想动态，解决他们思想中存在的问题，如有的学生因贫困怨恨父母，不能正视自己的贫困状况，受助后缺乏感恩和诚信意识等。这就需要思想工作者在资助工作中给予其思想引导和人文关怀，帮助他们正确认识贫困，以积极的心态去面对困难，引导他们自强自立，感恩社会。

心理关怀就是关注家庭经济困难学生的心理健康。大多数学生省吃俭用，希望通过自己四年的努力学习，找到一份好工作，帮助自己及家庭摆脱贫困的命运。面对就业和经济的双重压力，要保证他们心理健康，思想工作者在资助

[①] 参见俞吾金：《人文关怀：马克思哲学的另一个维度》，《光明日报》，2001年2月6日。

时就要做好心理关怀工作，主动找他们谈心谈话，了解他们的思想动态，倾听他们的心声，关心他们的学习和生活，帮助他们解决生活和学习中遇到的问题，及时排遣他们的负面情绪，帮助他们树立积极健康的心态。

发展关怀就是关注家庭经济困难学生的全面发展。大多数学生自卑、胆怯、不善交际、不敢去面对同学和面对生活。思想工作者在资助时就要做好发展关怀，为他们搭建成长平台，提高他们参与活动的积极性，给他们提供锻炼成长的机会，如培养他们当学生干部或者到学校各部门勤工俭学等，提高他们的能力和素质，促进他们全面发展。

（二）彰显人文关怀人性化

人性化就是关心、理解、尊重和帮助学生，尤其是尊重，是衡量资助育人效能好坏的标尺。资助育人不是铸器，育人必须顾及人的尊严、价值、情感和一切合理需求，应该让人的个性、创造性得到充分发挥，让人的尊严得到充分尊重。

一要树立为学生服务的理念。高校要正确认识和理解人文关怀是一种价值取向，在制度设计上体现人性化、科学化和精细化，切实将人文关怀融入贫困生资助工作的全过程。整合校内外育人资源，搭建育人平台，为家庭经济困难学生营造更多的机会和发展空间。

二要融入资助育人各环节。资助工作者不仅要育人，更要立足于家庭经济困难学生群体实际开展工作，做到人性化关怀，包括经济关怀、学业关怀、精神关怀等内在的整体的关怀，提供情感、就业和心理等方面的服务，主动关心、关注和帮助学生，切实加强营造资助育人的仁爱氛围。比如在迎新绿色通道方面，采取设立独立地点或网上绿色通道的方式保护学生隐私。新生通过在线系统完成学费缓交、资助申请等手续，简化报到手续的同时，也便于学校提前了解家庭经济困难学生情况和资助需求，及时提供有针对性的资助服务。也可将"绿色通道"办理现场设于校内较为偏僻的办公楼会议室，聘请专家在现场与新生一对一谈话，了解学生家庭经济情况，引导他们正确面对，激励他们励志成才。比如在提供爱心礼包方面，为保护学生隐私，拒绝标签化物资发放，采取发放无辨识礼包或者物资兑换券方式关怀学生，将爱心大礼包放在位于学生宿舍附近的超市，学生凭券领取。比如在信息公示方面，只公布必要信息，避免暴露学生个人隐私，可依托校学工处微信公众号、学工处官网等途径，适当公示。在贫困生称呼上，有些地区废除"贫困生"称谓，可以说是一种进步。目前高校广泛地称之为"家庭经济困难学生"，但在具体层次，如"特困生"的叫法，某种意义上说缺乏人文关怀，应该思考一个科学的、具有人文关怀的名字。在励志教育方面，着力淡化标签，通过榜样的力量、朋辈教育等多种方式促进学生融合发展。可以开展一系列励志主题教育，邀请助学成才的典型代表分享他们在大学的学习生活体会，激发家庭经济困难学生当自立自强。评选"学生资助宣传形象大使"深入新生中广泛开展学生资助政策宣传、励志成长报告会、交流会等活动，鼓励家庭经济困难新生。

三是坚持资助育人个性化。应该走"进"学生，用"心"沟通，对每个独特的个体，要因人施教，注重家庭经济困难大学生个体发展的差异，关注不同阶段的实际需求，从每个学生的实际情况出发，而不是把资助工作困于统一的模式之中。把提高学生的综合素质和全面发展作为人文关怀的重点，发掘每个受助学生的闪光点，找出差异性，塑造人格健全，有独立性和高尚品格的社会有用人才。

（三）营造人文关怀氛围

环境是文化的载体，又是文化的外在表现形式。高校要在营造良好的资助育人环境上下功夫，切实发挥资助育人环境对家庭经济困难大学生的感染、促进、约束等作用，要通过环境建设体现对家庭经济困难学生的人文关怀。比如利用建设自立自强文化长廊、悬挂励志人物宣传榜、宣传励志人物先进事迹、建设资助文化网站等措施，优化人文环境，满足大学生的精神文化需求，陶冶学生情操，净化学生心灵。在优化资助育人环境过程中，要重视使各种环境因素形成合力，充分发挥积极作用，才能促进贫困大学生健康成长，早日成才。

二、搭建成长平台，培育综合素质

家庭经济困难大学生与其他学生相比，存在很多的特殊性，因此，在其教育过程中，既要考虑到共性问题，也要注意差别。要为他们搭建成长平台，创造成长机会，助力其健康成长成才。

（一）组织集体活动提升大学生综合素质

高校要通过开展多样的家庭经济困难学生集体交流活动，为他们创造成长途径，引导他们相互间进行信息、理念以及价值观的传递。在组织这样的集体交流活动时，需要密切关注以下三个方面。

一是活动的主题要阳光积极向上且有意义。组织者要在活动开展之前，进行充分的调研，选拔一部分同学成立活动机构，充分发挥他们的主人翁精神，然后根据调研的结果制定活动的方案，有序开展集体交流活动。二是组织者要密切关注活动开展情况，要确保活动始终围绕主题开展，如有偏离主题倾向时要及时纠正。三是活动中要引导一部分思想积极、心态阳光的同学主动参加，发挥榜样示范作用，带动其他同学共同参与活动。

面向家庭经济困难的大学生开展多样的集体组织实践活动，主要目的是让他们在参与中共同锻炼、共同成长、共同提高。培养他们的感恩意识、自强意识、诚信意识，以及坚强刚毅的意志品质，提升他们的综合素质和综合能力。

（二）组织社会公益活动增强大学生社会责任感

高校要积极联系社会组织和公益机构，为家庭经济困难学生搭建锻炼平台，创造参加公益活动的机会。比如去敬老院或儿童福利院做义工；为大型活动或赛事当志愿者；根据受灾地区教育、医疗的需要，有针对性地进行义务帮扶活动；积极参加学校对口贫困地区的扶贫工作；等等。通过参加这些志愿服务活动，让家庭经济困难学生体验到帮助他人的快乐和幸福，提高他们的社会责任感和使命感，并在交流中提高认识，分享喜悦，形成共同的价值取向。

（三）组织实践活动培养大学生自立自强意识

高校可在校内各职能科室或者图书馆、网络中心和后勤等教辅部门设置勤工助学岗位，聘选一些优秀的家庭经济困难学生做一些辅助工作，不仅解决了其生活上的经济来源，同时也提高了他们的办公技能和业务能力。另外，高校大学生社团是广大学生在共同意愿和共同兴趣爱好的基础上自发组成的业余团体，不受年级、专业或院校的限制，在突显个性、发挥特长、增进友谊、交流思想、切磋技艺、提高综合素质方面已经成为重要活动载体。因此，应支持社团开展社会实践活动，引导家庭经济困难的大学生通过下基层、进企业、进社区、进慈善机构，逐渐认识社会、感恩社会、回报社会，在锻炼中成长，在成长中成才。

三、营造教育氛围，引导自觉成才

（一）典型示范教育发挥榜样作用

典型示范教育是一种用学生身边的榜样和身边的故事，引领学生价值取向的教育。

一要挖掘和精选示范典型。高校要以学生的精神需求为导向，建立学校主导、学院把关、校院联合的选拔机制，让所有家庭经济困难的学生都参与进来，以学生思想道德日常表现为基本条件，把在学习、生活、科研、志愿服务、自立自强、创业创新等方面有突出成绩和贡献的学生选拔上来。

二要对先进典型进行培养。要充分发挥先进典型的作用，培养他们担任学生干部和组织负责人，在学生自我管理、自我服务、自我教育中发挥模范带头作用，用他们的精神与事迹感染身边的同学，不断使自己成为德、智、体、美、劳全面发展的人才。

三要创新先进典型的宣传手段。典型示范教育具有潜移默化的作用，学校首先要打造品牌活动，开展"立志成才大讲堂""寻找身边的感动""青春榜样"等活动，充分发挥育人功能；其次要通过微信公众号、网站和报刊等阵地提高示范教育的覆盖面和影响力，营造自我教育氛围，提高学生自我教育的能力。

（二）创业引导教育激励自我成长

创业教育能充分调动家庭经济困难学生的主动性，提升他们的综合素质，促进他们全面发展和全面成才。

一是提升家庭经济困难学生的创业意识，营造创业环境氛围。创业意识的培养需要长期的引导、教育和积淀，高校要将创业精神提升到改变学生自身命运的机会、为社会创造价值和自我价值实现的高度，促使学生形成自我创业意识。可以通过宣传大学生自主创业、成功企业家创业和校友创业的事迹，坚定大学生创业的热情，通过各种创业大赛、创业导师讲堂、创业校友座谈会、团队式创业项目、参观走访企业和创业园等形式，激发学生创业热情，将大学生的创业动力转化为自新创业的理念。

二是要充分利用社会资源，为家庭经济困难学生提供创业服务。大学生的创业教育必须有一支优秀的师资队伍做保障，在不断完善高校师资队伍建设的同时，要充分利用社会教育资源，聘请成功企业家、行业导师、项目负责人作为创业实践导师，结对帮扶，有计划地对大学创业实践能力进行教育和培养，使学生在实践中不断积累经验。

三是要搭建创业平台，提升大学生创业能力。创业能力包括政策分析、团队组建、风险评估、市场运作、管理经营等能力，培养创业能力，关键在实践。只有把在校内所学的知识在实践中进行应用，创业能力才能得以提高。高校要积极搭建实践活动平台，利用大学生创业园、大学生众创空间、科技产业园、校友合作项目、校企合作项目等实践平台为学生提供锻炼机会，通过不断实践积累丰富经验，提高创业能力，实现自主创业。

第四节 抓好"大合唱"，构筑资助文化合力

高校资助文化建设工作是一项复杂而烦琐的系统工作，需要高校的部署和实施，政府的管理和指导，社会的支持和配合，家庭的理解和信任。构筑资助文化合力，组织管理是基础资源，聚合是保障过程，实施是核心。这就需要

高校、政府、社会、家庭四大主体紧紧围绕文化引导人、塑造人、教育人和培养人的作用，发挥各条途径培养作用的最优化，相互联系，协同协作，同向而行，形成资助育人整体合力，实现学生全面发展的目标，保证资助文化建设可持续发展，提升育人效果。

一、充分发挥高校在资助文化体系建设上的主导作用

（一）完善资助文化建设理念

党的十九大报告提出："坚持新发展理念。发展是解决我国一切问题的基础和关键。"这一科学论断，成为高校把握新时代学生资助工作的重要行动指南。《高校思想政治工作质量提升工程实施纲要》中相应地提出高校学生资助工作要构建发展型资助体系。为此，高校学生资助文化体系的构建，必须紧跟国家战略部署，一定要解放思想，树立以生为本的发展型资助育人理念，坚持用新发展理念指引顶层设计，以育人为主线，坚持扶困是基础、扶智是关键、扶志是根本的发展型资助育人思路，解决学生资助工作中和资助文化建设中存在的问题，做到助困、强能、扶志并重，达到育人效果。

一要坚持创新发展理念。不断创新资助育人体系，打破固化模式，重视需求导向，关注思想引领，坚持实践育人，探索家庭经济困难学生资助的新模式、新形式和新方法，构建多维度全程式发展型资助育人体系，实现资助育人目标，为大学生思想政治教育和学生资助工作提供可借鉴的做法，创新具有中国特色的高校学生资助体系。

二要坚持协调发展理念。整合政府、社会、学校、家庭等各方面资源形成合力，重点解决家庭经济困难学生对美好生活的追求与不平衡不充分的高校资助工作体系之间的矛盾，促进个性需求和共性需求协调发展，促进保障型资助和发展型资助协调发展，促进显性资助与隐性资助协调发展，促进有偿资助与无偿资助协调发展，完善和增强资助工作的体系化。

三要坚持绿色发展理念。高校大学生资助工作要充分利用信息化手段等网络资助智能系统采集涵盖家庭经济收入情况及成员信息、学生入学前受资助信息、学生所在生源地经济发展水平信息、学生日常消费评价等大数据,通过系统对数据的挖掘与分析,实现精准资助与动态管理,节约资助工作成本。通过对学生本人兴趣、爱好和性格等的了解,制定个性化资助计划,保障大学四年的全过程的可持续帮扶。

四要坚持开放发展理念。高校大学生资助工作应借鉴国内外国家资助政策和高校资助育人体系,以开放性格局和国际性视野,开展国内外高校资助管理机构和人员相互交流与信息交换,了解先进的资助政策和资助办法,吸收先进经验,为家庭经济困难学生搭建多种国际和国内学习交流平台,激发家庭经济困难学生的内在动力,培养他们的国际视野和家国情怀。

五要坚持共享发展理念。高校大学生资助工作要积极主动联系校友、企业和相关爱心机构等,整合和利用国内外多种资源,开拓不同的渠道,搭建家庭经济困难学生成长发展平台,确保受助学生共享资助资源,助力受助学生成长成才。

(二)完善资助文化工作体系

高校应在资助文化工作体系上探索运用互联网技术构建资助文化建设系统,依托"大数据处理"相关技术,利用生源地、各省和高校资助系统,构建一个集网上申报审核、资助政策公开、文化育人为主、助学为辅的大数据支撑的资助系统,真正实现贫困生数据共享,精准认定,真正解决贫困生深层次的心理,从而利用大数据对贫困生成长、成才情况进行分析,为资助研究工作提供可需要的数据支撑。资助系统应由高校资助系统、省级资助中心系统和生源地资助系统三个子系统组成,相互联系,相互提供数据。

一要做好高校资助子系统模块开发。高校子系统主要是围绕贫困生资格审核、培养教育和监督跟踪三个环节进行管理,各环节中要设置详细信息,如贫困证明材料、联系方式、高考状态、登记认定、勤工助学岗位申请、就业帮扶、心理辅导、毕业跟踪等功能。子系统设学生模块、辅导员模块和院系模块。学生模块主要是维护学生个人信息管理,首先是业务办理和查询情况,如学习压力测评、申请困难生认定、申请各类资助项目。其次是申请勤工助学业务，包括用工单位申请、学生工作与岗位申请和学生工资申请审核等。再次是查看班级、学院和学校发起的公示，可提出异议。辅导员模块主要是对学生基本信息进行查看、修改、按条件筛选和导出学生信息，包括统计学生受资助情况、开展贫困生认定、资助项目的审批和公示、黑名单管理等。院系模块除辅导员模块功能外，添加院系资助项目、贫困生走访、院系公示等功能。

二要积极参与生源地资助子系统模块开发。贫困生生源地民政部门或相关机构，是家庭经济困难大学生初审的基层单位，在家庭经济困难大学生认定过程中有着举足轻重的作用，推动着相关工作的开展，同时承担的工作职责有对贫困生的家庭经济情况日常跟踪，这是在校家庭经济困难学生认定、建档或退出贫困档案的重要依据来源。因此高校应加大与生源地政府之间的横向联系，参与生源地政府资助子系统纵向功能的开发与建设。生源地资助子系统应重点开发家庭经济困难学生申请、家庭经济困难学生资格初审与家庭经济困难情况的跟踪模块，其中包含学生基本情况、在校奖惩信息、家庭成员情况、家庭经济现状、影响经济情况原因、贫困等级认定、申请借款情况、年度家庭经济收入、家庭负债情况、家庭受助情况、预计脱贫时间、学生是否需要继续资助等功能环节，根据网络调查、实地走访等形式，加深对贫困大学生情况的了解，及时发现他们面临的困难并帮助其解决问题。

三要积极参与省级资助中心子系统模块开发。省级资助中心子系统功能的开发是整个资助管理系统中的核心，在整个系统中起到协调汇总、组织指导以及资金管理的作用，并兼顾资格认定、资金监管、受理投诉的功能，提高了资金的使用效益。省级资助中心子系统应作为联系生源地政府资助子系统与高校资助子系统的数据汇总、分析、处理、评价的纽带与桥梁，对数据分析后的情况进行深入的实地调研以及系统的运行，提出具有可行性的优化方案等。因此高校应积极参与省级资助中心子系统的开发与建设。省级资助中心子系统的相关数据是由生源地政府资助子系统与高校资助子系统共同提供，省级资助中心负责汇总、分析、处理、研究、评价，同时分享了与生源地资助子系统和高校资助子系统的研究成果，并将家庭经济困难学生总体数据上传数据库，以备国家资助中心或相关机构检查、调阅。

由于我国幅员辽阔，地区间的自然条件迥异，各地经济发展不平衡，对家庭经济困难学生的认定、建档以及资助帮扶工作的前提是适时了解并掌握家庭经济困难学生的各项要素，如家庭环境、生活现状、健康状况、学习成绩、学籍信息、思想动态和所在区域经济状况的差别等动态信息数据库。各地区对于家庭经济困难学生家庭经济情况的动态变化及学生贫困程度的划分并没有统一的衡量标准，因此高校要依托大数据，利用"互联网+"的环境，搭建生源地资助和省级资助中心，通过准确完整的数据有效地帮扶与管理家庭经济困难学生，将以往的主观认定转向为依靠客观数据，从而对贫困学生进行客观公正的认定，真正实现贫困生帮扶的"精准扶贫"，使其得到的帮助更具有效性和针对性。

（三）完善资助文化保障体系

对于构建全面的资助育人保障体系，要从人员、机构、资金以及制度等方面进行系统性建设，以保障其顺利有效地运行。

一是建设"高、精、强"的工作团队。人在团队工作中扮演着重要的角色，而一个好的团队对于工作的完成发挥着重要的作用。因此就需要我们建造一支专业素养精、协调能力强、服务水平高的工作队伍。首先要掌握国家资助的系列方针政策，运用好信息化的办公软件，具备高效率的办公能力和高水平的育人能力；其次具有强烈的工作使命感，在对大学生的资助和教育工作中心无旁骛；另外，我们应培养一些对大学生资助工作有责任感、在业务培训中各个方面表现优秀并热爱这项工作的人到这个职位上来，使大学生资助工作形成完善的体系和完备的规章制度，使大学生资助工作成为可以长远存在和发展的职业。

二是全员参与的机构保障。建议建立健全"学校主导、学院主体、部门支持、全员参与"的联动工作机制，选拔专业人才成立专门的领导小组，统筹全校资助工作，确保资助工作贯彻落实。在这一工作中，学校资助中心办公室是负责具体资助工作的职能部门；院系是开展资助工作的具体机构。此外还要成立各种校企合作组织、学生自助社团等组织机构，形成全员参与的工作机制。

三是多方筹措的资金来源。高校须拓宽资金来源渠道，增强资助的深度与广度，从而保障资助工作有效进行。因此，高校要建立包括财政拨款、学校自筹（企业赞助、社会帮助）、校友捐赠、创收等其他来源在内的资金筹措渠道。

四是规范健全的管理体制。在资助工作各环节制度完备的基础上，制定资助工作联动工作机制、资助工作与企业对接机制等。管理制度要以"立德树人"为根本，融入人文关怀，激发资助文化育人功能，精准帮扶，注重成效。

五是完善资助考核激励机制。高校要加强规范家庭经济困难学生资助工作的考核与激励机制，以提高高校资助育人员工工作的积极性和主动性，要对在资助育人工作中具有突出表现的相关人员给予一定的物质和精神奖励。同时，高校还应建立责任追究制度，对工作人员进行监督和审查，对违反程序、行贿受贿的工作人员追究责任。在整个工作过程中，工作人员应当秉持公平性的原则，帮助家庭经济困难学生顺利完成学业，实现其理想。

六是完善资助工作监督机制。高校应秉持公开透明的原则，维护教育公平，在保护家庭经济困难学生隐私的情况下，适时适当公示获资助学生名单，同时向广大师生提供举报电话，实现整个工作过程的透明化。此外，监察部门应定期审查资助工作，对每一笔资金流向进行监督，专款专用，确保资助资金落到实处，提高资助工作公信力。

（四）完善资助文化育人体系

高校要结合家庭经济困难学生的自身特点，考虑年级、兴趣、需求和能力，构建以"育人助能"为主的全过程递进式资助文化育人体系，实现对家庭经济困难学生从大一到大四的多层次递进培养。

一是以了解资助政策和职业生涯规划为主的大一阶段。大多数刚刚入学的家庭经济困难学生有自卑感，对集体活动会产生抵触情绪，还不适应大学生活方式，又因经济能力和自身条件的限制，没有优越的条件去拓展自己的兴趣和爱好。另外，他们对自己未来的职业发展方向不明确。针对这些问题，资助育人工作的重点应放在新资助政策宣讲和解读，以及帮助家庭经济困难学生适应大学生活和了解职业规划上。高校可举办资助政策宣讲会，鼓励学生去申请助学绿色通道、国家助学贷款或者助学金等方式来减轻家庭经济负担。可举办新老生经验交流会，通过老生在学习生活和工作上的经验，帮助新生克服大学生活中遇到的各种困难。高校可开设职业生涯规划课或举办职业讲座，帮助家庭经济困难学生合理自我定位、确立方向、进行职业探索，引导他们制定一个适合自己职业生涯的规划方案，为后续的资助工作打下基础。

二是以建立心理预防机制和能力培养为主的大二阶段。大二年级，家庭经济困难学生对大学生活过于理想的期盼以及刚入校时新鲜感的退散、物质的匮乏，学习主动性下降，人际交往困难，焦虑的心理问题导致对自我的怀疑。相关研究显示，大二年级是家庭经济困难学生出现心理健康问题的高发期，最为复杂，也最为集中。因此，资助育人工作的重点应以建立心理预防机制和能力培养为主。在建立心理预防机制上，资助工作者首先要加强对家庭经济困难学生的心理疏导和人文关怀，保护他们的自尊，时刻关注他们的心理活动状态，及时帮助他们解决个人在成长中遇到的各种困难，引导他们自立自强，勇敢面对生活。其次，开展心理教育活动，以心理健康日、世界精神卫生日等节日为契机，以举办心理成长沙龙、心理健康知识讲座为抓手，以个人咨询、个人心理自测、集体辅导等形式为手段，宣传心理健康知识，帮助他们打开心扉，协助他们克服心理困难，从而形成对自我的正确认知，引导他们积极面对学习和生活，树立自信心。在能力培养上，资助工作应以搭建勤工助学平台为主，首先在高校内设立一些与家庭经济困难学生专业密切相关的岗位，以帮助提高他们的专业能力，如协助教师做好科研辅助性工作、校园数字多媒体运行与维护等技术性工作、协助辅导员做好学生服务工作等。其次，高校可以与社会上的企事业单位合作，为家庭经济困难学生提供更多的勤工助学岗位，培养人际交往、沟通协调、实际操作等能力，提升他们的本领。

三是以加强专业技能和综合能力为主的大三阶段。大三年级是提高专业知识和综合素质能力的关键时期。也是资助育人工作的重点。首先，高校可开展"学业导航"、"一对一就业帮扶"、"家庭经济困难学生创业孵化计划"等活动，给予他们经费支持和创新创业指导，激发他们的创业意识，提高创业能力。其次，开设公文写作、文明礼仪、就业指导、求职简历制作、办公软件操作等相关课程，提高他们的实践操作能力和就业技巧水平，帮助他们"解困"。最后，为家庭经济困难学生搭建实习实践平台。依托校内校外实践基地，如校企合作单位、校友企业、社会公益组织，鼓励家庭经济困难学生参加顶岗实习、订单培养、公益服务等实践活动，引导学生提前了解就业市场和就业岗位，提高他们与职业需求相对应的各项技能与素质。

四是以提高求职技能和开展挫折教育为主的大四阶段。大四年级，家庭经济困难学生的心理发展、思想意识和传统观念趋向成熟，他们最为关注的是毕业去向和个人发展。因此，资助工作要围绕如何提高他们的求职技巧和应对求职过程中遇到的问题进行教育和引导。首先，加强就业指导培训。可以邀请用人单位和就业指导培训机构来校开展就业宣讲工作，介绍就业最新政策和法规，让家庭经济困难学生了解就业市场信息和行业最新动态。其次，鼓励家庭经济困难学生参加考研升学、征兵招募、西部计划、选调生和三支一扶，帮助他们科学合理地进行自我定位，树立正确的择业观和就业观，增强求职信心。最后，对家庭经济困难学生进行挫折教育。他们在考研和求职过程中遇到种种困境时，不可避免地会出现自卑、焦躁、情绪低落等心理状态。高校可举办一些适度且能强化抗压能力的训练活动，帮助家庭经济困难学生理智、客观地分析所面临的问题，引导他们坚定战胜困难的信念，以积极阳光的心态迎接挑战。

（五）完善资助文化工作机制

资助文化育人既要大德无形、润物无声，也要细致入微、体贴温馨；既要结合学生的兴趣爱好，注意性格和心理取向，也要尊重学生的诉求和需求，注重共性与个性的结合。以学校为主导，发挥资助文化"大合唱"的指挥职能，以学院为主体，对家庭经济困难学生要人性化管理和服务，依靠部门支持，全员参与帮扶，引导他们从心理到行为的真正转变，促进他们全面发展，促使资助文化"大合唱"的声部更加和谐、完美。

一要以学校为主导，发挥资助文化"大合唱"的指挥职能。首先高校应成立学生资助工作领导小组，由主管校长任组长，小组成员涵盖学生处、就业处、团委、教务处、组织部、校友办、财务处、审计等相关部门负责人。学生资助工作领导小组要负责召开资助工作常务会议，指导学院各项资助活动的开展、协调各个相关部门形成合力、协调组织社会捐助、寻找勤工助学岗位并对勤工助学岗位进行管理。主要任务是对资助工作进行顶层设计，制定全面的资助办法，搭建起一个教育帮扶平台，统筹好专业教学、就业创业、学生管理、思想教育等工作以达到为资助工作提供服务的目的；协调各部门加强联动工作，形成合力，使资助、培养、就业、育人成为四位一体、相互促进的系统，共同推进开展家庭经济困难学生的教育帮扶工作。下设学生资助工作办公室，承担日常学生资助方面的具体工作，学生资助办公室要分工明确、人员配置合理，每位工作人员均配置电脑、网络和打印机等硬件设施，保证资助工作全面电子化和信息化。学生资助工作办公室应开设实名认证的官方微博、微信公众号等线上平台，加强直接联系家庭经济困难学生的力度，增强资助工作的互动性，并且接受同学们的监督和评议，确保资助工作顺利开展。其次，要成立校、院、班三级心理辅导站。校级心理辅导站必须由专业的心理辅导老师组成，其作用有两个：一方面是对院、班两级辅导站工作人员进行专业培训和指导；另一方面是及时预防家庭经济困难学生心理问题的产生，同时为其提供心理问题咨询和引导。心理辅导工作站的职责是协助学生资助中心和资助工作者对家庭经济困难学生提供心理问题咨询并且针对他们具体的心理问题进行疏解和引导，在他们的知识教育、素质养成、心理健康、就业创业等各个方面提供帮扶，引导他们养成自信自强、励志成才的品质。班级心理辅导工作站要关注同学们的切实需求，回应同学们的切实关切，做好思想沟通、信息交流等工作，要引导家庭经济困难学生树立正确的世界观、人生观和价值观，把个人的理想和追求融入党和国家的事业发展之中去。最后，加强大学生就业指导教研室建设。在学校选聘一批专业水平高、素养能力强的教师，在社会各领域聘请优秀行业中的就业创业工作者、专家充实到就业指导教师队伍当中，对家庭经济困难学生进行帮扶和指导，提高他们的就业创业能力，系统设计资助育人课程。

二要以学院为主体。学院要充分发挥专业特色，对学生的特点进行准确地把握，在做好前期物质资助与精神帮扶基础上，分阶段、分层次地鼓励学生走向社会，用自己的所学所识，把爱心和关怀传递给社会大众，通过感恩专题教育、诚信专题教育、励志专题教育等活动，引导学生逐步形成热爱生活、感恩知礼、帮助他人、守信守德、胸怀大志、报效祖国的责任信仰。首先，分院要实施"一把手"工程。"一把手"就是第一责任人把资助工作亲自抓在手上，亲自披挂上阵，对资助工作进行全盘统揽、做顶层设计，从服务、教育、帮扶、文化等环节进行全院布局。第一是协调方面，要确定学院资助工作联系人，对全院各项资助工作起到牵头引导的作用。第二是资金管理，院内奖学金资助明细由专人负责，校内外的其他资助要分别安排专人进行管理。第三是对外联系，做到有计划地与校友以及用人单位进行联络，寻求社会各界力量的帮助。第四是评价反馈，要及时跟踪了解家庭经济困难学生的受资助情况，向捐资人反馈资金的使用情况，听取同学们对资助工作的评价与意见。第五是要建立志愿服务考核制度，积极引导家庭经济困难学生参与到公益活动和志愿服务活动当中去，把志愿服务活动作为学生思想政治教育和资助育人以及提高大学生综合素质的实践平台。其次，学院要成立学生资助宣传工作领导小组，由分管学生工作的领导担任组长。资助宣传工作领导小组要定期召开资助宣传工作小组会议研究和部署各项工作，通过广播、报刊、网络、宣传栏、展板、横幅、表彰会等各种载体广泛宣传，力保宣传工作取得实效。同时，要以行政班为单位，充分利用新生入学报到、开学典礼、军训、主题班会、学雷锋月、毕业生离校等有利时机，宣传资助政策。通过报告大会、座谈会等各种形式，对资助工作经验和做法进行广泛宣传，深入挖掘成长成才的学生典型，对典型学生突出重点宣传，同时把政策解读等工作做好。政策解读工作具体包括以下三个方面：第一方面是资助的具体内容，包括资助政策、资助范围和对象、申请条件、申报程序和评审办法、资助额度及发放程序等；第二方面是家庭经济困难学生资助工作的制度和做法，例如勤工俭学、奖助学金、学费减免政策等；第三方面是受资助的家庭经济困难学生成长成才的先进事迹和自立自强、努力学习的典型事迹。再次，学院层面要建立起多种类型、多种渠道的资助平台，将资助工作深入地开展并持续推进。第一，要建立多种力量共同参与的经费筹措体系。例如调动校友会等社会各界力量设立奖学金，充分利用各专业优势，加强校内外的交流互动，为全院的学生提供多种勤工助学岗位；资助工作人员要主动联系学院的专业教师，为学生争取更多参与到教师课题中的机会，在稳固专业知识的同时增加受资助机会。第二，设立临时调度基金，补全资助盲区。在学校资助体系、学院奖（助）学金体系、各类勤工助学岗位之外设立临时调度资金，并将专项基金设立为资助机动款项，建立"爱心银行"等资助账户，弥补现有政策下存在的工作盲点。第三，有针对性地召开表彰大会、开展经验分享会和小型团体辅导等活动，端正家庭经济困难学生心态，让他们更加自信，为其他同学树立学习榜样，使得精神资助的影响范围更广。

以学院为主体开展资助工作，更容易实现思想教育的效果。从工作机制方面看，建立各种务实有效的工作制度、工作章程，确保资助工作有章可循，这是做好资助工作的前提，为后续思想教育奠定基础。从工作平台方面看，努力搭建多类型的资助平台，除奖学金外，其他资助平台只要与人才培养目标一致，则不论资助平台的大小，都利于学生的发展。从工作队伍方面看，要积极整合各学院、各年级、各班级、各党支部等各方面的力量，将资助工作由被动资助转化为主动资助。从工作内容方面看，除常规的经济资助外，要更加注重精神资助，通过宣传教育和心理咨询等实践活动，在思想根源上找到经济困难学生的心理隐忧问题，努力提高他们的心理适应能力，帮助他们树立起自信心。

三要部门支持。一个合唱团必须要分好声部，这样合唱才能委婉动听。学生部门要认真细致做好高校贫困生的认定工作，做好高校资助文化的育人工作；教务处、团委等相关单位要做好顶层设计，提前规划好选课课程和文化精品项目建设；就业处要切实做好家庭经济困难学生的帮扶工作，设立家庭经济困难学生就业"绿色通道"等。高校要发动师生参与，完善资助文化"大合唱"的整体布局。这些部门拥有丰富的社会文化资源，更易形成合力，能做大、做好、做精资助文化品牌项目。学生工作队伍负责各项活动的筹划、实施、总结等工作，是连接学生与专业教师的沟通桥梁，可对资助文化活动顺利进行发挥重要的纽带作用。由此可见，资助文化建设团队彼此分工协作，缺一不可，是一个相辅相成的整体。

四要全员参与。开展资助工作要建立起全员育人格局，加强理想信念的教育，引导学生形成诚信、感恩的思想。当资助工作中心由单纯的"济困"转向"济困＋壮志＋强能"时，不能只依靠资助工作人员对家庭经济困难学生实现全方位的帮扶，必须努力形成全员育人的新格局。首先，要让辅导员、学业导师、任课老师、校友、家长的作用有效发挥，对家庭经济困难学生的生活、学习、心理以及情绪进行积极的引导，实现全方位育人，让他们感受到温暖。其次，要加强对家庭经济困难学生群体的理想信念教育，用社会主义核心价值观引领学生，帮助其树立正确价值观支撑自己的精神世界，帮助学生实现梦想，以健康积极的心态，做到顺境不怠、逆境不颓，将困难与逆境当作磨炼自己意志的磨刀石。最后，要鼓励家庭经济困难学生积极参加各种志愿服务和公益活动，以帮助更多需要帮助的人，并在帮助别人的过程中实现自身的价值，将感恩与负责任的精神传承下去，回馈社会，贡献自己的力量，让自己的人生出彩，为实现中华民族伟大复兴的中国梦而努力。

二、充分发挥政府在资助文化体系建设中的引领作用

政府作为教育资源配置的主体，在资助工作中起引领作用，它不仅是资助政策的制定者，也是资助资金的分担者，更是资助文化的引领者。

（一）资助文化育人政策的引导

健全的资助体系和完善的资助制度是高校家庭经济困难学生实现资助公平的保障。一是要进一步深化资助体制机制建设，完善资助政策和措施，建议优化各级政府财政按比例分担的投入机制，制定在科学合理的区域内符合经济发展的经费分担办法，加大对困难地区的投入。二是要进一步完善和修订资助制度，建议完善助学贷款和还款的相关制度，针对某些不确定因素而导致不按时还款的行为，制定延期还款办法，使还款更加自由和灵活。另外，要进一步明确贫困认定的主体责任，提高贫困资助认定的公平性和精准性，确保起点公平。应当在乡镇街道建立"家庭经济困难学生调查表"信息管理系统，定期对信息进行维护，地方教育主管部门的困难资助机构汇总信息后上传到省级资助中心，然后向高校公布。这一制度不仅能提高家庭经济困难学生的精准认定，也便利了高校的认定工作，使高校资助工作精准化。三是要细化制度，增强制度的可操作性，缩小制度实施的弹性空间，避免实施过程的不公平。

（二）资助文化育人经费的保障

政府是资助资金的重要来源，从现实需求来看，政府需进一步增加资金投入，提高资助资金的预算比例，把握资助的大方向，努力满足家庭经济困难学生的资助需求。政府应充分挖掘社会资助资源，统筹协调各类社会关系，鼓励社会资金投入到高校资助工作中来，建议政府可采用减税等方式吸纳社会资金，鼓励社会组织、企业和个人捐资助学。政府可探索建立省级学生资助资金管理平台，先汇集各高校自行筹措到的资助资金，再根据各高校筹措资金的额度和学生实际需求进行二次分配，最大限度地实现校际间经济资助的公平。政府可借鉴国外的"资助包"资助方式，为家庭经济困难学生量身定做资助套餐。

（三）资助文化育人文化的营造

政府在资助文化氛围的营造上，首先要加大宣传，增强公众参与资助慈善公益事业的积极性，让慈善公益成为全社会的自觉行动，营造"人人慈善，随手慈善"的现代慈善文化。其次要传承弘扬中国优秀传统文化，存善心、行善事，引导慈善观念，形成一种新的社会慈善文化与捐资助学的格局。最后要依法推进"依法行善"的制度建设，指导慈善文化与企业文化相结合，弘扬慈善观念，精心策划各种形式的慈善文化活动，推动资助文化氛围的形成。

三、充分发挥社会在资助文化体系建设上的辅助作用

社会力量是协助高校做好资助育人工作的重要力量。首先，高校要充分挖掘和开拓社会资源，在政府推行"大众创业、万众创新"和"产学研结合"利好政策的引导和推动下，积极争取更多社会资金，调动企业捐资助学的积极性，设立多种类型的社会资助项目，满足家庭经济困难学生的需求。其次，要鼓励金融机构为学生提供生源地贷款，通过财政贴息贷款等制度支持社会企业投入到高校资助工作当中。最后，要依托社会资源，为家庭经济困难大学生提供更多的资助实践平台。鼓励学生参与订单培养、勤工俭学、顶岗实习等活动，有效发挥学生的专业特长，使学生在校外实践过程中，不仅能促进知识的丰富、能力的提高，还能通过自助劳动获得经济报酬，这便实现了助学与育人相结合，融合经济资助与精神培养，在一定程度上解决贫困学生的生活、学习和就业等难题，推动贫困大学生工作可持续发展。

四、充分发挥家庭在资助文化体系建设上的基础作用

家庭是社会的基本细胞，也是大学生人生教育的起点和源发地。家庭是孩子的第一个课堂，父母是孩子的第一任老师，家庭生活中的教育，最重要一点就是父母树立榜样。首先，父母要培养孩子正确的"义利观"和"是非观"，通过言传身教让孩子接受正确的道德熏陶，引导孩子形成良好的道德观念，如对社会上一些不良现象进行批评，阐明自己观点。其次，父母要深刻理解资助政策，积极和老师沟通，清楚资助的教育目的，引导孩子正确理解资助育人的价值。最后，父母要引导孩子正确利用所得资助资金。家长要积极主动和孩子沟通，了解孩子所获资助资金的使用情况，鼓励孩子参加各种志愿服务活动，培养孩子责任感和感恩意识，将来反哺母校和社会。

五、打好"组合拳",构建学校、政府、社会和家庭紧密配合的资助文化培育合力

资助文化工作机制的构建,是一项长期复杂的系统工程,学校、政府和社会扮演着不同的角色,承担着各自的责任,但三者资助育人的目标具有共同性和一致性。因此,要将三者结合起来,注重学校、政府和社会的横向衔接,积极开展合作与支持,凝聚三者的各自优势,形成互补态势,政府加强政策引导,社会各阶层大力支持,高校不断加强学生思想政治教育。家庭与学生的信任,则形成联动资助模式,真正帮助困难家庭渡过难关,为家庭经济困难学生插上实现理想的翅膀,确保广大家庭经济困难学生顺利完成学业。

第六章　我国大学资助文化建设成果及未来走向分析

第一节　大学资助文化融入大学文化的典型示范

习近平总书记在 2016 年 12 月全国高校思想政治工作会议上明确指出："要坚持把立德树人作为中心环节，把思想政治工作贯穿教育教学全过程，实现全程育人、全方位育人，努力开创我国高等教育事业发展新局面。"这从思想上指明了高校资助育人工作的方向，明确了资助育人工作的文化属性，高校资助工作必须扎根在大学文化的沃土之上，在"立德树人"的大学文化涵育中开展物质资助。2007 年以来，国家"奖、贷、助、补、减"等资助政策有力推行，各高校纷纷建立和完善资助体系，在保障家庭经济困难学生的物质需求的同时，做好学生思想引领、品格锻塑工作，将经济资助与精神引领相结合，将物质帮扶与文化涵育相连接；进一步拓展资助工作文化内涵，全面贯彻党的教育方针，落实立德树人根本任务。许多高校的经验做法起到了引领和示范作用，彰显了社会责任担当，取得了各界广泛认同，形成了良好的文化引导。

一、大学资助文化打破特殊群体壁垒

资助文化的建立，不仅要有资助政策、资助体系等"扶贫"的硬指标，还要关注资助文化软实力和影响力等"扶志"的软指标；不仅要把"补助发到位"，还要把"人文关怀贴到心"。高校资助工作不能成为"比穷""卖惨"的"面子"工程，要真正做到理解学生难处、尊重学生隐私，帮助学生成长，弘

扬"正义奉公"的优良文化氛围，打破"特殊群体"壁垒，帮助家庭经济困难学生自信成长，感恩遇见。下面以中国科技大学"生活援助计划"为例，展示大数据精准识别"隐性贫困"这一成效。

（一）"生活援助计划"的建设实践

中国科技大学从 2004 年起，开始着手研究推行"生活援助计划"。学生工作部门协同财务处，了解和掌握学生校园一卡通消费情况，生成消费数据库。通过精准统计，得出每个月学生的消费平均值，生成一条消费红线，当然这样的消费红线不是针对消费最高值，而是针对那些在生活中有困难的同学的消费最低值而设置的。低于消费红线的学生，由财务处定期上报给学生工作部，名单下发到相应学院，经由辅导员、班主任等多方核实，确认其家庭经济困难，对其进行生活补助的发放，生活补助金额为每月 160 元。这一补助发放开始以来，每月约有 300 多名学生受助，十余年中共有四万多名学生受益，总资助金额达 600 万元。此项大数据精准识别技术还应用于学校临时困难补助的申请辅助。

在资助对象上不仅帮助贫困生数据库里的学生解决燃眉之急，还能够识别出一些原本不在贫困生数据库中的同学，帮助一批学生、感动一批学子。有校友在毕业若干年后，回想起当年收到资助时的情形，对学校这一做法充满感恩与感谢。与此同时，这一资助方式识别出的经济困难学生，会由辅导员或班主任帮其进行相应的资助申请，以享受国家或社会的资助项目。

（二）"生活援助计划"的社会反响

中国科技大学这项措施被命名为"生活援助计划"，更是被媒体形象地称为"隐形资助"。这一资助方式为近年来不断被广泛关注的"贫困生造假"和"贫困生比穷"现象提出了解决路径。利用大数据技术为甄别"真假贫困生"提出了多重选择依照，为在施行资助过程中有效保护学生隐私和维护学生自尊心指出了一条解决路径。中科大紧跟时代步伐，通过互联网思维，运用大数据技术，创新资助模式，将有限的资源"用到刀刃上"。

二、大学资助文化升华隐形价值观

大学文化彰显大学品格、积淀大学精神，但大学文化核心精神往往具有隐形价值观教育特性，即注重潜移默化的培育，摒弃强制性灌输，更加注重教育的巧妙性、渗透性与接受性，注重"播种"与"生长"最终落在"扎根"上。大学文化的这一特性与资助文化涵育的品格如"自立""自强""感恩""担当"具备同质性，在"资助—自助—助他"的过程中，受资助学生、资助者彰显出来的自立自强、感恩担当等优秀品质从无形化为有形。随着一个个或感人或励志的榜样人物的涌现，挖掘出影响一批人、带动一批人的优秀事迹，实现大学文化中的隐形价值观的升华，使大学文化的体验性、接受性、传播性取得实效性成果。

（一）"大助学"资助育人的建设实施

北京大学就是从"大助学"的视角来助力大学生全面发展的。北京大学在资助育人工作中，突出文化引领作用，彰显学生主体地位，充分发挥学生的能动性，使大学文化融入"资助—自助—助他"的每一个环节，在实际工作中取得了良好的育人实效。

北京大学在助学工作中秉持的理念可以用三句话来概括：绝不让一名学生因经济困难而辍学；绝不能在解决经济贫困的同时造成精神贫困；与其资助一座矿山，不如资助一根金手指。

1.以资助为牵引，面向全体学生开展"信用中国论坛活动"，让资助走出"资助"的框架，在全校学生中间发挥助学工作教育功能。这是一个以助学为入口，针对学生中存在的各种较突出的问题，开展的主题教育活动。

2.以学生自助为牵引，培养学生自强不息的品格，全面做好助学工作，抓好助学培训功能，在给学生提供助学岗位的同时，注重加强对学生的实用技能的培训。勤工助学从学生能力、素质的全方位提高出发，给予资金补贴的同时，做好无偿培训。

3.以学生自主发展为牵引，提供成长平台，成就自我实现机会。北京大学将资助文化与大学文化充分融合，建设"燕园领航""燕园翱翔"项目，在对受资助学生的培养与自主发展中，做好领路人，邀请学者、校友、爱心人士担任受资助学生的导师，针对性指导职业生涯规划、学习学业发展，在耳濡目染中激励受助学生。

4. 推出"燕园携手"项目，为家庭经济困难学生对应一名高年级学长或学姐，在新生入学后的第一年里，在学习生活等方面一对一指导，携手成长。

（二）"大助学"资助育人的社会反响

北京大学不断加强"大助学"资助育人体系建设，打造了具有北大特点的学生资助体系。2012 年北京大学荣获"全国高等学校学生资助工作先进单位"，同年 9 月《人民日报》刊发评论文章《北大量身定做资助方案》，介绍北京大学在学生资助工作中关注学生个性差异，结合实际情况推行个性化资助成长方案的具体实践。

自从开展中央部属高校学生资助工作绩效考评起，2015 年北京大学学生资助工作获得全国高校学生资助工作绩效考评第一。《人民日报》多次报道，媒体评价北京大学实现了"不让一个孩子因经济困难而失学"的目标，并刊发北京大学学生资助中心的郑重承诺"让每个孩子都能成为有用之才"。

2016 年 12 月，北京大学举办"建设中国特色世界一流的学生资助体系——共享改革发展成果，培育引领未来人才"学术研讨会，北京大学"大助学"资助育人体系得到了有关部门、各高校和社会各界的一致认可。

三、大学资助文化创设特质校园文化

构建具有资助扶困文化特质的校园文化，是充分挖掘校园文化资源、注重大学文化深刻内涵研究的必然结果。高校要在大学文化中注入资助元素，有效推动资助文化融入大学文化，最大限度地形成资助帮扶合力，充分发挥受资助学生的主体作用，特别注重发挥大学生群体中的榜样示范作用。通过怎样的形式使资助文化融入大学文化的点滴、形成特色，这是当前各高校资助育人工作必须要思考和不断改革创新的问题。下面以湖南大学"六位一体"资助育人模式为例，诠释高校一体化育人新模式。

（一）"六位一体"的资助体系建设实践

湖南大学坚持"立德树人"根本任务，秉承"围绕学生、关照学生、服务学生"的理念，以"文化育人、情感育人、实践育人、创业育人、团队育人、榜样育人"为特色，构建了"六位一体"的资助育人工作模式。在十余年的运行中，实现了家庭经济困难学生资助100%覆盖，本科学生受助比例接近25%，总计投入学生资助资金超四亿元，帮助2万多名家庭经济困难学生顺利完成学业，充分体现了资助文化融入大学文化的创新发展，对探索高校思想政治工作实现全员、全程、全方位育人工作路径有着积极的作用和可借鉴的经验。

1. 文化育人，让中华传统文化融于日常活动。湖南大学享有"千年学府，百年湖大"之称，学校成立岳麓书院讲习团，充分挖掘和发扬岳麓书院优秀传统，将传统文化教育与资助育人相结合，培育诚信文化。通过举办"立德修身、诚信为本"为主题的班会、演讲比赛、征文等活动，创新诚信教育形式、丰富诚信教育渠道，引导广大学生诚信做事、诚信交际、诚信考试、诚信学术。举办诚信还款报告会等"感恩教育"系列活动，培育感恩文化，号召受助学生用自己所学回报国家和社会，将爱心传递。

2. 情感育人，让幸福感、亲切感融汇学生心田。实施"惠民工程"，连续17年在农历新年组织全体留校学生开展团拜会，坚持在传统节假日、寒暑假期发放各类补助，如返乡交通补助、生活补助、专项补助等，提高学生"幸福感"；利用寒暑假期，开展"受助学生走访"，通过家访座谈的方式，全面了解学生家庭情况，给家庭经济困难学生送去慰问，提高学生"亲近感"。

3. 实践育人，建立勤工助学融聚平台。建立以勤工助学中心为核心，"勤工实体店""勤工学院""校园公益岗"为主要载体的一体化勤工助学体系，举行勤工助学新成员入职宣誓，通过"求职达人挑战赛""求职大讲堂"等一系列生动活泼的文化形式全面推动创业实践能力培养；大力开展公益志愿服务，提升受助学生的社会责任感,如勤工助学公益志愿服务岗、义务扫雪活动、勤工助学新生服务站;组织受助学生开展国际交流实践,拓宽受助学生视野。

4. 创业育人,提供平台熔铸梦想。组织开展以受助学生为主体的"麓山杯"创新创业挑战赛,对于家庭经济困难、创业项目成熟的学生创业项目,免费给予办公场所、技术支持,在家庭经济困难学生中培养了一批创业典型;校企共建"湖南大学众创空间",开辟校外创新训练基地、创业实践基地。

5. 团队育人,实施"结对共建"。实施教师党员与奖助学金团队"结对共建"制度,加强对受助学生团队的指导,为每一个受助团队设立专项建设经费,配备指导老师,定期开展团队建设,充分发挥奖助项目的育人功能;成立少数民族学生联合党支部和民族风采社团,实施"少数民族学生精英成长计划",助力少数民族家庭经济困难学生全面成长成才。

6. 榜样育人,让典型力量融入精神成长。注重典型培育,每年评选"湖南大学十大励志典型人物""十佳勤工之星",涌现出了一批爱心奉献、创新创业、孝老爱亲、见义勇为、自强不息、献身国防等优秀受助学子典型;强化榜样引领,每年举行全校表彰大会,组织开展青春风采团事迹报告会,鼓励家庭经济困难学生向榜样典型学习。

(二)"六位一体"资助育人体系的社会反响

2019年1月,《人民日报》、新华社刊发高校党建与思政工作长篇综述,文中在介绍高校思想政治工作实现全员、全程、全方位育人时,纷纷为湖南大学"六位一体"的资助育人模式点赞。湖南大学常态化深入开展的系列资助文化活动包括诚信教育、感恩教育等,已通过更多样化、多层次的校园文化教育活动培育风清气正的校园文化氛围。媒体评价"湖南大学系列教育活动,注重点和面的结合、特殊工作和常态化模式的结合,采用学生乐于接受的方式,将诚信精神深植在校园的每一个角落"。

四、大学资助文化启动"以人为本"原动力

资助文化不同于资助政策的层层落实管理,不同于补贴金发放到位的路径实施。资助文化强调"人"本身,与大学文化主体的同一重叠,是资助文化融入大学文化的必然归宿。资助文化与大学文化建设同根同源,发挥"人"的能动性是资助文化、大学文化创设的不竭动力。注重总体设计、分步实施与互动参与的统一,形成工程式建设格局,是资助文化融入大学文化的创新要求。中国矿业大学构建了"资助—育人—引导"三级资助育人工作模式。

(一)"资助—育人—引导"资助育人的建设实施

1.中国矿业大学秉承"育人是资助的灵魂"这一思想,充分发挥育人的主体地位,以资助文化为牵引,从源头上梳理受助学生诚信缺失的问题,构筑了五大工程:"经济解困工程""感恩励志工程""健康身心工程""成长成才工程""代偿服务工程",全面构筑资助育人的良好局面。每年涉及资助项目20余项,资助金额达4000余万元,为家庭经济困难学生顺利完成学业并健康成长成才保驾护航。

经济解困工程——对家庭经济困难学生在经济上给予帮扶的同时给予人文关怀,把握"爱在细微,助在当时"的资助时机,搭建"爱心屋"个性化资助平台。

感恩励志工程——在资助工作中融入思想教育,重点进行励志自强教育,发挥典型示范效应。以诚实守信教育为出发点,充分利用好信用资本,打造"感恩回报"工程,达到资助循环效应。

健康身心工程——关注家庭经济困难学生的心理健康,让每一位同学都能够及时得到心理援助。

成长成才工程——为家庭经济困难学生在就业能力培养上提供锻炼平台,做好能力扶助工作。

代偿服务工程——为家庭经济困难学生做好就业引导工作,让学生主动择业,顺利就业。

2.积极推进精准资助。开展政策宣讲和家庭走访,创新工作理念,完善资助体系,着力实现精准资助。第一,精准调研。组织学校资助工作人员以及一线辅导员开展"溪水行动"。第二,精准宣传。在传统宣传方式基础上使用微博、微信公众平台等新媒体宣传媒介,通过微视频、微电影等学生喜闻乐见的形式对"资助育人"典型、资助工作成效进行广泛宣传。第三,精准建档。学生资助管理中心制定家庭经济困难学生认定指标,将地域、消费、家庭等各类情况进行分类量化,构建出指标式工作体系,切实提高资助工作的精准度。第四,精准帮扶。学校通过多种途径为学生设立勤工助学岗位,构建完善的勤工助学服务体系,对少数民族家庭困难学生进行建档跟踪,提供专项补贴,因地制宜做好资助工作。

(二)"资助—育人—引导"资助育人计划的社会反响

学校于2005年成立的资助管理中心,秉持"助学育人"的工作理念,以"不让一名学生因家庭经济困难而辍学"为目标,以解决学生的实际困难为主要工作内容,以贫困学生思想教育为重要抓手,做到教育与资助并举、资助与育人并重,构建财力支持与素质教育并进的"双线资助"模式,得到了国家、学校有关部门和社会各界的一致认可。2007年教育部专门下发了《中国矿业大学健全国家助学贷款工作机制努力实现四个百分百目标》简报,资助管理中心还多次获得全国学生资助工作"优秀单位案例典型"荣誉。

五、大学资助文化传承社会主义核心价值观

通过"阐释"高校将资助文化融入大学文化之魂,通过"建设"将资助工程纳入大学文化体系要素,融入大学文化建设的沃土中。通过树立优秀榜样、宣传身边人物的光辉事迹等打造有温度、有故事的资助,铸就资助文化的价值内核。湖南师范大学以关怀爱护为本,打造资助爱心工程。

湖南师范大学充分发扬师范院校应有的文化"传承"特点,将资助文化中的奉献精神、人道主义精神传承下去,影响了一代又一代有志青年。在资助工作中不断加大对家庭经济困难学生的资助力度，进一步完善了资助制度、扩大了资助范围、提高了资助标准、加强了资助管理，学生资助经费投入和受助学生人数都大幅增长。学校建立了包括新生入学绿色通道、助学贷款、助学金、奖学金、勤工助学、学费减免、困难补助、大病救助等在内的资助工作体系，实现了家庭经济困难学生资助100%覆盖。

（一）资助爱心工程的建设实践

1."完善一个体系、畅通一条道路"。湖南师范大学学生资助管理中心建立"资助在线模块"，学生在线即可了解各项政策法规，关于助学贷款、国家资助、社会资助、校内资助等具体帮扶、奖励办法。

一是学校将各项国家资助政策严格落到实处，包括"绿色通道"的畅通无阻，奖助学金评定的公平公正，助学贷款的细致落实，以及应征入伍学费补偿等。

二是全力开展互助和自助，尤其是师生互助、学生自助，完善学生勤工助学政策渠道，做好师生结对帮扶活动开展，着力建设学生创业园区，为学生自助提供良好平台。

三是积极争取社会资助，秉持"以情动人，以情感人"的宗旨，与地方政府、优秀企业形成合力，已联合成立企业奖学金，专项帮扶优秀的贫困学子。

湖南师范大学现有社会资助包括"应善良大学生助学金""稼观励志奖学金""真维斯助学金""杨隆祐李绍姒奖学金""太阳慈善助学金""白方礼励志助学金""鸣春助学金"。

现设校内资助包括：湖南师范大学重大意外伤害、重大疾病救助金，湖南师范大学特种困难补助，湖南师范大学福济救助金。

2.资助文化融入大学文化的创新发展。资助文化的核心之一是感恩文化，湖南师范大学在2018年80周年校庆日，隆重举行了"鸣春助学金"发放仪式。资助对象为2018级全日制已建档家庭经济特别困难的本科学生，帮助家庭经济困难学生健康成长、顺利成才。"鸣春助学金"的设立者李鸣春、霍宗杰表示希望通过这一举措表达对母校培养自己的感恩，表达对母校80周年校庆的祝福，希望带动更多仁人志士参与此项活动，促进教育事业的发展，同时也希望受助学生能自强不息，成为栋梁之材。

（二）湖南师范大学资助育人的社会反响

湖南师范大学资助育人中的感恩回馈效应得到了社会舆论的广泛好评，在2018年寒假期间，30余名同学在7个省份、26个地市的36所中学开展了40余场资助政策宣讲活动，发放各类宣传资料600余份，收集调查问卷200余份，这一活动增强了"学生资助宣传大使"的使命感、荣誉感，也让广大学生、家长更全面、更精准地了解党和政府的资助政策，帮助学生及家长解除后顾之忧，取得了良好的宣传效果和社会评价。

第二节 大学资助文化实现育人功能的典型示范

2007年国家出台了《关于建立健全普通本科高校家庭经济困难学生资助体系的意见》，《意见》提出："对家庭经济困难学生采取奖、贷、助、补、减等多种方式进行资助。"这为各高校资助体系的建立与完善提供了政策指导，从制度上保障了不让一个学生因家庭经济困难而失学。从2013年开始，教育部门推动落实中央"精准扶贫、精准脱贫"基本方略和习近平总书记"扶贫先扶智"思想，扎实推进教育扶贫，特别是家庭经济困难学生的资助工作。这从思想上为高校资助工作的开展提供了方向，也提高了对家庭经济困难学生的资助精准度。资助育人工作作为高校的重要文化内容，在资助规模、资助标准、资助经费保障体系建立等方面都取得了长足进展，取得了很好的经济效益和社会效益，同时更加注重发挥其促进学生成长成才的育人功能，在资助管理工作本身、资助教育活动和资助育人服务、国家资助政策宣传等方面充分发挥了资助育人的重要作用。许多高校的经验和做法起到了引领示范的作用，从而实现了"解困、助学、励志、锻炼、成才"的工作目标。

一、资助管理工作典型示范

高校资助工作蕴含着强大的育人功能，资助育人是资助工作的核心任务。资助工作远不是"把补助发放到位"那么简单，在完成日常资助工作的基础上，更要让学生资助工作成为"有心、有爱、有温度"的"暖心工程"。资助工作不仅要帮助困难学生缓解经济贫困情况，同时也有助于缓解学生的精神贫困。资助工作在家庭经济困难学生奖助学金的一系列工作发放过程中所体现出的育人导向性，不是经济利益的得与失，而是对学生的价值观、综合素质的整体塑造。就像坚持优中选优，不断完善各类奖学金的评定和管理办法一样，进一步强化奖学金体系的激励作用，最终目的是培养学生不断争先创优的奋斗精神。

第一，资助认定工作发挥着诚信教育作用。中国传统文化高度关注诚信教育，伟大的教育家孔子很早就提出了"民无信不立"的观念，凸显诚信的价值。今天，社会主义核心价值观也突出强调了诚信在个人层面的基本要求。学校是教书育人的场所，培养学生的诚信观念是学校应有的责任与义务。资助认定工作作为资助工作的源头性工作，从推进伊始就是一次很好的诚信教育契机，是学生诚信的一块试金石。在《普通高等学校学生管理规定》（教育部令第41号）颁发之后，各高校认真落实文件精神，积极开展诚信教育。但这远远不够，每个学生还应该建立一个健全的诚信档案，从而进一步加强对高校学生的诚信教育管理。具体到资助工作中，我们进行贫困生认定时，应该参考学生的诚信档案，以诚信记录为参考依据。同时，将诚信教育贯穿于资助工作始终，让诚信入驻每个学生的心里。

第二，助学金的发放具有励志教育的导向作用。通过这项工作，可以深入挖掘并宣传受资助的优秀学生典型，用学生身边的真实事例激励广大学生积极进取、刻苦学习、立志成才。例如，近几年全国学生资助管理中心组织开展了"国家资助助我飞翔""助学·筑梦·铸人"等主题教育活动，大力传播正能量，鼓励引导家庭经济困难学生勇于面对困难，培养自强自立、艰苦奋斗的优良品质。在学校文化建设层面也应该开展各类励志教育活动，如让优秀学生将自己的励志故事写下来，鼓舞全体学生向上向善；通过举办国家助学金颁奖晚会，让学生的励志故事感染所有人。

第三，资助活动本身就是培育感恩情怀的活动。通过资助活动可以教育广大受助学生常怀感激之情、感恩之心和社会责任感，不忘回报老师和学校的教育之恩，不忘回报政府和社会的帮助之情，不忘承担国家和社会建设之责。培养学生的感恩意识不仅要注重行为培养，也要注重情感培养。学校通过组织感恩主题班会、晚会，敬老助老活动，慈善捐赠活动等增强学生的感恩意识，培养学生的感恩情怀。

第四，资助工作是加强学生心理健康教育的内在要求。随着经济社会的快速发展，普通大学生背负着越来越大的压力，而作为家庭经济困难学生，其心理压力之大不言而喻。据调查表明，大学生近年来的心理健康问题越来越多，特别是经济困难学生。大学生心理健康教育刻不容缓，但我们往往忽视了心理健康教育与资助工作之间的关联，资助工作其实也可以相当于一次心理普查。虽然经济困难学生不一定有心理健康方面的问题，但经济困难学生却给心理工作提供了一个工作方向。将资助工作延伸到心理健康教育，有利于提高对困难学生心理问题的关注度，有利于及时排查有心理问题的学生，同时也有利于预防家庭经济困难学生出现心理健康问题。以此为契机广泛开展家庭经济困难学生的心理健康教育，也是推进资助工作的有机组成部分。

（一）以勤工助学工作为载体，开展自励自强教育——以清华大学为例

家庭经济困难学生由于成长起点低往往存在自卑心理，资助育人的重要目标就是帮助学生减少负面情绪，并引导他们将负面情绪向正面、积极的方面转移。要想使学生真正自立自强，不但要有外在力量的推动，更要激发学生内在的成长动力。勤工俭学则是通过直接激发学生的内在动力，帮助学生树立自信。与奖助学金和贷款等资助方式相比，勤工助学的最大特点在于学生通过亲身劳动获取经济报酬，它以最真实的方式验证"有付出才有回报""一分耕耘，一分收获"的道理。因此，勤工助学是最能让学生体会到自身价值的资助方式之一，对学生自我成长具有重要作用。

清华大学对勤工助学岗位进行了创新。首先，坚持以建设校园和服务师生为目标进行岗位设置，学生通过勤工助学的方式为广大师生的学习生活提供了方便，也为建设学校发挥了重要作用。学生在其中收获的成就感和自我肯定是单纯经济报酬无法给予的。其次，学校坚持勤工助学队伍的自我管理，勤工助学大队和不同分队的所有干部全部由勤工助学的学生自己担任，他们要自己负责岗位招募、工作安排、活动组织、制度建设等各项工作。

清华大学的创新举措，使岗位的公益服务性和队伍的独立自主性成为学校勤工助学队伍的优良传统和显著特色。在劳动的过程中，学生的独立自主意识得到培养，主人翁意识和自信心也获得提高。除此之外，学生在劳动的过程中还培养了动手能力和脚踏实地的工作作风，在与人交流的过程中提高了人际交往能力，在组织活动和建设队伍的过程中锻炼了管理和领导能力。

（二）以助学贷款工作为载体，开展诚信教育——以广州城建职业学院为例

国家助学贷款是诚信教育的重要载体，诚信教育应渗透在学生贷款前、贷款时、贷款后等每一个教育管理环节之中。高校要将大学生的诚信教育纳入学生教育管理的日常工作中，并贯穿助学贷款整个过程；将诚信教育纳入学生思想道德教育体系，在学生入学教育、日常思想教育及毕业教育中，注重诚信道德教育，使学生筑牢"人无信不立，人无信寸步难行"的思想，不断增强学生的信用意识和信用观念，意识到良好的社会信誉在今后的工作与生活中的重要作用，珍惜自己的信誉，认真履行还贷义务。

广州城建职业学院将助学贷款与诚信教育相结合，在做好贫困生经济资助的同时，加强对贫困生的人文关怀与心理疏导，如：举行贷款签字仪式时，对学生进行诚信教育，强调诚信是立足社会的重要基础；利用校内媒体进行宣传引导，开展诚信主题征文、诚信主题演讲比赛等活动，让大学生更深刻地认识到诚信对个人、对社会、对国家的重要意义，让诚信观念深入人心。

（三）以爱心走访工作为载体，开展爱心教育——以陕西师范大学为例

"家"文化是中华文明的精髓，是中华民族的灵魂，它在培养亲情、稳定社会、处理矛盾等方面发挥了非常重要的作用。"爱心走访"活动将"家"文化融入资助育人活动，通过贯彻落实国家精准扶贫政策，发挥资助育人功能，进一步实现教育扶贫，完善建档立卡机制。家访小组重点走访了建档立卡学生家庭，以深入了解学生假期实际情况为目标，促进学校教育和家庭教育的有效衔接，形成学校、家庭、社会三位一体的育人格局。同时，积极宣传相关资助政策，详细了解贫困家庭学生的生活以及假期学习情况，鼓励他们克服困难，在逆境中自强不息、刻苦学习，争取以积极的心态、优异的成绩回报父母、学校和社会。通过登门访问，建立了密切、融洽、信赖的家校关系和师生关系，搭起了与资助学生家庭沟通互动的"连心桥"。家访小组与学生家长进行了深入交流，并代表学校给学生家庭送上慰问金、大米和课外阅读书籍等慰问品，让贫困家庭切实感受到了资助教育工作的激励性和有效性，取得了良好的社会效果，得到了学生家长的广泛认可，真正把工作做到资助学生的心坎上。

陕西师范大学共组建了12支走访队伍，分别深入陕西、河南、四川、甘肃等4省17市，对112名家庭经济困难学生进行走访慰问，为其家庭送去慰问品和慰问金。在走访团队赴河南省郑州市登封市外国语高级中学与在基层就业的毕业生座谈交流时，同学们备受鼓舞，纷纷表达对母校的感恩之心，并保证在服务中西部就业的过程中一定不负母校教导，珍惜青春韶华，为当地教育事业发展奉献青春和力量。走访过程中，各走访团队与学生家长分享新中国成立70年来的丰功伟绩和脱贫成功经验，并鼓励贫困家庭看到希望，相信在党的领导下一定会打赢脱贫攻坚决胜之战，全面建成小康社会，实现第一个百年奋斗目标。

二、资助教育活动典型示范

良好的品德和健康人格是成才的第一要素，但是对于家庭经济困难的学

生来说，精神贫困问题尤为突出。高校资助工作应从受助个体自身需求角度出发，从而建设以典型引领、文化熏陶、心理帮扶等环节为主的资助育人体系。

（一）多渠道创新资助育人活动，提升贫困生能力——以湖南工业大学为例

湖南工业大学通过开展以"感恩"为主题的班会，积极宣传国家及学校的资助政策，使各项资助政策深入班级、深入人心，将学生的感恩之情转化为学生积极进取的不竭动力；开展励志之星选拔、我身边的资助故事征文、励志学生先进事迹报告会等系列活动，树立学生先进典型，并以此激励广大学生自强不息、勤奋学习，不断加强对学生的励志教育。通过国家助学贷款诚信教育主题讲座，开设毕业生诚信教育课，深入开展诚信教育和金融常识教育，使同学们对国家助学贷款政策心怀感恩，能够饮水思源、践诺守信、回报社会，敦促毕业生们坚守诚信品格，增强贷款毕业生还贷意识。通过开展各类公益服务活动，给受助学生的内心种下了爱的种子，使他们常怀感恩之心，勇担社会重任。通过勤工助学活动，着力培养和激发学生的劳动意识和积极进取的精神，克服"等、靠、要"的被动思想，完成从"他助"到"自助"的转变。开展家庭经济困难学生团体辅导活动，学校通过多渠道解决学生经济困境的同时，也加大了心理援助的力度，帮助家庭经济困难学生树立了积极的人生态度，正确认识自己，适当约束自己，同时，依托各二级学院成长辅导工作室，加强对家庭经济困难学生的学业指导。通过开设就业指导课程，帮助学生树立正确的成才观、就业观和价值观。

（二）创设"励志强能"教育载体，引导贫困学生自立自强——以中山大学为例

中山大学南方学院以"资助育人、励志强能"为指导理念，紧密结合院系专业特色和学生特长，以学生为主体进行项目实施，进而实现学生的自我管理、自我教育、自我服务。项目通过开设演讲与口才培训、办公软件应用能力提升培训、书法培训、职业生涯规划等培训课程，并设置相应的社会实践活

动来让每个受助学生通过教育、实践养成自强不息的坚毅品质。项目实施过程中，不断发展与创新，现已在中山大学南方学院建立起涵括"奖、助、贷、补、勤、减、免"和"绿色通道"在内的较为完善的学生资助体系。

（三）培育"饮水思源"感恩文化，助力贫困学生心理和精神健康成长——以浙江中医药大学为例

从认识层面、情感层面帮扶，陪伴家庭经济困难学生成长，是一个任重道远的工程性项目，而不是资助一发就大功告成的一次性项目，需要长时间的持续工作。与经济暂时性贫困不同，心理贫困一旦形成将会对学生主体产生持续性影响。科学有效的心理帮扶是对资助育人体系的扩展性补充，因此，将核心价值观以及感恩励志、诚信自强教育贯穿到资助工作中，做到心理和精神双帮扶，是资助工作的核心追求。

浙江中医药大学品牌项目以"润物无声·泽被校园，青春之花·为国绽放"为理念，以信息化建设推动"润泽·助学"——智慧资助一站式服务平台，以政策宣讲、典型示范建设"润泽·筑梦"——青春励志资助宣传平台，以提升学生综合素养建成"润泽·铸人"——成长发展资助实践平台，开启资助育人多维度"立体平台"创新发展新局面。致力于让困难学生怀揣最感恩的青春情怀，让"资助育人"真正成为"立德树人"的重要抓手。"润泽·青春"工作在不断创新发展中努力孕育时代新青年，激励他们用真情、用担当、用奉献诠释最感恩的青春情怀。他们支援西部、下乡支教、服务社会、基层调研，忙碌又充实；他们饮水思源，选择西部、选择乡村、选择基层，将自己的青春与热血反哺到祖国最需要的地方。通过引导困难学生积极参与各类有价值的资助反哺活动，提高了他们的感恩、责任意识，增强了自立自强精神，提升了社会实践能力。这是资助的成功，也是育人的骄傲。

（四）加强就业能力培养，助力贫困学生可持续发展——以福州黎明职业大学为例

综合就业能力的培养与学生发展密切相关，在就业竞争日益激烈以及社会

对人才能力的要求趋于综合性的趋势下，有效提升家庭经济困难学生的综合就业能力是开展资助育人工作的必然选择。福州黎明职业大学定期开展毕业生就业情况调查统计，针对未就业的毕业生特别是家庭经济困难和零就业家庭毕业生，采取优先指导、优先推荐、优先服务等措施，依托"互联网+就业"新模式，依靠校友资源，积极举办毕业学长讲堂、职业生涯规划大赛等活动。对贫困生进行重点帮扶，实现精准帮扶全覆盖，使就业率达到100%。学校在落实保障资助工作基础上，注重贫困生能力提升与双创发展。院校通过群体性普及职业生涯规划相关知识、结合专业特点等开展针对性职业发展指导；同时，强调创新创业能力在综合能力培养过程中的重要地位，鼓励学生自主创业并提供资金支持；再者，利用新媒体等网络平台，帮助学生就业。

三、创新资助服务典型示范——以西安电子科技大学为例

资助工作要把"扶贫"和"扶智"结合起来，要在资助服务上下功夫，不断创新资助服务形式，引导学生自立自强。

为认真学习贯彻党的十九大、全国高校思想政治工作会议，落实教育部《高校思想政治工作质量提升工程实施纲要》，西安电子科技大学出台《资助育人质量提升计划实施方案》，根据受助学生需求，从不同维度定制发展型资助育人计划，全面提升受助学生的素质和能力。一是将爱国主义教育贯穿家庭经济困难学生的大学生活，提升学生思想高度。二是将文化教育活动渗透到家庭经济困难学生的课余生活，增强学生内涵深度。三是将访学游学活动拓展到家庭经济困难学生的本科学习中，提升学生视野宽度。四是将扶持家庭经济困难学生兴趣爱好计划贯穿到日常资助工作中，拓宽资助广度。

1. 学校举办"资助育人·爱国主义电影进校园"活动，家庭经济困难学生免费观看了《红海行动》《厉害了，我的国》《信仰者》《青年马克思》等多部爱国主义影片，激发爱国情怀；组织家庭经济困难学生分批到梁家河等红色革命基地，通过"走红路"的方式，同学们亲手触摸历史痕迹，接受爱国精神洗礼，并自觉传承校园红色文化基因。西安电子科技大学是一所"在长征路上办学、以红色通信起家"，具有光荣革命传统的院校，学校支持家庭经济困难学生多读经典好书，多思考多分享，增强学习本领。学校开展系列送书活动，赠出《习近平的七年知青岁月》《马克思主义哲学十讲》《见识》《平凡的世界》《未来已来》等励志书籍百余本，关注量达上万人，"你选书，我来送"活动更是为困难学子提供了汲取知识的免费平台。开展《梁家河》资助育人·悦读会，老师与受助学生面对面交流，鼓励同学们自立自强，借助资助东风实现鸿鹄之志。

2. 为家庭经济困难学生提供外出学习交流机会。制定了相关政策，鼓励特困生学习交流。为学生减免费用，并给予适当补贴；组织困难学生前往北京等地开展研学活动，提供食宿交通补助；组织困难学生走近企业学习交流，提高就业技能，开阔专业视野。组织各学院品学兼优的家庭经济困难学生分赴美国哈佛大学、华盛顿大学等国际知名院校感受多样化教学模式；到北京故宫博物院、国家大剧院、国家博物馆等文化场所体验科技与艺术的合鸣，在世界各地留下西电学子蓬勃向上的精神风貌。受助学生经过短期的外出交流学习，开阔了视野，增加了创造美好未来的动力。

3. 建立校院两级资助服务站，成立专业化资助育人工作团队。对教师和学生队员进行培训，实现政策宣传、活动推介、业务办理等一站式服务，使之成为资助育人工作的排头兵；开展资助育人调研及专项课题研究，提高资助育人工作队伍的政策水平、业务能力和理论水平，使学工队伍成为深入推进资助育人工作的中坚力量。为贫困家庭、残疾、少数民族和零就业家庭等就业困难毕业生建立求职档案，制作《每种色彩都应该盛开——励志毕业生就业专刊》，邀请爱心企业和成功校友来校开展专场招聘，一对一推荐就业岗位，在培养提升综合素质的基础上，实施就业帮扶动态管理机制。通过物质帮助、道德浸润、能力拓展、精神激励，培养和提升家庭经济困难学生的综合素质与健全人格，激励他们努力成长为有信念、有梦想、有奋斗、有奉献的青年。"助学"是为了"筑梦"，筑起家庭经济困难孩子们的成才梦；"筑梦"是为了"铸人"，铸造建设中国特色社会主义的合格建设者和可靠接班人。

四、国家资助政策宣传典型示范

宣传国家学生资助政策，使其深入人心，确保国家对大学生各项资助政策得到更好的贯彻和落实，让每个贫困学子都能了解国家的一系列资助政策，保障学生享有政策资助，促使学生在学习生活中真正成长自己，回报社会，报效祖国。各高校严格落实宣传政策，创新宣传形式、内容和载体，全面宣传国家资助政策，以专家报告、优秀典型事迹宣讲、专题讲座等活动为载体，将励志教育融入学生喜闻乐见的活动中。如举办优秀学生报告会和优秀学生表彰会，宣传先进集体和个人，营造积极进取的校园氛围；宣讲受助成才励志典型事迹，让受助学生以此磨砺意志、增长才干等，在活动中开阔视野，提升精神追求。

（一）创新宣传形式，传播资助正能量——以陕西师范大学为例

陕西师范大学自2018年至今，每年寒假组建"国家资助助成长，理想信念铸成才"青春励志宣讲团，选聘荣获国家奖助学金和社会各类奖助学金的优秀学生担任资助宣传大使，回母校、回家乡、走村入户宣传国家和学校资助政策并走访学校家庭经济困难学生。2020年的青春励志宣讲团由28名获奖受助学生组成，走访地区涉及甘肃、陕西、江苏、河南、山西、河北、四川、山东、云南、重庆等10个省份、18个市县。宣讲团马同学借助村民大会、师生座谈会等活动，拓宽资助政策宣传的覆盖面；周同学回访高中母校并介绍了陕西师范大学七位一体的资助体系；王同学结合自己获得国家奖学金的经历，开设"宣讲团"和"答疑坊"，为家庭经济困难学生答疑解惑。宣讲团王同学在走访后深有感触地谈道："此次宣讲活动让我增长了见识、开拓了眼界，收获了满满的感动，帮助家庭经济困难学子消除经济困扰，让他们知道在党和国家有力政策的保障下，一定可以在学校安心读书。"

此外，学校还组织获奖受助优秀学子寒假回访母校，参加招生宣传活动，至今已开展五年，取得了良好效果。2020年寒假期间，有1800余名优秀学子奔赴全国530所中学，开展"探望师长，分享生活""宣传师大，讲解政

策""励志青春，传授经验"等主题宣传活动，进一步宣讲弘扬学校西部红烛精神和招生政策，助力资助育人，践行时代精神。

（二）拓宽宣传内容和渠道——以中南民族大学为例

中南民族大学在工作中切实发挥资助与育人的双重功效，针对"春节"这一特殊时间节点，结合学校实际，在2019年寒假启动了"爱在同城·携手远航"系列活动，以同城资助学生进乡村的方式，宣传国家的资助政策。激励受资助学生奋发自强、立志成才、感恩奉献，给家庭经济困难学生提供一个精神培育、能力锻炼的平台，增进对伟大祖国的认同、对中华民族的认同、对中华文化的认同、对中国共产党的认同、对中国特色社会主义的认同。

1. 学生自主联系家乡所在地的县、市级资助中心，以志愿服务的形式参加生源地信用助学贷款管理等工作，了解家乡的资助政策。学生进村入户走访家庭经济困难学生，全方位了解身边同学成长、教育环境、生活习惯和民族文化，了解同学及其家庭最迫切、最期盼的核心发展需求，并宣传国家和学校的资助政策。

2. 学生回到高中母校"现身说法"，向学弟学妹们介绍自己在国家资助政策帮助下如何安心学习、健康成长，彻底打消他们经济上的顾虑。以农村留守儿童、孤寡老人等弱势群体为主要关爱对象，深入了解他们的日常生活并开展相关感恩回馈活动。学生深入家乡的贫困地区，体验国家精准扶贫工作成效，感受家乡发展变化，探访家乡人文风情、聆听传统道德、研习传统技艺，挖掘乡俗民约和家风族规的优秀文化基因。

众所周知，资助工作是一项高尚的、具有广阔发展潜力和承担重要使命的工作，资助育人工作更是重中之重。各高校注重发挥资助育人功能，不断探索、创新资助育人形式和渠道，本文所提及的这些典型案例，都是资助育人的创新表现形式，切实提高了资助育人的激励性和实效性，促进了学生的健康成长和全面发展。虽然资助育人功能发挥上取得了一定的实效，在资助管理工作、教育活动、服务、国家资助政策宣传等方面切实发挥了典型示范引领的作用，但仍然需要进一步加强和发挥资助育人工作的功能，鼓励在开展资助育人的工作过程中不断创新思维和方法，加强资助育人工作实践，大力创新资助育人举措，逐步建立和完善资助育人途径，进一步教育引导受助学生报效祖国、自立自强、努力奋斗，为实现中华民族伟大复兴奉献青春和力量。

第三节　大学资助文化科学体系的典型示范

在学生资助工作中，文化体系的建设是学生资助体系高速运转的关键，是资助工作发展的必然选择和迫切需要。只有以文化为依托，构建具有特色的资助文化体系，切实加强文化建设的实践，才能全面完善资助工作的科学管理层次，使资助工作在文化意识与文化行为的和谐促进中得以不断发展，从而推动学生资助体系逐渐走向成熟。近年来，高校在如何构建资助文化体系方面经过不断的积极探索和实践，形成了一些具有代表性的典型经验和做法。

一、系统性大学资助文化体系典型示范

杭州市教育资产营运管理中心以 CIS 系统（企业形象识别系统）为理论基础，立足于学生资助工作的特点，创新性地构建起一套学生资助文化体系。该体系将学生资助文化体系分为五个层面：精神文化层、制度文化层、行为文化层、物质文化层、形象文化层。

其中，精神文化层是最核心的一个层次，处于整个体系的中心位置，决定了整个学生资助文化的方向和本质，同时在文化体系中也从根本上决定了其他四个层次。其建构主要包括核心理念和价值观两部分内容。核心理念是不让一个孩子因家庭困难而失学，价值观包括公平责任（核心层）、爱心育人（人文层）和严谨细致（管理层）。[①]

[①] 参见黄陈冲：《基于 CIS 理论的学生资助文化体系构建》，《新教育时代电子杂志（教师版）》2014 年第 33 期。

(一)东华大学在精神文化层以"慈善文化"为特色

东华大学在学生资助工作中坚持以文化人、以文育人,立足慈善文化,探索社会主义核心价值观与学子内在需求之间的联结,以社会主义核心价值观引领慈善文化建设,以自强互助强化公平责任,通过物质文化、制度文化、精神文化等方面的建设形成稳定的全员、全过程、全方位的育人模式。学校在党的十九大和全国高校思想政治工作会议精神的引领之下,以"学会感恩、唤起责任、倡导奉献"为出发点,促进系统化资助管理服务和慈善文化教育融合统一,形成资助育人和文化育人的协同效应,立足寓教于境、寓教于管、寓教于行三个维度,从物质文化建设、制度文化建设、精神文化建设三方面出发构建育人体系,并逐渐形成高校思想政治教育新的增长点。随着资助文化育人体系的延伸和发展,广大同学在获得资助,感受党和国家资助政策、社会各界温暖关怀的同时也激发了感恩之心。不断搭建引导学生关心他人、探寻爱心、传递爱心的平台,凝聚和谐、友善的精神内核,对培养学生良好的公民意识、社会责任感,自觉践行社会主义核心价值观,弘扬互助友善的优良传统,形成资助文化育人科学体系具有积极的推动作用。

制度文化层、行为文化层和物质文化层均是中间层,在整个体系中扮演着中坚力量的角色。制度文化层包括日常工作管理类制度、信息管理类制度,以及培训、考核、档案管理、检查监督制度等。学生资助管理制度体系的建立,形成了系统、全面、严密、规范的制度文化,有效地保障了学生资助管理工作的高速运转;行为文化层通过对学生资助操作的不断规范和对资助活动形式、内容的不断创新,构建了一套内容丰富、形式多样、规范高效的资助行为体系,营造和谐、积极、科学的资助行为文化氛围;物质文化层通过不断规范对专项资金的管理,实现专项资金的效益最大化,让资金流向最需要的地方。[①]

[①] 参见刘志国:《基于 CIS 战略的高职校园文化建设研究》,《东方企业文化》2013 年第 1 期。

（二）浙江大学资助文化科学体系建设

浙江大学始终以经济资助为基础、心理教育为保证、能力提升为目标，将资助文化、制度文化、行为文化、物质文化、育人机制有效结合，通过长期的实践与理论探索，建立起了完善的资助文化科学体系，取得了显著成效。

1. 浙江大学将完善的资助及管理服务体系作为资助文化科学体系育人的基石。2006年9月成立了由学工部、研工部、计财部等部处负责人及相关工作人员组成的"浙江大学学生资助管理中心"，负责全校本科生和研究生的资助工作。此外，计财部也有专门人员分管该项工作。每个学院（系）也配备了负责学生资助工作的教师。各部门通力合作，互相配合，努力做好学校资助的各项工作。

2. 为使资助工作有章可循，学校制定了《浙江大学本科学生资助工作管理办法》《浙江大学本科学生勤工助学管理办法》等一系列文件，并通过绿色通道现场咨询、编辑印发"浙江大学学生资助手册"、召开学生座谈会以及资助工作相关讲座、学生资助中心网站专栏等方式宣传学生资助政策。鉴于资助工作的特殊性，学校对老师、学生实行不同形式的宣传：对老师定期培训，强化其对学生的爱心及服务意识；对学生全方位宣传，加深学生对学校资助政策的认识与理解。校院两级教师严格按照学校要求认真做好各项资助工作，此外以学生资助中心老师为指导教师，成立学生资助综合事务服务中心、国家助学贷款服务中心、外设奖助学金服务中心等由家庭经济困难学生组成的服务困难学生的学生助理团队。这些学生团队的建立大大提高了工作效率，同时也锻炼了学生的综合素质和能力。

3. 依托现有的浙江大学学生工作管理信息系统，学校在做好困难生认定工作的基础上，建立了较为客观可靠的全校困难生库，实行学生资助工作信息化管理。困难生库由校院两级管理，其数据又与困难生的家庭经济基本情况、学习情况、综合测评和在校期间的获奖情况，以及食堂消费情况相关联。这样使得校院两级对困难生情况的掌握更为全面、便捷，确保了资助工作的针对性与有效性。

形象文化层是最外层，直观地反映了学生资助文化体系的主要内容。通过一套统一化、系统化的学生资助视觉识别系统来广泛传播学生资助工作的理念和精神,以提高学生资助工作的知晓度和百姓的认同度,从而推进学生资助工作的有效开展。

(三)湖南省学生资助中心创新资助文化宣传形式

通过建设构思精巧、内容丰富、装饰精美的"学生资助文化长廊",弘扬资助文化、深化资助文化育人科学体系。湖南省"学生资助文化长廊"以新时代学生资助文化为主题,分为"领袖语录""工作目标""政策宣传""形象展示""书法作品"等五大板块,其中"形象展示"是主体部分,又分为"团队形象""资助理念""工作要求""系统形象""资助成效""资助育人""典型风采"七大内容。为加强学生资助文化建设,湖南省学生资助管理中心发挥集体智慧,总结提炼出了学生资助理念、精神和行为规范,制定了学生资助工作"八要""八不准",并设计了专属的形象标识LOGO,谱写了学生资助战线的主题歌曲《学生资助者之歌》,形成了一套完整的学生资助文化形象识别系统。这些都为做好新时代学生资助工作,落实立德树人根本任务,发挥先进文化的融合和引领作用,进一步丰富学生资助工作内涵,提升资助育人质量起到了引领作用。

综上,五个层次既结构分明又相互联系、相互促进、相互制约、相辅相成,同时强调该体系的人文性和严肃性双重特征。作为政府民生工程的学生资助工作,资助文化的严肃性自然表现在资助管理制度和行为的科学性、规范性和约束性。同时,学生资助工作是面向人(学生)的工作,因此,学生资助文化体系的人文性主要表现在"以人为本"的工作基调。只有实现了严肃性和人文性的完美结合,学生资助文化才算真正地走向成熟。[①]

[①] 参见钱啸:《基于CIS战略的高校文化建设初探》,《江苏经贸职业技术学院学报》2012年第5期。

二、创新性大学资助文化体系典型示范

南京城市职业学院将感恩文化、诚信文化和励志文化体系建设通过自媒体、数字化平台等"互联网+"的时代载体创新性变革，充分体现高校资助文化发展的时代需求。

该校在充分把握时代特征的基础上，结合国务院印发的《关于积极推进"互联网+"行动的指导意见》，积极探索开发自媒体、数字化平台，将资助文化中的感恩教育常态化开展，以活动推广、感恩故事、感恩图展、感恩事迹等形式在平台上发布，让学生手中的手机由"玩具"变成接受教育的工具，用他们喜欢的方式让他们耳濡目染，营造出"互联网+"视域下的"感恩"校园文化氛围，当困难生能了解那些给予他们帮助、改变他们生活的人时，就会在成长中学会感恩，从而健康、快乐地生活。时刻传递正能量，培养他们的感恩意识和对社会的责任感，在受助与施助中体验真善美。

以校园数字化平台为载体加强诚信教育，在数字化平台中开辟资助工作模块，学生通过外网将家庭人口数、收入数、致贫原因、生源地等信息录入平台，并将相应证明上传至平台，辅导员、班主任在内网进行审核，并初定困难等级，上报二级院系，二级院系评定后上报学校终审。无论是学生对困难等级的认定有异议，还是困难生身份有变化，数字化资助平台都便于实时查阅困难生信息及动态管理。在校园数字化平台上给学生建立信用档案，包括个人家庭基本情况、诚信承诺书、诚信记录等，向学生明确信用档案会载入档案在学生就业的时候提供给用人单位，让学生从入校开始就重视信用，在大学时期养成诚信的习惯。通过开展丰富多彩的校园活动，如通过班级QQ群或者是微信朋友圈，发起关乎诚信主题的活动，学生的参与度、集赞数、转发数等都可纳入综合素质测评的德育成绩中，以此种方式提升学生的参与度，扩大教育的影响面。在"互联网+"时代让传统教育展现出新的活力，提高学生诚信的思想意识。[①]

以校园网为载体加强励志文化建设。通过开展"优秀困难生"事迹报告

---

① 参见孙维佳：《"互联网+"视域下高校资助文化建设》，《科教文汇》2017年第15期。

会，梳理学生中的励志典型，利用校园网作为长效宣传口径进行系列报道宣传，励志教育不仅让在校生看到优秀困难生如何自立自强，也使其树立正确消费观，为学生成长成才营造健康向上的和谐氛围。

三、发展型大学资助文化体系典型示范

首都医科大学在构筑发展型资助文化体系建设中，探索出"他助—自助—助他"的资助育人新途径，取得较好工作成效。

（一）建立完善的"他助"资助体系

建立完善的"他助"资助体系是基础性工作。学校坚持"不让一个学生因经济困难而辍学"，以"多渠道筹资，多形式资助"为方法，建立起"奖、贷、勤、助、补、免"的他助体系。学校加强与中国扶贫基金会、北京青少年发展基金会等的联系，先后设立"新长城""学子阳光""爱心成就未来""默克雪兰诺励学金"等助学项目，资助比例达到1∶1.2，保证每位经济困难学生都得到至少一项资助；为深入了解经济困难学生的家庭状况，学校开展京籍经济困难学生家庭走访活动。资助中心的老师和学院辅导员深入学生家中，向家长详细介绍资助政策，促进学校与家长的沟通，提高了资助有效性；学校注重从经验上升到理论高度来研讨资助工作。"学生典型个案分析工作坊"中专题研讨经济困难学生的案例，内容涉及困难生的认定、困难生的心理状况、突发经济困难学生的帮扶等，帮助资助队伍提升理论水平，提高资助育人的科学性。

（二）创新性地构建"自助"资助体系

为鼓励经济困难学生自立、自信、自强，2004年学校组建了经济困难学生自助组织——首都医科大学成长学校。成长学校由分管学生工作的校领导担任校长，学生处选派优秀教师进行具体指导，为科学解决经济困难学生的教育管理工作提供了有效的服务体系。成长学校每年利用新生报到日等节点，在全校进行资助政策的宣讲，让困难生及时了解资助政策，及时申请困难补助和贷

款；学校积极配合资助中心开展工作。成长学校成员深入各教研室、实验室、图书馆等地，成功开拓助学岗位，保证每位经济困难学生都有岗可上；邀请心理健康教育中心的老师多次开展团体辅导，帮助经济困难学生舒缓压力。成长学校创办的心理刊物《心晴》每期均分发至学生宿舍，让全校学生了解经济困难学生的动态；每年组织诗歌朗诵赛，以弘扬医德以及勤学励志为主，给热爱诗歌朗诵的学生提供了展示的舞台，在全校学生中反响良好。

（三）积极搭建"助他"育人平台

学校积极搭建"助他"育人平台，引导经济困难学生开展志愿服务，增强责任意识和奉献意识。针对大一新生不太适应大学生活的情况，成长学校连续多年开展圆梦校园游活动，向新生介绍学校的建筑楼宇、文化历史景观，邀请离退休校领导、在职教师、辅导员开设讲座，帮助新生尽快适应大学生活；面向全校教职工开展义务勤工助学工作。成长学校自 2009 年起，在学校发起"真情回报学校，塑造精彩人生"系列活动，连续四年在校内开展义务勤工助学工作，经济困难学生参加比例高达 100%，培养了他们的感恩意识和奉献意识；同时面向全校学生开展学业辅导，针对大学英语四、六级考试举办考前辅导班，针对边远农村的大一新生开设计算机应用培训班。成长学校每年举办学习经验交流会，邀请国家奖学金、国家励志奖学金获得者与学生分享学习心得，反响热烈；在面向社会开展志愿服务过程中，经济困难学生积极投入到志愿服务、社会实践中去。成长学校连续两年参与了世界罕见病宣传进高校活动；持续开展"爱心成长伴我行"志愿服务，在周边社区常年开展医疗咨询、义务授课等公益活动，得到社会公众的广泛认可。学校每年选派表现优秀的经济困难学生，先后奔赴内蒙古、青海等地开展暑期社会实践。这些活动极大地增强了经济困难学生的自信心、责任感和使命感。[1]

---

[1] 参见胡正娟、江欢、马宁等：《高校构筑发展型资助体系的研究——以首都医科大学为例》，《中国高等医学教育》2015 年第 1 期。

第四节　大学资助文化产生社会影响的典型示范

资助文化具有深远的社会影响，对经济困难的学生的人生经历产生了极大的影响。资助文化作为一种文化软实力，从社会作用上看，它是一种精神力量，也越来越成为民族凝聚力和创造力的重要源泉；从对人的影响方面看，它影响着人们的交往行为和交往方式，也同样影响人们的实践活动、认识活动和思维方式。社会主义先进文化的繁荣，也有益于培养有理想、有道德、有文化、有纪律的大学生。

一、资助育人有机结合，创新形式影响重大 —— 以江西财经大学为例

（一）打造典礼文化，树立成功标杆

资助工作中，以励志教育为主线，挖掘典礼文化的育人功能，通过规模性、经常性、庄重性的颁奖典礼，表彰先进典型，为贫困生树立成功榜样和标杆，激发他们的成才意识。

八年来，江西财经大学学生资助管理中心举办了各类的颁奖典礼共100余场，使颁奖典礼成为学校的三大典礼之一。自2012年开始，他们创新了资助育人的"家校"互动新模式，邀请数百名优秀学生的家长来校为孩子颁奖，见证孩子成长，使家长为孩子骄傲、孩子感恩家长。同时，他们联系学校相关部门，通过新媒体技术，全球现场直播颁奖盛典，让全球校友、社会人士、江财学子以及家长们同步收看。

（二）利用校友文化，激励学生奋斗

江西财经大学是江西省唯一一所进入2020"中国大学毕业生薪酬排行榜"百强高校的大学，江西财经大学培养的一大批优秀党政干部、知名企业家、知名学者成为学生资助工作的丰富资源。

校友的社会经历、成长之路、创业历程和奋斗精神是对家庭经济困难学生

进行励志教育的宝贵资源、是最有说服力的现实教材，江西财经大学学生资助管理中心先后举办了校友风采展、优秀校友系列讲座、校友事迹报告会等系列活动近100场，吸引2万多人次贫困学生参加，激励他们以优秀校友为榜样努力奋斗。

优秀校友们也感恩学校，纷纷为困难学生设立奖、助学金，寻找各种机会帮助他们成长。2016年，学校各类校友奖、助学金已达45个。

（三）培育感恩文化，健全学生人格

大学生处于人格发展的关键时期，资助育人工作需要帮助学生"做人"，对父母、社会以及爱心资助者要常怀感恩之心并勇敢表达。

江西财经大学学生资助管理中心通过举办感恩节、感恩微信墙等系列活动，打造感恩文化，引导受助学生以信函、电话、短信等方式向父母汇报自己的成长、向资助者表示感谢。

为了给受助学子构建感恩社会的平台、锻炼他们的能力，资助管理中心着力打造"自强社"，连续七年带领学生开展爱心包裹、寒衣发放、爱心宿舍等系列常态化公益项目，吸引了万余名爱心志愿者，筹集善款近88万元，精准扶助了七千多名山区贫困儿童，在全国高校中名列第八。"自强社"五次获得中国扶贫基金会"优秀社团""最具影响力奖"以及共青团江西省委"优秀社团"等荣誉，被人民网、新华网、凤凰网等60多家有影响力的媒体报道。

（四）弘扬创业文化，推动公益创业

江西财经大学以培养创新创业型人才为目标，但是和其他学生创业相比，贫困生创业存在资金困难的问题，更存在自卑、社交恐惧等心理障碍，因此针对贫困生群体，学校提出了公益创业的新思路，以公益创业为目标，培养贫困学生自立、自信、自强的性格。

江西财经大学学生资助管理中心首创勤工助学岗位"双向选聘"制度，锻炼了学生的表达能力和交际能力。通过"双向选聘超市"，模拟人才招聘会形式，用人单位和学生进行现场双向选择，八年来累计提供勤工助学岗位近8000

个，参与学生 11000 多人，吸引了省内外各高校的关注，并被江西省教育厅推广，示范效果十分显著。

为进一步开阔学生眼界和思路，江西财经大学学生资助管理中心多次带领贫困学子前往北京、深圳，考察知名企业，聆听万科、比亚迪等上市公司 CFO 等业界精英的授课。通过各种社会活动和社会实践，贫困学生克服了自卑心理，重建自信，获得良好的实习机会，在创新能力、社会实践等方面都取得了很大进步。

江西财经大学学生资助管理中心荣获全国"助学·筑梦·铸人"主题征文系列宣传活动"优秀组织奖"、新长城助学基金"优秀执行团队""江西省学生资助工作先进集体"等称号。

二、资助对象在社会中所起的典范引领作用

（一）河南中医学院榜样典范

王一硕，是毕业于河南中医学院的硕士研究生。2000 年 8 月，他收到了河南中医学院的录取通知书，这带给他的不是喜悦，而是 6000 元学费的压力。无奈之下，他选择放弃学业，打工补贴家里。学校得知这一情况后，为他申请了国家助学贷款，帮助他重返校园。王一硕同学大学期间的生活很节俭，不需要的东西他不会去买。这次来之不易的机会，让他下定决心："一定努力学习，用知识和劳动创造财富，早日还清贷款，回报关爱和帮助我的人，回报社会。"据新华网报道："2003 年，王一硕取得优异成绩并顺利完成学业。他响应团中央、教育部等部门的号召，在陕西麟游县科技局服务期间，指导全县十个乡镇靠着科学种植药材，带领乡民脱贫致富。一年之后，他光荣地加入了中国共产党，成为一名优秀的党员。两年后，他考上硕士研究生，回到母校继续深造。2005 年 12 月 15 日，他将用汗水和知识换来的 26770 元交给银行，提前还清贷款。"他说："在我最困难的时候，是国家和社会向我伸出关爱之手，让我从一名打工仔成为一名大学生。今后，我将常怀感恩之心，走诚信之路，回报祖国和人民。"

在学校和社会各界的关心和帮助下，王一硕同学从一个面临辍学的贫困生，成长为一个成才、奉献、诚信、自强的典型。他的励志故事得到了河南省原政协主席王全书等领导的高度评价，他先后获得"河南省十大青年志愿者""全国道德模范"等荣誉称号，被《中国青年报》《中国教育报》等媒体争相报道。

资助文化逐渐深入人心，它培养出的人才在社会上逐渐具备了一定的影响力。当代社会的任务，不仅要贯彻落实"精准扶贫"，还要注重学生的思想政治教育，要求从行为品德等方面立德树人，践行社会主义核心价值观，传承中华优秀的传统文化，感恩、知恩、报恩。

（二）威海职业学院榜样典范

邵琳琳，毕业于威海职业学院应用外语系。2007年9月，衣着朴素、靠贷款入学的邵琳琳就引起了班主任的注意。后经了解，得知她来自山东菏泽的偏远山区，父母以务农为生，家中还有一个弟弟和一个妹妹正在上学，父亲因患脑溢血留下后遗症，劳动能力低下，吃药打针是家常便饭，父母微薄的收入难以支付家中巨大的支出。邵琳琳为了节省家用，经常是一个馒头加一点咸菜充饥，她自卑情绪严重，数次产生退学的念头。细心的班主任老师通过与她多次谈心，认为她符合贫困生的认定条件，后来经过班级同学的民主评议，邵琳琳顺利地被认定为家庭经济特殊困难学生。在随后进行的国家助学金的评选过程中，邵琳琳经过个人申请、民主评议等环节获得了国家一等助学金，这对家境贫寒的她来说无疑是雪中送炭。在校期间她的学习成绩一直位列班级第一，先后获得学院"优秀学生标兵""优秀共青团员"等荣誉称号，并在大二、大三期间因成绩突出、表现优异，先后两次获得"国家励志奖学金"。回顾几年来的求学历程，家境贫寒的邵琳琳感触颇深，是老师的爱心和国家对于贫困学生的资助政策，让她从濒临退学的境地中逆流而上，最终成为优秀人才，让她得以用成绩回报社会。

"以培育学生成才为本"的资助育人理念逐渐深入人心，高校资助工作在由经济扶助向全面育人转型过程中，着力培养学生自觉树立正确人生观和价值观，积极向上、艰苦朴素、自强不息、勤奋学习，努力实现个人价值，回报社会。

（三）河南理工大学榜样典范

徐定方，一位来自贫困山村的学生，于2006年考入河南理工大学。徐定方本应是一个在大学里尽情绽放梦想的少年，但家庭突遭的变故——父亲残疾、母亲去世，使得原本就贫寒的家庭雪上加霜。入学前面临着学费难筹等困难，是国家助学金帮助他走出困境，使他能够在大学的课堂里忘我地汲取知识。徐定方十分珍惜这来之不易的求学机会，学习上他勤奋好学、孜孜不倦，生活上他勤俭节约、自立自强，利用课余时间打工弥补生活费的不足。他一直坚信付出才是生命的意义、善良才是生命的本色。在他的不懈努力和艰苦奋斗下，他先后获得了2008年度"中国大学生自强之星""国家励志奖学金""河南省优秀学生干部""河南省优秀团员""河南省暑期社会实践先进个人"等20多项奖项。

面对这一连串的荣誉，徐定方没有骄傲，他谦逊地说："我忘不了刚来河南理工大学时，是学校开设的绿色通道使我得以顺利入学注册；忘不了是院领导的帮助使我争取了勤工俭学的岗位；忘不了是老师们的关怀和呵护……那些曾经给过我帮助的人们，我会一一铭记在心。我获得的所有成绩，都离不开老师和同学们的关怀，我永远感激他们给我的无私帮助，我将时刻怀揣一颗感恩的心，尽最大努力帮助他人。"

随着"精准资助"育人体系的不断完善，被资助学生优秀典型的示范作用不断扩大，涌现出了一批家境困难但表现特别优秀的困难学生典型。这些典型增强了其他家境困难学生的自信心，使得他们在学习和生活中不断提高自身综合实力和核心竞争力。授人以鱼不如授人以渔，引导贫困生从精神层面脱困，能够更好地实现资助育人的目的。

（四）西南大学榜样典范

邓费建、邓波兄弟俩均是西南大学2003级的学生，和所有贫困大学生的家境相似，父亲患病，母亲体弱，为了给父亲治病和填补家里日常生活所需，家里欠下3万多元的债款，根本没有能力为兄弟二人缴纳学费。为了帮助他们顺利完成学业，国家助学贷款分别给予了兄弟二人 1.28 万元和 1.32 万元的助学贷款。毕业实习那年，在多方努力下，兄弟俩筹集了 4 万多元开办了养猪场，起早贪黑地劳作，当年春节猪出栏时就赚到钱并偿还了 2.6 万元的贷款。

在他们毕业的时候，虽然正值大学生求职高峰，但因为他们吃苦耐劳的精神和诚实守信、按约还款的品质被企业所看重，所以兄弟俩同时收到了多家饲料集团的工作邀请，顺利实现了就业。

大学生资助育人工作是人才培养的重要组成部分，对人才的成长和发展都有着极其重要的激励作用，不管是"先资助后育人"还是"先育人后资助"，最终的目的都是为社会培养出一批优秀的栋梁之材。

（五）江苏大学榜样典范

家住徐州的贫困生肖俊，在江苏大学求学期间虽然获得了奖学金，但仍然勤俭节约、艰苦奋斗，三年多的时间里一直勤工俭学送牛奶、清扫楼道、抹桌子、做家教，不仅以优异的成绩完成了学业，而且在毕业离校踏上工作岗位的同时，用积攒的 7500 元还清了国家助学贷款。诚实守信而又刻苦努力的他被常发集团看中，并在毕业后报到上岗。肖俊说，是国家助学贷款在他家最困难的时候帮助了他，使得他能够安心、顺利地完成学业。

在自己还完贷款之后，他还通过"新浪微博""QQ 空间""大学生校内网"等自媒体向全体大学生发出诚信还贷倡议，积极倡导诚信还贷。在倡议书中，肖俊写道："广大享受国家助学贷款的同学们：我是江苏大学一名普通的大学生，和大家一样都是靠国家助学贷款顺利读完大学的，在我们最困难的时候，是国家助学贷款帮助了我们！毕业之际，饮水思源，如期履约，按时还贷，是我们每个接受国家助学贷款资助同学应尽的义务，也是对自己人生信用记录的珍爱。"

被资助的大学生感恩社会、回报社会，利用现代传媒的多元化手段激励更多的大学生树立远大的理想目标、乐观正确地面对现实生活状况、通过努力不断提升自我价值，树立优秀学生模范，培养更多意志坚强、热爱生活、勤奋刻苦的时代精英。

参考文献

一、主要参考书目

N.Noddings, *Caring:A Feminine Approaehto Ethics&oral Education*, California: University of California Press, 1986.

《辞源》,商务印书馆 2009 年版。

《晋书》,中华书局 1988 年版。

班固:《汉书》,中华书局 1962 年版。

蔡中宏:《教育与社会发展研究——基于文化和人的视角》,中国社会科学出版社 2013 年版。

陈宝良:《明代儒学生员与地方社会》,中国社会科学出版社 2005 年版。

迟海波:《大学文化自觉的现实追寻》,中国社会科学出版社 2016 年版。

范晔:《后汉书》,中华书局 1965 年版。

葛胜仲:《丹阳集》,文渊阁四库全书本。

何东昌:《中华人民共和国重要教育文献》,海南出版社 1998 年版。

胡广:《明太祖实录》,台湾"中研院"历史语言研究所 1962 年版。

刘守华:《文化学通论》,高等教育出版社 1992 年版。

刘宰:《漫塘集》,文渊阁四库全书本。

刘珍等撰,吴树平校注:《东观汉记校注》,中华书局 2008 年版。

陆游:《老学庵笔记》,中华书局 1979 年版。

陆友仁:《吴中事》,文渊阁四库全书本。

马端临:《文献通考》,中华书局 1986 年版。

《毛泽东选集》第 1 卷，人民出版社 1991 年版。

欧阳守道：《巽斋文集》，文渊阁四库全书本。

王东莉：《德育人文关怀论》，中国社会科学出版社 2005 年版。

吴勇：《大学文化》，中山大学出版社 2010 年版。

吴跃东：《高校学生资助政策体系的教育公平问题研究》，上海三联书店 2016 年版。

夏征农：《辞海》，上海辞书出版社 1989 年版。

徐丽红：《社会权利视域下的中国现行高校帮困资助政策研究》，上海社会科学院出版社 2016 年版。

张岱年、方克立：《中国文化概论》，北京师范大学出版社 2004 年版。

张琴、石有纪：《莆田县志》，上海书店 2000 年版。

张跃进：《大学文化与大学文化建设》，中国社会出版社 2010 年版。

《中国教育改革和发展纲要》，人民教育出版社 2001 年版。

《马克思恩格斯选集》第 1 卷，人民出版社 1995 年版。

《马克思恩格斯全集》第 3 卷，人民出版社 1979 年版。

《马克思恩格斯全集》第 42 卷，人民出版社 1971 年版。

周应合：《景定建康志》，文渊阁四库全书本。

二、报刊资料

毕云：《美国高校收费制度研究》，武汉理工大学硕士学位论文，2006 年。

陈彬：《论中国高等教育公平的价值追求与政策抉择》，《华中师范大学学报》（人文社会科学版）2003 年第 2 期。

陈劲、阳银娟：《协同创新的理论基础与内涵》，《科学学研究》2012 年第 2 期。

陈有春：《新中国高校学生资助制度的历史嬗变》，《湖南农业大学学报》（社会科学版）2006 年第 1 期。

成亚平、王敬波：《我国现行高等学校学生资助制度研究》，《政法论坛》2003年第6期。

程奎、严蔚刚：《习近平高校教师思想政治工作思想探析》，《现代教育管理》2018年第2期。

迟海波：《高校思想政治工作的文化困境与文化突破》，《黑龙江高教研究》2012年第5期。

迟海波：《新时期"文化强国"战略视阈下的大学文化使命》，《黑龙江高教研究》2019年第3期。

崔艳丽：《20世纪80年代以来英国高等教育治理研究》，南京师范大学博士学位论文，2014年。

戴瑞、曹红玲：《"立德树人"的理论内涵与实践方略》，《思想教育研究》2017年第6期。

丁胜利、姚炳明：《和谐视野下的高校贫困生资助工作研究》，《高校管理》2011年第10期。

范晓婷：《大学生资助管理评估研究——基于中央直属120所高校的实证分析》，北京科技大学博士学位论文，2016年。

高建民：《美国基础教育财政发展史研究》，河北大学博士学位论文，2004年。

高璐：《论教育公平与社会分层》，《当代教育论坛》2006年第4期。

高鹏：《基于就业能力视角的我国退役士兵就业问题研究》，北京交通大学博士学位论文，2016年。

宫丽丽：《美国成人高等教育学生资助制度研究》，浙江师范大学硕士学位论文，2013年。

贺东平：《湖南高等职业教育资助管理问题研究——以怀化职业技术学院为例》，湖南农业大学硕士学位论文，2014年。

贺红风：《美国"教师教育资助项目"研究——兼与我国师范生免费教育政策比较》，西南大学硕士学位论文，2013年。

贺金林：《南京国民政府公费制度之沿革》，《湘潭大学学报》2010年第7期。

蒋小佩：《美国政府社区学院资助政策研究》，浙江师范大学硕士学位论文，2017年。

解涛：《近年来我国教育公平研究评述》，《现代大学教育》2009年第2期。

李爱萍：《美国"国际教育"：历史、理论与政策》，华东师范大学博士学位论文，2005年。

李好：《中美高等教育资助体系比较研究》，武汉大学博士学位论文，2010年。

李晶晶：《高等教育资助制度的比较研究——以中、美、日为观察点》，广西师范大学硕士学位论文，2010年。

李静：《美国联邦政府教育角色变化分析》，华东师范大学硕士学位论文，2012年。

李曼：《香港地区大学教师聘任制度研究》，西南大学博士学位论文，2015年。

李学如：《20世纪以来的宗族义庄研究》，《合肥师范学院学报》2015年第1期。

林婷婷：《地方政府资助民办高等教育发展研究——基于辽宁省域视角》，东北财经大学硕士学位论文，2016年。

刘明月：《香港高等教育内部质量保障体系研究——以香港中文大学为例》，河北师范大学硕士学位论文，2015年。

刘新林：《用人单位在国家助学贷款中的义务研究——以制度经济学为视角》，武汉大学博士学位论文，2016年。

刘旭东：《美国联邦政府高等教育财政资助发展研究》，河北大学博士学位论文，2013年。

刘洋：《我国台湾地区私立高等教育公共财政资助政策借鉴研究》，贵州大学硕士学位论文，2017年。

马彦周、高艳丽、江广长：《大学生发展型资助体系构建研究》，《学校党建与思想教育》2013年第6期。

倪蛟：《国民政府战时大学生救助制度及其绩效研究——以重庆时期中央大学为个案》，《民国研究》2015年第11期。

秦福利：《对我国现行大学生资助政策的审视和反思》，《黑龙江高教研究》2018年第2期。

全国人民代表大会常务委员会：《高等教育法》，2015年12月27日。

冉亚：《美国联邦政府大学生资助政策研究——以佩尔助学金项目为例》，重庆师范大学硕士学位论文，2018年。

申万里：《元代江南民间义庄考述》，《中央民族大学学报》2009年第2期。

石长地、郭玲：《大学文化的育人功能及提升途径刍议》，《学校党建与思想教育》2012年第8期。

陶家忠：《论学校工作中顶层设计的重要性》，《中学课程辅导（教师教育）》2016年第17期。

汪立琼：《高等教育公平研究评述》，《江苏高教》2006年第2期。

汪龙飞：《香港公立大学发展过程中的政府作用研究》，武汉科技大学硕士学位论文，2015年。

王丽杰：《美国低收入家庭大学生资助机制研究》，河北师范大学硕士学位论文，2011年。

王书峰：《美国退役军人教育资助政策形成与变迁研究》，北京大学博士学位论文，2007年。

王晓晨：《高校国家奖学金制度的育人功能研究》，长安大学硕士学位论文，2015年。

王鑫强、张大均、张雪琪：《简明大学生心理素质量表（健康版）的修编及信度检验》，《西南大学学报》（自然科学版）2017年第8期。

王旭：《战后国共两党在天津的学生导控与教育救助研究（1945—1949）》，南开大学博士学位论文，2018年。

位红涛、朱华：《浅论南京国民政府时期的助学制度》，《大庆师范学院学报》2011年第3期。

温静：《美国联邦政府研究生资助政策研究》，西南大学博士学位论文，2012年。

吴茵荷：《香港高校科研管理研究》，浙江师范大学硕士学位论文，2016年。

薛菲：《高等教育中介组织的运行机制研究——以香港大学教育资助委员会为例》，华东师范大学硕士学位论文，2015年。

杨佩园：《湖南省中职学生资助管理存在的问题及对策》，湖南大学硕士学位论文，2017年。

杨亚星：《高校经济困难学生资助政策研究》，华东师范大学硕士学位论文，2013年。

姚希智：《美国退役军人教育资助制度研究》，国防科学技术大学硕士学位论文，2009年。

易卓霖：《民国时期学生资助制度研究（1912—1949）》，陕西师范大学硕士学位论文，2015年。

于涵阅：《我国高等教育评估中介机构研究》，内蒙古大学硕士学位论文，2015年。

于鹏：《云南省少数民族地区中等职业教育资助政策绩效研究》，西藏大学硕士学位论文，2015年。

于晓琳：《大连市高中阶段城镇家庭教育支出调查报告》，大连理工大学硕士学位论文，2016年。

袁贵仁：《加强大学文化研究 推进大学文化建设》，《中国大学教学》2009年第10期。

张瑞玲：《二战军人权利法案对美国高等教育的影响及对我国的启示》，河北师范大学硕士学位论文，2011年。

张澍军、苏醒：《论"立德树人"根本任务与思想政治教育学科建设使命》，《思想教育研究》2013年第7期。

张爽：《我国高校学生资助政策研究》，吉林财经大学硕士学位论文，2015年。

张文禄：《民国以来皖北教育滞后原因的概述——以亳州为主要考察对象》，《合肥学院学报》（社会科学版）2013年第1期。

张雅琼：《美国退役军人教育援助研究》，河南大学硕士学位论文，2011年。

张颖：《俄罗斯高等教育拨款改革研究》，陕西师范大学硕士学位论文，2009年。

赵亮：《我国助学贷款法律关系的宪政之维》，华东师范大学博士学位论文,2012年。

中共教育部党组:《高校思想政治工作质量提升工程实施纲要》,2017年12月4日。

周世厚:《美国联邦高等教育决策中的利益集团政治研究》,东北师范大学博士学位论文,2010年。

朱彦:《晋宁县贫困学生资助工作问题及对策研究》,云南大学硕士学位论文,2016年。

邹颖婷:《中美研究生资助的比较研究》,湘潭大学硕士学位论文,2011年。

陈宝生:《进一步加强学生资助工作》,《人民日报》,2018年3月1日。

陈至立:《2007年全国家庭经济困难学生资助工作会议上的讲话》,《人民日报》,2007年5月28日。

迟海波:《大学的文化自觉与历史责任》,《光明日报》,2012年2月13日。

吴潜涛:《社会主义核心价值观教育:立德树人的必由之路》,《北京日报》,2014年1月13日。

习近平:《决胜全面建成小康社会 夺取新时代中国特色社会主义伟大胜利——在中国共产党第十九次全国代表大会上的报告》,《人民日报》,2017年10月28日。

袁贵仁:《全面深化综合改革 全面加强依法治教 加快推进教育现代化——在2015年全国教育工作会议上的讲话》,《中国教育报》,2015年2月12日。

后　记

2017年春，全省高校学生资助工作会议在长春召开，我在会上做了《全面彰显资助文化的育人功能》的专题报告。这是一次工作汇报，也是一次学术上的大胆探讨，我第一次在该领域以"文化"的视角审视资助工作，取得了较好的反响。会后，经过反复交流，得出了一个结论：这种提法在全国学术界还不多见。这一点激励我开始本书的撰写。高校资助工作作为高等教育的一个重要组成部分，是体现教育公平和人文关怀的重要渠道，是以"仁"为文化内核的中华优秀儒家文化的现实指向，更是大学文化传承与发展、大学生生活实践素养培育的功能性体现。

从2000年主持东北师范大学共青团工作，到2004年任党委宣传部部长，再到2016年任长春师范大学党委副书记以来，对学生的关注尤其是对家庭经济困难学生的关怀成为我工作和生活的重要组成部分。"仁远乎哉？我欲仁，斯仁至矣。"业余时间，我在吉林省孤儿学校资助了几个孩子，内心深处更加体会到了我本职工作的神圣，更加深刻感到高等师范院校立德树人根本任务的重要性。我眼前的这些大学生毕业后，大多会走到教育的第一线，我们所培养的不仅仅是一代青年，更是未来的青年教师，他们的德行修为将影响一代又一代青少年。这成为我不断努力探索发展创新文化育人的出发点和着力点。为此，我们专门组建了一支科研团队，由奋战在学生工作、教学科研第一线的中青年教师组成，围绕文化的育人功能进行深入挖掘与思考。资助文化的构建与培育就在其中。

"靡不有初，鲜克有终。"高校资助工作要想真正走向深入，必然离不开其所旨归的文化育人的深层内涵。本书的编撰工作历时近两年，编撰团队全体同仁多次召开研讨会、座谈会，听取领域内专家意见，组队到资助工作先进示范高校踏访，获得第一手资料。融汇学理研究与实践探索，将高校资助与大学文化育人的工作思考与现实体悟升华至理论高度，寻求现实路径指引。本书不仅仅是学术上的梳理和认识上的提升，更是在实际育人工作中的道路指引和创新深入。

"功崇惟志，业广惟勤。"对于资助育人工作的实际落实和理论提升，离不开踏实的努力与付出，离不开仁爱之心与辛勤耕耘，更离不开长春师范大学党委对我的信任与支持，如果说现在的工作得到了认可并取得了成绩，那么学校党委就是我不断开拓前行的坚实后盾。

本书由我确定学术研究方向并负责制定撰写规划和框架结构，研究团队的许多同志都参与了撰写。迟海波、吴暇负责第一章，杨立敏负责第二章，张婧群负责第三章，钱立贤负责第四章，潘业旺负责第五章，孟庆媛、王欣、郭超、陈宝江负责第六章，迟海波负责全稿的统筹，杨立敏全程参与各项具体工作，王颖、杨柏松、卞彩巍、马悦负责文字处理。这部近二十万字的著作代表的是研究团队多年的工作思考和实践总结，我相信本书的面世，必将有利于大学资助文化功能的发挥并加强大学资助文化建设。

感谢本书撰写团队全体成员，这是一支活跃在教学、管理第一线的队伍，是一支饱含人文关怀情愫的队伍，是脚踏实地做事情、稳扎稳打做科研的队伍。感谢他们为学生的成长成才、为学校的事业发展辛勤努力，他们是与我同行的真挚伙伴。

本书得到了东北师范大学于伟教授的大力支持，拨冗为本书作序，我和全体研究者特别向他表示衷心的感谢！

在历时两年的撰写过程中，本书参阅了大量中外著作和相关文献，由于文体版式原因，并未全部在原文中以注释的形式标注，而是以参考文献的形式列于书后。在这里特别向这些作者致以诚挚的感谢。由于有太多的优秀典型实例想要分享，限于篇幅，不能一一列举。本书定有许多不足之处，恳请关注这本书的同行、专家和广大读者批评指正，提出宝贵的意见和建议。

2020 年 5 月